インフレ・ニッポン

終わりなき物価高時代の到来

日本経済新聞社編集委員
大塚節雄

日本経済新聞出版

プロローグ：あなたが手にした品物の値段から世界がみえる

急激なインフレでわたしたちはどうなる？

モノやサービスの値段を幅広く押し上げる「インフレーション」という名の大波が２０２１年から２０２２年にかけて数十年ぶりの規模で世界、そして日本を襲った。

物価高、値上げラッシュ、価格高騰。インフレに絡む言葉をインターネットやテレビで見聞きしない日はない。生活に必要な品物やサービスの値段が上がっている現実は、よほど生活に余裕があるということでない限り、誰もが実感していることだろう。

２０２２年10月には食品や家電など幅広い品目の値段が一斉に上がった。帝国データバンクが主要食品メーカー１９５社を対象に実施した調査によると、この月だけで食品の値上げは約７９００品目に達した。

わたしたち消費者が店先などで接するモノやサービスの値段を束ねた統計である「消費者物価」は２０２２年12月、値動きの荒い生鮮食品を除いた指数で前年同月を４・０％上回り、上昇率が41年ぶりに４％に達した。２０２３年に入っても値上げの勢いが衰える様子はみえない。帝国データによると食品の値上げは同年1～4月の合計で1万5000品目を超えるとみられ、値上げ品目の数は2022年1～4月との比較では3倍前後に急増する見通しだ。

給料が大きく上がっているわけでもないのに身の回りのモノやサービスの値上げがどんどん広がる。そうなると当然、それだけ懐はさみしくなる。物価の動きは日々の暮らしを大きく左右するだけに、わたしたち自身にとって重要な問題だ。これほど身近なテーマはない。

世界に視野を広げると、物価の変化は国際社会が直面するあらゆる課題やゆがみを映し出している。また、物価の動きそのものが世界のさまざまな事象にインパクトを与え、ときには新しい問題を引き起こしていく。これほど世界的なテーマもない。

つまり物価の変動は、わたしたち1人ひとりの問題であると同時に、世界全体の問題でもあるということだ。世界のどこかで起きたことの余波がモノの値段の変化となって表れ、わたしたちの暮らしに影響を及ぼす。身の回りのモノの値段が動く裏で何が起きているかを知ることは世界を知ることにもなる。そして世界の動きを知れば、値段の動きを軸に日々、わたしたちの身の回りに起きていることも、もっとクリアに理解できるはずである。

あまりに奥深く挑戦的なテーマではあるが、日本を主な舞台としたうえで、物価の動きから世界で何が起きているのかを探ろうというのが本書の大きな狙いである。

日本は世界のなかで「異常」か

本編に入る前に、まず物価を巡る日本の複雑な状況を押さえておきたい。実のところ、世界でもこんな立ち位置の国はあまりないかもしれない。ややどぎつい表現にはなるが、手始めに「異常」というキーワードを軸に日本の特殊性をおおまかにつかんでおこう。

まずわたしたちが直面する値上げラッシュ。とくにバブル経済の崩壊以降、物価があまり上がってこなかったというこれまでの常識に照らすと「異常」な動きといっていい。

もっとも物価上昇を「異常」だと思うこと自体が、世界的な視野でみると、それこそ「異常」なのかもしれない。たとえば、生活者が接するモノやサービスの値上がりの勢いは米欧などに比べると小さい。これだけ値上げで騒いでいるのにもかかわらず、世界的には日本はインフレ率の「大きさ」ではなく、今なおインフレ率の「小ささ」にこそ、「異常さ」が潜んでいるということだ。

消費者が日々の生活で接するモノやサービスの値段を示す統計である消費者物価指数を日米欧で比較すると、2022年の年間平均の前年比上昇率でみたインフレ率は日本が2・5%なのに対し、米国は8・0%、ユーロ圏も8・4%に及ぶ。

米欧では2022年秋ごろから月次でみたインフレ率の頭打ちが目立ち、値上げの勢いが衰えない日本との差は縮まりつつある。それでも2022年12月の単月でみたインフレ率は日本が4・0%、米国が6・5%、ユーロ圏が9・2%。なお日本のインフレ率は低い。

比較対象を広げるとさらに驚くべき事実がわかる。国際通貨基金（ＩＭＦ）のデータ（２０２３年3月時点）によると、２０２１年平均の消費者物価指数でみた日本のインフレ率は前年比マイナス０・２％で、記録のある１６３カ国・地域中１６０番目。下から4番目の低さだ。直近で比較的データがそろう２０２２年7〜9月を確認すると、日本は前年同期比でプラス２・９％まで上向いたものの、全１４４カ国・地域中１３６番目でワースト9位にとどまる。

ちなみにインフレ率が低い順からみていくと、ベナン（マイナス０・９％）、マカオ（プラス１・２％）、ボリビア（１・８％）、オマーン（２・45％）、パナマ（２・51％）、中国（２・65％）、香港（２・68％）、モルディブ（２・74％）、そして日本という順番になる。世界の底辺近くにはりついている日本のインフレ率。やはりどこか「異常」な光景ではある。

インフレとデフレが同居する国

話はこれで終わらない。消費者物価でみたインフレ率が小さいからといって「日本は低インフレ国」と単純に片付けることはできない。資源価格の上昇などを背景にした海外発の物価上昇圧力にさらされているからだ。激しい「輸入インフレ」である。

海外から買うモノの価格の推移を示す輸入物価指数をみると、２０２２年12月は前年同月比で22・２％上昇した。一時の5割近い伸びからはかなり減速はしたものの、米欧も伸び悩んでおり、日米欧3極で日本が最も高い状況は変わらない。伸び率はシェールガスなどを自国で産出し、輸

図1　日米欧のインフレ率比較：日本の消費者物価は米欧を下回るが、輸入物価では最も高い

〈輸入物価〉

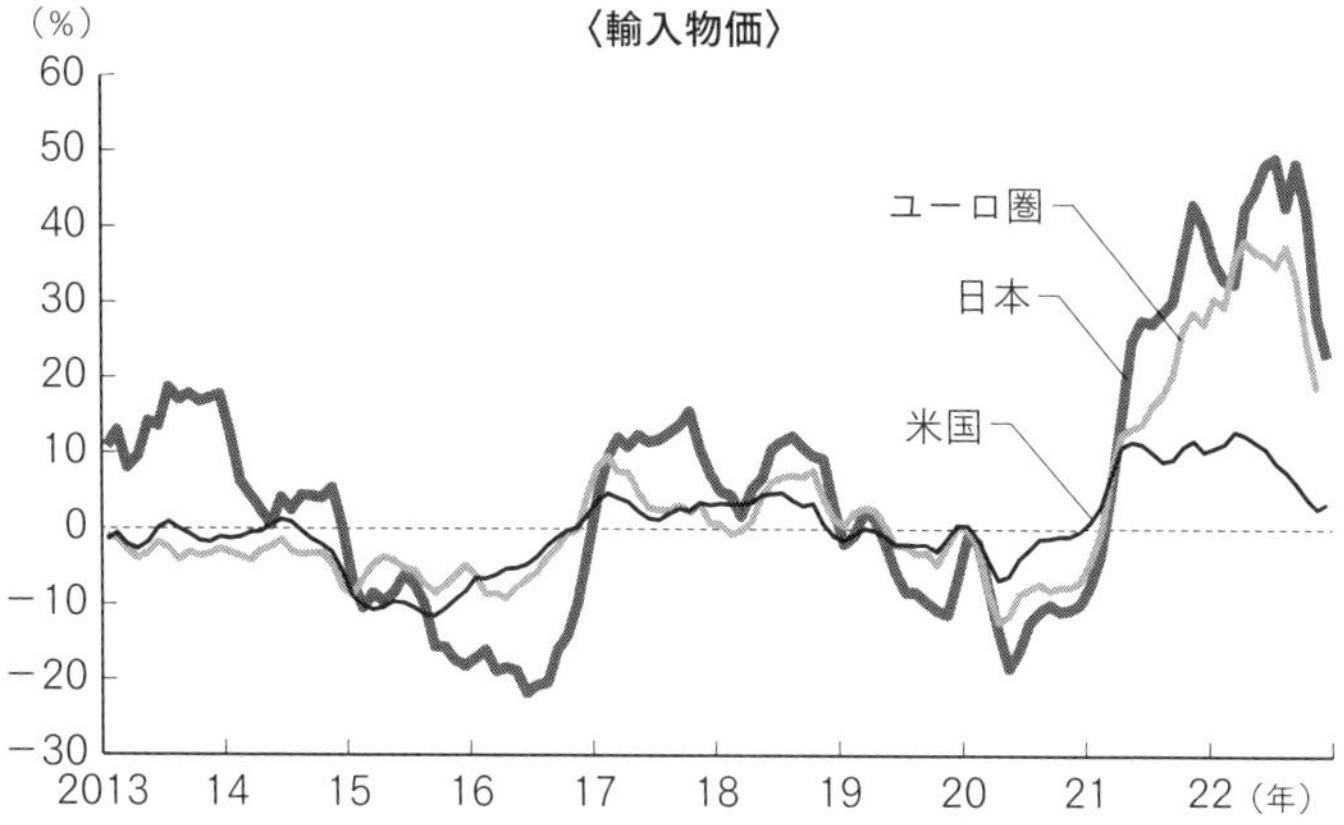

〈消費者物価〉

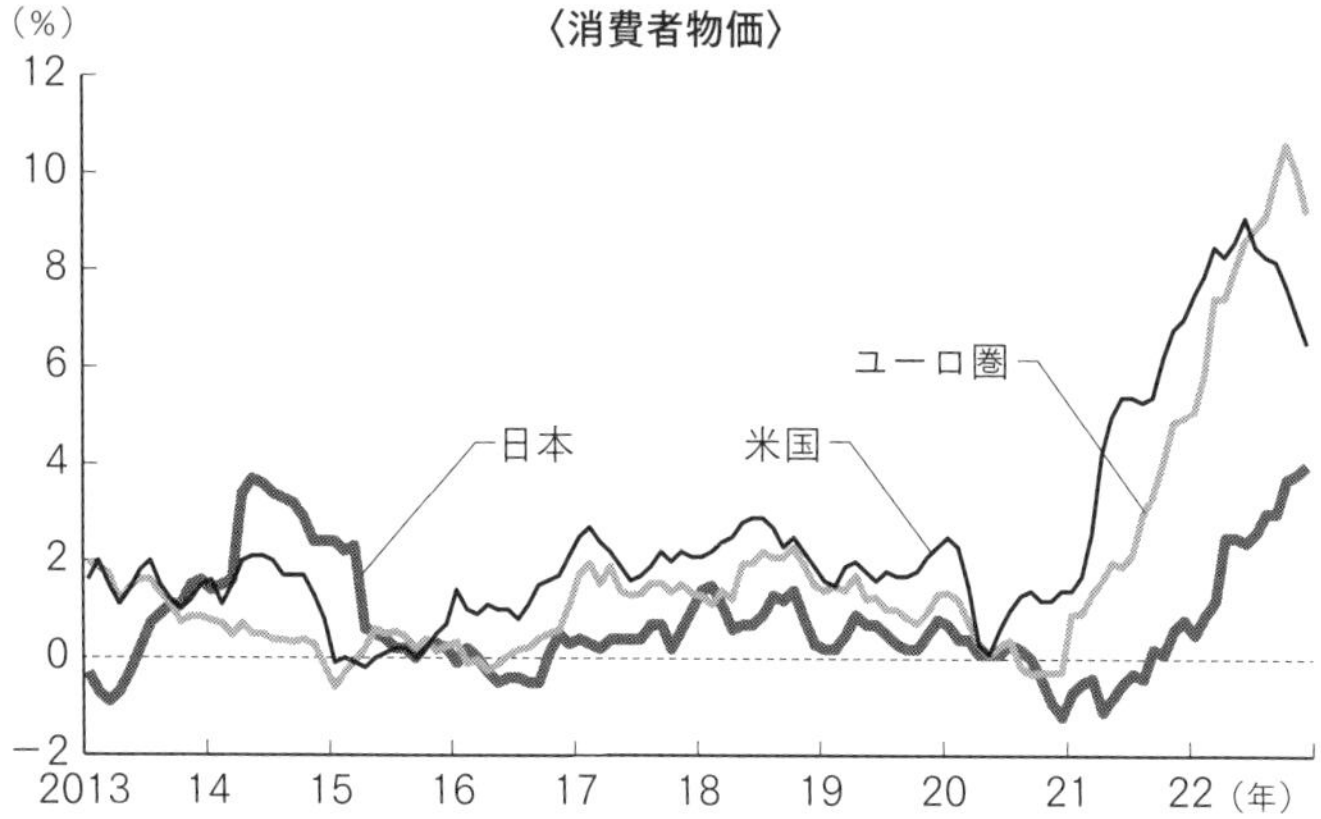

（注）各国・地域の当局・中央銀行による月次の指数データ、前年同月比

入エネルギーにあまり頼らない米国の3・0％はもちろん、エネルギー確保に苦闘したユーロ圏の14・5％をもはっきりと上回る。この激しい輸入インフレも「異常」といってよいかもしれない（図1）。

とくに東日本大震災で原子力発電所の稼働停止が相次いで以降、日本のエネルギーは原油など海外の化石燃料の輸入に頼る構造が強まっており、資源高の波をもろにかぶった。食料自給率の低さもネックで、穀物高の影響も食料品などの値上げ圧力に直結した。

これに追い打ちをかけたのが円安である。日本はドルなど外貨建てでエネルギーなどの資源を海外から輸入している。円の価値が外貨に対して下がると、輸入量は変わらなくても、それだけ円建てでみた輸入金額は膨らんでしまう。

円相場は2022年3月以降急落し、同年10月21日には1ドル＝151円94銭程度と1990年7月以来、約32年ぶりの円安・ドル高水準を付けた。「異常」ともいえる急激な円安に直面した日本の通貨当局（財務省・日銀）は、2022年9月に約24年ぶりに円買い・ドル売り介入に動き、9～10月の円買い介入額は9兆円超と記録の残る1991年以降の円安局面で最大となった。「通貨防衛」も「異常」な規模に達したのである。

日本は海外発のインフレにはもろく、中小企業やわたしたち家計には物価上昇が収益悪化や実質的な所得減をもたらし、デフレのような痛みに変わる。いわばインフレとデフレが同居するような「異常さ」は、バブル経済の崩壊以降、長くデフレやゼロインフレにあえいできた日本経済の構造的な問題を映し出している。

根本的な原因の1つが、賃金が30年ほぼ横ばいのままという「異常現象」である。とくに、物価の上昇分が自然に賃金に上乗せされる歯車がさびついて動かなくなってしまった。賃金が増えないと小幅な値上げであってもわたしたち消費者の財布のひもは固くなる。海外発のコスト増に苦しむ企業は収益がますます苦しくなり、賃上げどころではなくなる。そんな「異常」なループ現象から抜け出せるのか。

2023年にかけて、ようやく賃上げの動きが広がり始めた。日本経済が長年の「異常」な状態から脱することができるのか、大きな岐路に立っている。

「異常さ」をひもとく作業

ここまで短い文章のなかで、あえて「異常」というキーワードを10回以上も用いた。読者はその頻出ぶりに辟易《へきえき》としているかもしれない。日本の物価情勢を巡る特殊な状況を演出したいがためだ。それこそ数々の「異常さ」を1つずつひもといていくことが、物価変動を巡る日本と世界の今を理解していくことにつながるだろう。

本書ではまず、わたしたちの身の回りに起きていることをつぶさにみていきたい。第1章と第2章では、まずは物価変動を巡り日本で起きていることを確認し、その背景を探る。第3章では日銀や政府を中心に円安を巡るジレンマを描く。その延長線上に、日銀の異次元緩和の修正という大きな節目を目の当たりにすることになる。

第4章では、物価を巡る問題の本質に迫るため歴史を振り返り、日本がなぜ「ゼロインフレ」のぬかるみにはまってしまったのかを描く。そこでは円安に直面して揺れた最近の政府・日銀とは正反対に、半世紀もの長きにわたる「円高恐怖症」に翻弄され続けた政府や日銀の姿を確認できる。第5章では、海外に目を転じ、世界でなぜインフレがここまで広がったのか、米国の中央銀行、米連邦準備理事会（FRB）の対応を中心に検証する。

第6章では日本に戻り、ゼロインフレ脱却に向けたカギを握る賃上げに向けた動きの最前線を追い、今後を占う。第7章では世界が元の低インフレの世界にそのまま戻るのか、高めのインフレが定着する新常態が到来するのか、複数のシナリオを点検する。最後の第8章では、それまでの議論をまとめつつ、日本の課題を克服するための方策を考えたい。

なお、本書は2022年末から2023年初ごろに起きた事象までを主に扱っているが、本文中で取り上げる統計などのデータに関しては2023年2月（一部3月）にかけて更新し、できるだけ2022年末までの動きを追っている。

日銀総裁の人事をはじめとする大きな出来事に関しては、可能な限り最新の動きを反映した。日銀総裁は2023年3月の本書校了時点では交代していないが、本書出版前の4月8日付で総裁としての任期を終える黒田東彦氏については、明らかに任期中の記述だとわかる場合には単に「総裁」としたほか、場合に応じて「(当時)」といった表記を添えた。後任として4月9日付の総裁就任が確定した植田和男氏は「新総裁」と表記している。

新聞記者の視点で描く

筆者は物価を専門にした経済学者でも統計学者でもない。新聞記者だ。しかも内外の政策当局者の動静をいち早くつかんだり、自分が書かなければ歴史に埋もれていたかもしれない事実を白日の下にさらしたりできるような優秀なジャーナリストとも（残念ながら）いえない。日々、内外の経済の動き、マーケットの動き、そして金融政策の動きを追っている、強いていえば観察者にすぎない。

もっとも観察者にすぎないからこそ、もとよりすべてを解明することなど到底不可能なテーマに、あえて挑戦しようと思える無謀さを持てたのかもしれない。内外の物価の動き、世界の政治や経済の動向、内外の経済学者やエコノミストらの見解や分析。そうしたいろいろなものを観察し、咀嚼《そしゃく》したうえで物価の動きから「日本と世界で何が起きているのか」という核心部分に少しでも迫りたい。そして、わたしたち日本人の暮らしをよくするためにどうすればよいのかについて筆者なりに考えをまとめようと思う。

さて、ここまで世界のインフレの背後にあるメカニズムをざっとみてきた。日本の特殊事情もあらかた押さえた。準備は整ったようだ。本題に入ろう。第1章はインフレとデフレが共存する奇妙な日本の物価動向について解明を試みる。

CONTENTS

第7章　世界インフレ時代、「終わり」か「始まり」か …287

第1章

日本の物価に何が起きたのか

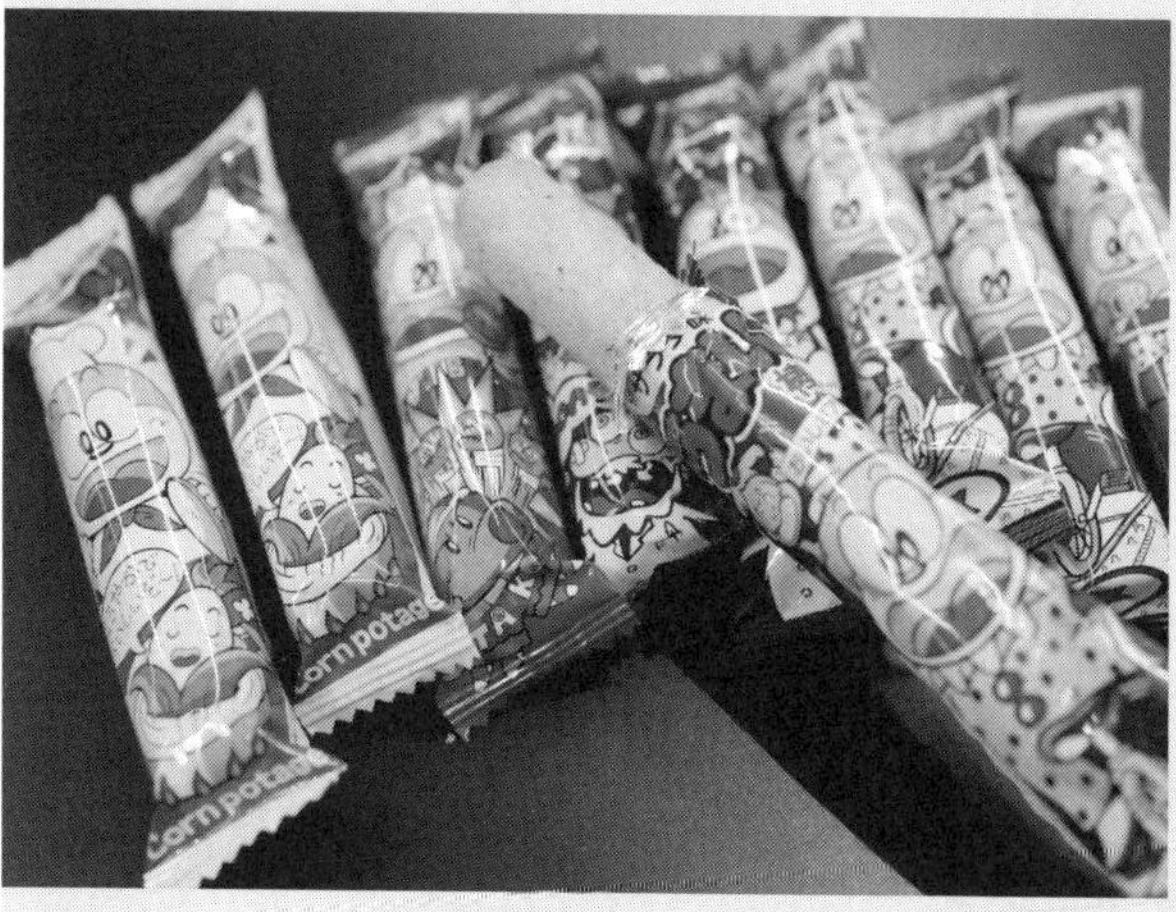

うまい棒も値上げを実施（ロイター＝共同提供）

1 「奇跡のスナック」発売43年、初の値上げの意味

低物価の象徴もついに

２０２２年１月下旬、あるニュースがインターネットやテレビを駆け巡った。スナック菓子「うまい棒」が４月に１９７９年の発売以来、初めて値上がりし、税抜きの参考価格が１本10円から12円になるという内容だ。多くの人が１度は食べたことがあるであろう代表的な駄菓子。しかも40年以上の長きにわたって「10円」というワンコイン（消費税分は別だが）の値段を守ってきた「伝統」が終わる。その一報は大きな話題を呼び、海外にも伝わった。ロイター通信はうまい棒を発売以来価格が変わらなかった「奇跡のスナック」と紹介したうえで、「数十年にわたるデフレを経た日本でも、物価や輸送費の高騰と無縁ではないことを痛感させる」と評した。日本の低物価の象徴であり、今回の値上げラッシュの先駆け的な存在となった奇跡のスナックの値上げ劇。まずはその舞台裏をみていこう。

なお、本章の執筆に当たっては、関係者や専門家への取材に加え、関係企業の公式サイト、ファンサイト「うまい棒同盟」、日本経済新聞の記事なども参考にした。

うまい棒の発売元は東京都墨田区に本社がある「やおきん」という企業で、製造は手がけていない。工場を持たずに企画・販売に特化するファブレスメーカーに近い位置付けだ。うまい棒のほかにも「餅太郎」「キャベツ太郎」など幅広い商品を取り扱うが、製造はすべて他社に委託している。うまい棒の生産は「リスカ」という茨城県常総市に本社を持つ菓子メーカーが担う。

やおきんは2021年12月ごろから順次、取引業者などに価格改定を通知している。値上げの理由は何だったのか。通知文には「コーンや植物油などの原材料全般」に加えて「包装資材・配送」の大幅な価格上昇を記した。これまで10円という価格を維持するために、生産・物流・管理コストなど、あらゆる面からコストダウンの努力を続けてきたとしたうえで、最近のコスト急騰を念頭に「このような状況下では自社内で許容できる範囲をはるかに超えてきて」いると訴え、理解を求めた。

実際に値上げを実施した2022年4月、やおきんは一般向けにホームページやツイッター上で「なくなっちゃうほうが、悲しいから。」と題する告知を出している。発売以来初めてとなる値上げは「苦渋の決断」だったが、世間からは非難どころか、タイトルのような「温かい言葉の数々」が寄せられたとして感謝の意を表した。

重要なのはその後だ。これまで「子どもたちのお駄賃でも買える『10円』という値段にこだわってこられた」のは「応援してくれる皆さま」のおかげとともに、「製造、流通に携わる関係各位の協力」によるものだとした。「10円死守」を優先課題と位置付け、製造会社や運送会社をはじめとする関係先と協力体制を組み、長年、価格維持に経営努力を傾注してきたことがうかがえる。

これまで値上げしてこなかったことが奇跡

うまい棒が発売された1979年といえば、第2次石油危機のさなかだ。「狂乱物価」と呼ばれた第1次石油危機と比べるとインフレの勢いは鈍かったとはいえ、消費者物価指数の前年同月比上昇率のピークは、発売翌年の1980年に8・7％に達した。物価上昇が騒がれる現在と比べても、かなり高めのインフレの時代だったことがわかる。

実は発売当初は現在の3分の2ほどの細さだったのだという。1980年代前半、「めんたい味」のヒットをきっかけに値段は10円のままサイズを太くし、むしろ実質的な値下げに動いている。「消費者還元」には効率的な量産体制の効果が見逃せない。製造を請け負うリスカは1980年代から1990年代にかけて順次生産体制を拡充しており、量産効果や生産効率化の投資を通じて「10円」を保つ力をつけていったことがうかがえる。

日本の消費者物価指数（帰属家賃を除く）の長期の年間平均は1979年から2021年の間に1・46倍になった。発売当時、うまい棒の1本当たりの単価と同じ10円だったモノの値段は「物価全体の平均像」に照らせば2021年時点で15円近くに上がった計算になる。値上げ前、うまい棒の単価は消費税の導入・引き上げ分をすべて上乗せしても11円弱。その間、かつて「物

図1-1　うまい棒は真の「物価の優等生」だった

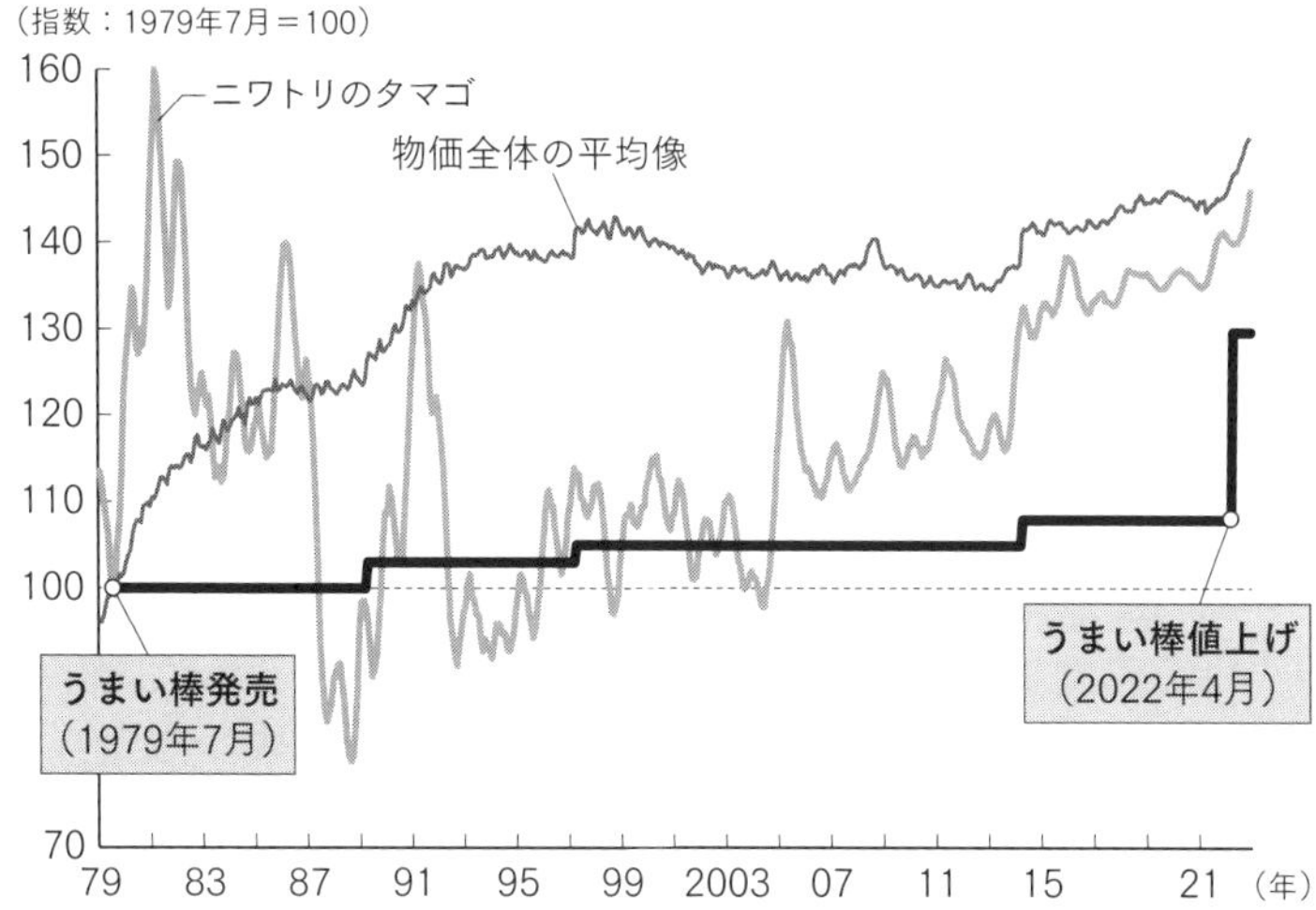

（注）総務省などのデータから作成。物価全体の平均像は消費者物価指数の持ち家の帰属家賃を除く総合、ニワトリのタマゴは消費者物価指数の「鶏卵」の６カ月移動平均、うまい棒は消費税分を単純に上乗せ

価の優等生」といわれた鶏卵の価格が25％上昇したことを考えると、うまい棒こそが真の物価の優等生だったと思わされる。

今回の値上げで、うまい棒の税抜き参考価格は20％上昇した。うまい棒の発売当初の１９７９年７月時点から値上げをした２０２２年４月までの期間をとると、鶏卵の値上がり率は42％。消費税分を割り引いてもざっと３割上がったことになる。うまい棒の発売以来の価格の推移は、今回の値上げを計算に入れても、鶏卵の過去40年あまりの実績よりも緩やかな上昇にとどまる（図１－１）。

もちろん10円死守の道のりは平たん

ではなかった。主原料であるトウモロコシの価格が急騰した2007年には、価格は維持しつつ1本当たりの容量を1グラムほど減らした。まさに今回のインフレ局面で世界的に広がった「シュリンクフレーション（容量減による実質値上げ）」そのものだ。

やおきんは今回もシュリンクフレーションも含め対応策を検討したもようだが、これ以上細くなることによる失望を防ぐためと、発売以来、経験したことのないようなコスト全般の強い上昇圧力にかんがみ、価格そのものを上げる決断をくだしたようだ。

では今回、コストはどのくらい上がったのだろうか。うまい棒をわざわざ取り上げたのは単に世間で話題となったからだけではない。値上げに至る環境を点検すると、今回の日本の物価上昇を巡る状況がある程度、整理できると考えるからだ。

うまい棒値上げの詳細分析

まずは原材料を確認しよう。うまい棒の「めんたい味」のパッケージには原材料名として「コーン（アメリカ、分別生産流通管理済み）、植物油脂、糖類（ぶどう糖、砂糖）、パプリカ、オニオンパウダー、ガーリックパウダー、パン粉」などと記されている。めんたいこの味をつかさどるのは「たら調味パウダー、食塩、赤唐辛子末」あたりとみられる。また、パッケージには、分別回収のためにプラスチックの容器包装であることを示す「プラ」の表記の下に、「ＰＰ」の文字がある。これはポリプロピレンを主原料として使っていることを示す識別記号だ。

次に製法を探ってみよう。やおきんやリスカ側は詳しい製法を公開しておらず、似た種類のスナックの一般的な製法を中心に類推することにする。

まず乾燥トウモロコシを細かく砕いた「コーングリッツ」に水を加えてよく練り込み、「エクストルーダー」と呼ぶ食品加工用の装置に投入する。機械のなかで熱と圧力をかけると細い出口を通る際に一気に膨張して飛び出し、ふわふわに膨らんだ「パフ」の状態になる。

うまい棒の場合、真ん中が空洞の筒状になったパフを引っ張り、一定の太さの長いパフを1本1本、均等に切っていくといった工程が想定される。

それらを乾燥させたうえで、それぞれの味に合わせたさまざまな調味料で味付けをする。通常、こうした製法は油で揚げない「ノンフライ」のはずだが、うまい棒の場合、植物油脂が原材料名の欄の2番目に登場していることからも類推できるように、「それなりの量を使っている」と関係者は言う。

具体的にどの工程で使っているかはわからないが、一般的なコーン菓子では、調味料での味付けの際、一緒にオイルを吹きかけて香ばしさを加える場合があるという。調味料で味付けをする前に、オイルで焼き上げるという工程を経る場合もあるようだ。うまい棒も、こうした製法をとっている可能性はあるだろう。

味付けがすんだら1つひとつパッケージに包み、箱詰めをしてリスカの工場からやおきんの倉庫、あるいは大手取引先の物流拠点などに搬送されていくことになるとみられる。

値上げの4要素をみる

すでにみたように、やおきんはうまい棒の値上げをもたらした要因として具体的に「トウモロコシ」「植物油」「包装資材」「配送料」と主に4つの要素を挙げている。上にみた工程の随所にコスト高の要因を抱えたことがうかがえる。一般的な価格動向を示すデータからコスト高の状況を推し量ってみよう（図1－2）。

まずはトウモロコシ。米国産とあり、トウモロコシの国際相場や円相場に左右されるとみられる。粗びきして粉状にした「コーングリッツ」の状態で日本の製粉会社などから仕入れている可能性も高いとみられる。その場合でも、間接的には国際市況や為替要因の影響は受けるはずだ。

トウモロコシの国際相場である米シカゴ市場の先物相場は新型コロナウイルスの感染拡大を受けた当初の低迷局面を経て、2020年夏ごろを境に急上昇に転じた。2021年5月上旬には期近物が一時1ブッシェル7・7ドルと8年8カ月ぶりの高値を付けた。2020年8月ごろの底値だった3ドル台との比較では2倍以上という急騰劇だ（ちなみにブッシェルとは穀物の「体積」を表す代表的な単位で、米国だと1ブッシェルは約35リットルに相当する）。その後はいったん5ドル台に調整したものの、やおきんが値上げを決めたとみられる2021年末ごろにかけては再び6ドル近辺へと反転基調を強めた。

国際市況の高騰は複合要因だった。まず中国がアフリカ豚熱（ＡＳＦ）で深刻な被害に遭った養豚業の強化に向けて養豚の規模拡大に乗り出し、飼料用としてトウモロコシを大量に買い付け

図1-2　うまい棒の値上げの背景には原材料費の高騰があった

（関係があるとみられる商品などの価格動向、2020年1月～2022年4月）

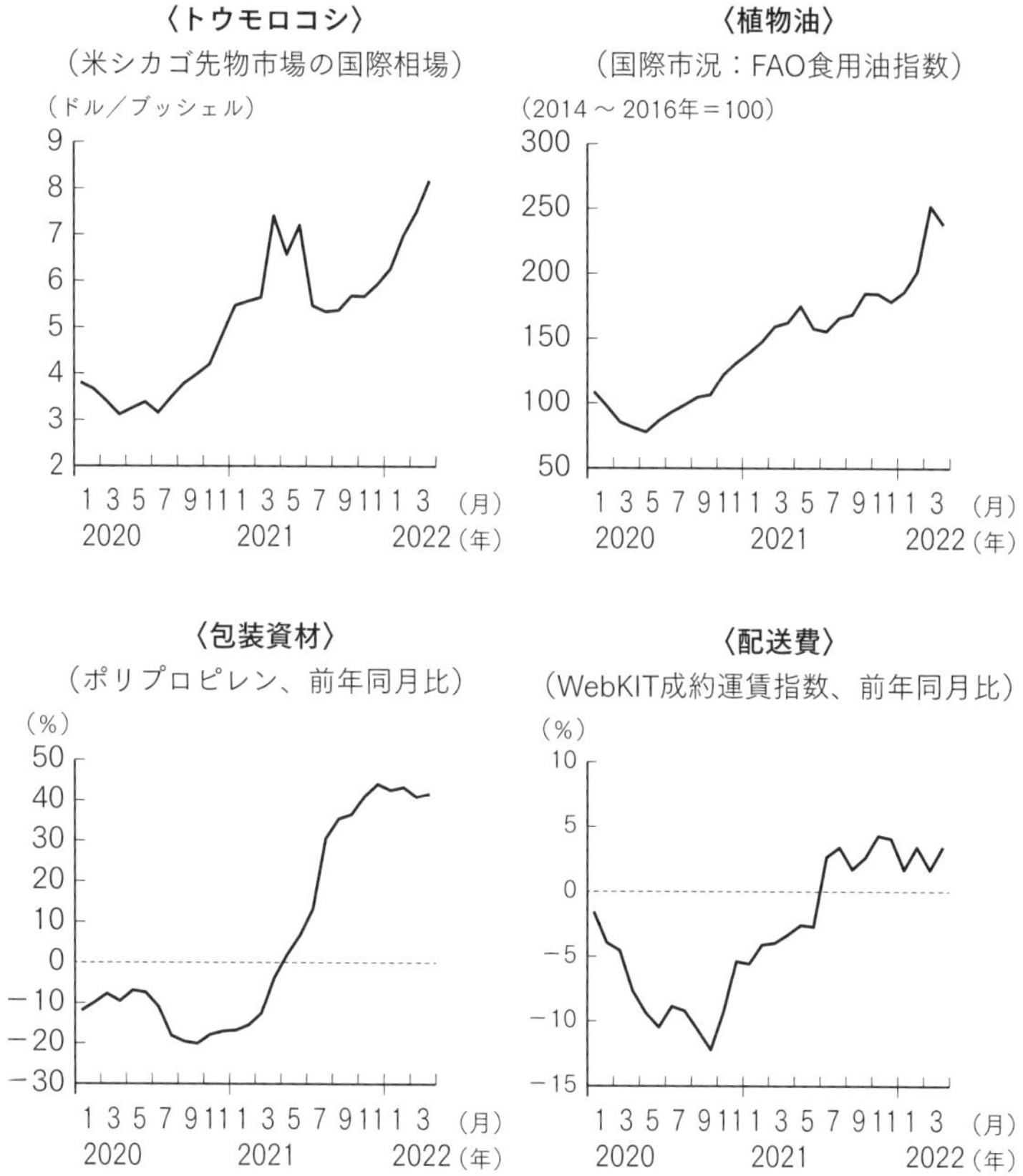

（注）リフィニティブ、国連食糧農業機関（FAO）、日銀、全日本トラック協会などのデータから作成。
ポリプロピレンは企業物価指数の品目別指数

た。中国各地では「豚ホテル」と呼ばれる多層階の養豚場が林立した。中国にとって豚肉は国民食。コロナ禍で検疫手続きが煩雑になる輸入肉から国産豚の供給拡大を急いだとみられる。それだけ飼料向けのトウモロコシの需要は増える。

その一方で、主要産地の米国やブラジルなどで天候不順から生産が減るとの不安が強まった。天候不順による供給減への思惑は投機マネーをひきつけ、相場の押し上げにつながった。

トウモロコシはガソリンの代替燃料である「バイオエタノール」の原料としての需要も伸びている。うまい棒の容量がシュリンクフレーションで減った2007年当時の高騰は、当時のブッシュ米政権が原油高のもとエタノールの生産拡大を奨励し、飼料・食用とエネルギー用の間で奪い合いが起きたことが一因となった。今回も脱炭素を推進する世界的な流れのなか、エタノール向けの需要拡大が高値期待を支えることとなった。

次に植物油。これも「穀物急騰」という観点ではトウモロコシと共通する。原料となる大豆や菜種の国際市況が大きく上昇したためだ。大豆はトウモロコシと同じように、中国の豚肉大増産が響いた。

さらに世界的な異常気象を招くとされる「ラニーニャ現象」の影響とみられる天候不順で南米など主産地での作付けが遅れ、生産減への懸念を招いた。トウモロコシ同様、バイオ燃料向けの需要も高まっており、需給が引き締まる要因になった。中国国民の間での健康志向の高まりで

（飼料用の原料大豆としてではなく）大豆や菜種由来の植物油そのものへの需要が高まっていることも、価格上昇に一役買った。

国連食糧農業機関（ＦＡＯ）が算出している食用油の価格動向を示す指数（２０１４〜２０１６年＝１００）は、うまい棒の値上げ直前の２０２２年３月に２５１・８と１９９０年以降で最高水準を記録し、２０２０年５月の底値からわずか２年足らずで３・３倍に高まった。

今回の日本の「食品インフレ」でも、食用油の値上がりはすさまじかった。消費者物価指数の１品目である食用油の前年同月比の上昇率は２０２２年７月に40・３％に達し、生鮮食品を除く約５２０品目中、最も大きい値上がりとなった。業務用の食用油と家庭の料理に使う油を単純には比較できないが、うまい棒にとっても、かなりのコスト押し上げ要因となったはずだ。

包装資材はどうか。先ほど挙げた包装フィルムの主要な原料であるポリプロピレンの急騰が、コストの押し上げにつながったとみられる。ポリプロピレンは原油を蒸留してつくるナフサ（粗製ガソリン）が元になってできるプラスチックの一種だ。結局のところ、根本には原油高がある。原油の先物相場はコロナ禍の初期に一時マイナスを記録するなどの異例の急落劇が起きたあと、産油国の生産調整に経済再開期待が重なって力強い上昇トレンドに転じた。これがナフサの価格上昇につながり、ポリプロピレンの値上がりを招いた。

企業どうしがやり取りする原材料などのモノの価格である日銀の企業物価指数によると、ポリプロピレンの価格は２０２１年３月ごろから急激に上がった。うまい棒の値上げを決断したころとみられる同年11～12月には前年同月比の上昇率は４割を超えた。

配送費に関してはやや状況が異なる。市況全体を把握できる指標をみる限り、急激な上昇を示したわけではないからだ。全日本トラック協会などが輸送仲介システムでのトラック運賃の動きを指数化した「ＷｅｂＫＩＴ成約運賃指数」によると、２０２０年から２０２１年にかけては前年同月比でマイナスの推移が続いたあと、２０２１年の夏にかけてプラスに転じた。うまい棒の値上げを決断したとみられる同年末にかけては上昇幅を４％台に広げたものの、ほかのコスト要因と比べると小さな動きだといえる。

コロナ禍の「巣ごもり需要」でのインターネット通販の急拡大やドライバーの不足、燃料高を踏まえると、やや意外な動きといえる。物流業者の過当競争が続き、一般的にはコスト増を荷主になかなか転嫁しにくい状況が続いたようだ。

うまい棒の場合はどうか。取引先の周辺からは「もともと運送費にはかなりのコストがかかっているだろうし、運賃改定でここにきて上昇している」との声が聞かれる。大量に運ぶとなると、一本一本は軽いが、かなりかさばる。段ボールにギュウギュウに詰め込んでつぶしてしまうわけにもいかない。仮に数パーセントといえども運送コストが上昇する影響は軽視できないだろう。運輸業界ではドライバーの年間の時間外労働の制限が厳しくなる「２０２４年問題」が控えるなか、国土交通省が音頭をとって「運賃の適正化」をうたっている。荷主としては値上げ要請に応じざるを得ない状況も生じつつあるようだ。

2／海外発の物価高の波　日本に到達した「Xデー」

流通段階のもうけはどれほどか

コロナ禍からの経済活動の正常化期待、中国の「爆買い」、うち続く異常気象、そして脱炭素化も絡んだ代替エネルギー向けと食用・飼料用との奪い合い。うまい棒の値段を10円から12円に押し上げた背後に、世界で起きた大きなうねりが透けてみえてくる。

うまい棒の価格の変化率をみると2割だが、これまでみてきたとおり、トウモロコシ、植物油、包装フィルムといった主要な原材料のコストの上昇率は全体で2割ではすまないはずだ。うまい棒の流通段階に着目し、もう少しコスト構造を探ってみよう。

東京都内のある駄菓子店主によると、駄菓子は直接卸業者に仕入れに出向けば、仕入れ値は小売値（参考価格）の70％、卸業者に店先までの配送を依頼する場合には75％になるのが一般的だという。値上げ前のうまい棒なら、1本10円の小売値に対し、7円～7円50銭。これに消費税がかかっていた。値上げ後の小売値12円に対する仕入れ値は8円40銭〜9円プラス消費税ということになる。

ちなみに、この駄菓子店では値上げに伴い、うまい棒の税込みの販売価格を1本11円から13円へと引き上げた。最初は「駄菓子にまで原材料費高騰の影響が及んできたのか」と驚いた店主だったが、フタを開けてみると心配したほどには客離れは起きず、むしろ「安い単価で好きな量を買える駄菓子の良さが見直され」、売れ行きは好調なのだという。もともと消費税を考えると、10円玉1枚では買えない状況にはなっていただけに「子どもたちは駄菓子の値上げをすんなり受け入れている」と店主は話す。全般的な食品の値上げラッシュのなか、相対的には価格水準の低い駄菓子に需要が流れている面もあるのかもしれない。消費者の値上げ受け入れを巡る問題は、第3章で取り上げたい。

末端の販売店への卸値が上記のとおりだとしても、リスカの製造原価、リスカからやおきんへの納入価格、そしてやおきんから卸業者への納入価格はわからない。やおきんから販売店への直接取引もあるようだが、いわゆる企業情報のたぐいで販売先を確認すると、菓子専門商社や卸との取引が多い。いずれにせよ原価から複数の流通過程を経て手数料などが上乗せされていく姿が考えられる。

仮にリスカからやおきんへの納入価格が値上げによって1本4〜5円から6〜7円へと上がっ

たと仮定すると、率にして4～5割は高まった計算にはなる。単純に「率」で考えれば、リスカはコスト上昇分をそれなりに転嫁できたといえるのかもしれない。

問題はその後だ。あとでみていくようにトウモロコシ、植物油、ポリプロピレンは値上げ後も相場高騰が続くことになる。円安も踏まえると、さまざまなコスト高は、うまい棒が値上げに踏み切った2022年4月よりも後に本番を迎えたといってもよいくらいなのだ。

うまい棒に限った話ではない。コスト高に直面した日本企業の苦悩のストーリーは、値上げの数だけある。ここからは日本のインフレの全体像をつかむ作業に入ろう。


コロナ禍に直面した2020年以降、わたしたちがインフレの本格的な到来に向き合い始めたのはいつごろだろう。記事検索サービス「日経テレコン21」で、日本経済新聞本紙朝刊に「値上げ」というキーワードを含んだ記事がどのくらい増えてきたのかを調べてみよう。ヒットした検索結果には海外の事例を取り上げた記事も含むが、中心は国内企業の価格改定などの記事であり、おおまかな国内情勢の変化をたどることが可能だ。

注目されるのは、「値上げ」の語句を含む記事の本数が2021年10月に急増していることだ。60本台だった9月から一気に110本強に増えた。このころを1つの節目に、わたしたちはインフレに向き合い始めたと考えてよいのかもしれない。

記事の本数はその後、いったん落ち着いたあと2022年に入り大きく増え、6、8月には

200本近くとピークを迎える。企業の価格改定の発表が相次ぎ、「値上げの秋」の全貌が見え始めたころだ。

「輸入インフレ」から「企業間インフレ」「消費者インフレ」へ

では検索が急増した2021年秋には何があったのか。思い出してほしい。やおきんがうまい棒の値上げを決めたのが2021年12月にかけてのことだ。社内や関係企業と真剣に検討していたのが、まさにそのころだったと考えられる。海外発の急激なコスト高は日本の産業界が共通して直面する課題となっていたのだ。

プロローグでみた日銀算出の輸入物価指数（円建てベース）で細かく確認しよう。2021年2月までは前年同月比でマイナスに沈んでいたが、3月に上昇に転じると、5月の上昇率は一気に2割を超え、6月には27・6％と1980年9月以来、40年9カ月ぶりの高水準を記録した。比喩的にいえば、第2次石油危機以来の「輸入インフレ」が日本を襲った「瞬間」だ。「輸入インフレ」はやがて「企業間インフレ」や「消費者インフレ」へと波及していくことになる（図1－3）。

2021年11月になると輸入物価指数の上昇率は41年4カ月ぶりに4割に達した。このときの指数の内訳をみると、石油製品の輸入価格は前年の2・1倍に達し、鉄鋼も前年同月比73％上昇した。麦類（63％）、砂糖（44％）、動植物油脂（36％）、食肉（32％）など、穀物・食品類の上昇率も大きかった。

図1-3　第2次石油危機以来の物価上昇が襲った

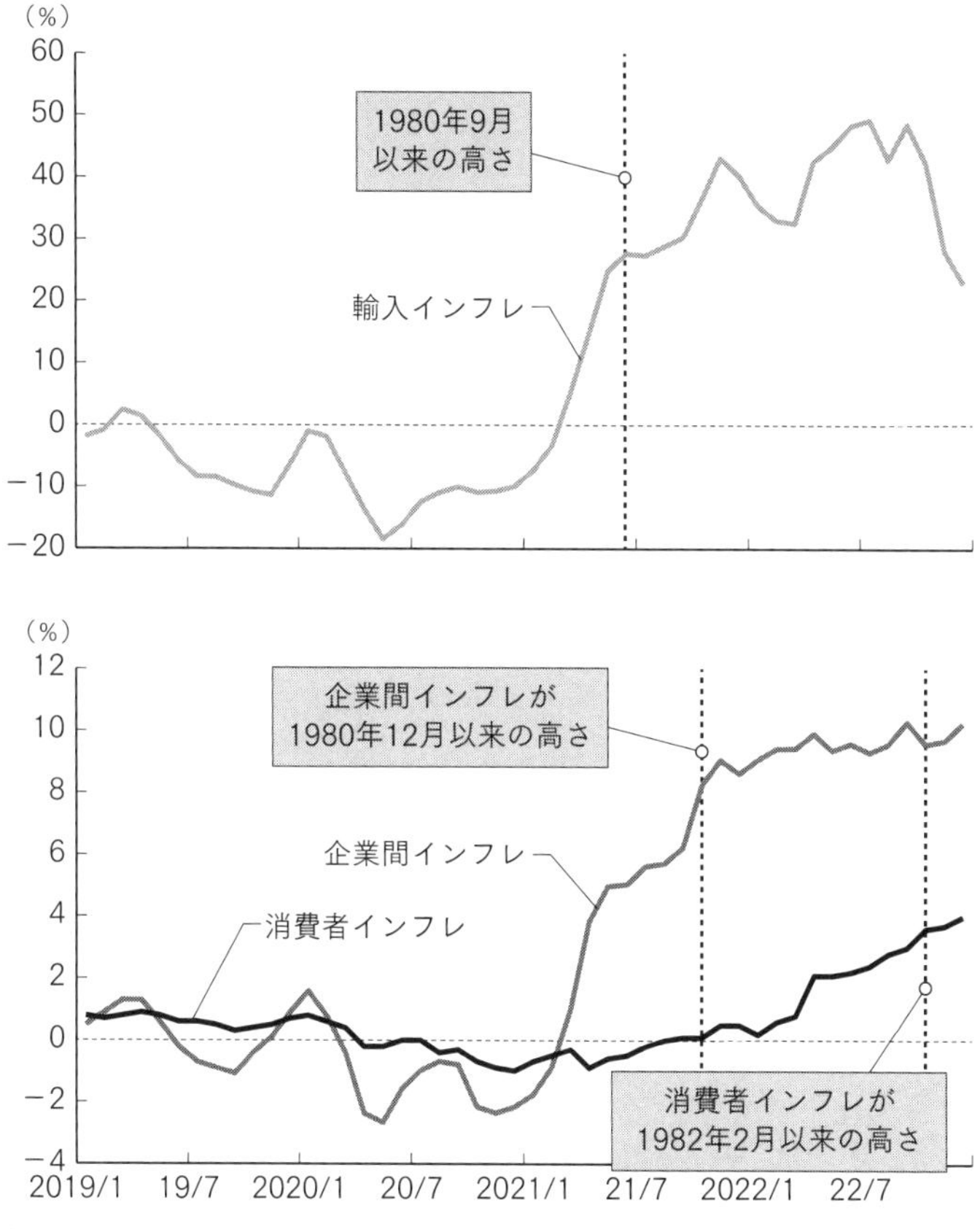

（注）日銀、総務省のデータから作成。「輸入インフレ」は輸入物価指数、「企業間インフレ」は企業物価指数、「消費者インフレ」は消費者物価指数の生鮮食品除く。前年同月比

海外からさまざまな原材料が輸入され、いろいろな企業どうしの取引を経て次第に加工度を高めながら、少しずつ完成品に近づいていく。輸入した原材料価格の高騰は、そうした取引過程を通じて、少しずつ企業間の取引価格の上昇へと波及していく。原油からナフサ、ナフサからポリプロピレン、ポリプロピレンから包装フィルム、といった具合に数珠つなぎで値上げが浸透していく様子を想像すればわかりやすい。

「需要段階別」という考え方で説明すると、価格転嫁の動きは、企業どうしがやり取りする品目のなかでも、輸入した原油や鉄鉱石などのまだ加工していない「原材料」から、プラスチックなどの途中段階の「中間財」、最後にわたしたちが手に触れる商品に加工を終えた「最終消費財」といった具合に進む。原材料の段階を指す「川上分野」から、次第に消費者に近い「川下分野」の製品群へと広がっていく構図だ。

こうした企業間でやり取りする「企業間インフレ」の動向を示すのが、企業間で取引されるモノの動きを束ねた日銀算出の企業物価指数である。２０２１年5月から9月までは前年同月比で5～6％程度の伸びが続き、原油価格が高騰した時期に当たる２００８年以来という、それなりに高い伸びを記録していた。「企業間インフレ」はここから加速する。10月には上昇率は８・２％まで高まり、１９８０年12月以来、40年10カ月ぶりという第2次石油危機以来の高い伸びを記録した。

２０２１年秋ごろに転換点を迎えた日本のインフレ。エネルギーや食品関係を中心とする「輸入インフレ」の波が「企業間インフレ」に及び、第２次石油危機以来の大きさにまで達した現象を指す。

値上げの波はやがて、わたしたちがスーパーなどの店頭で目にする小売価格へと到達する。当時、コストアップ要因を自社ですべて吸収するのを断念し、比較的早い時期に企業間の取引価格のもう一歩先、最終消費者への価格転嫁を決断した１つの象徴が、うまい棒だったのである。

一般の生活者が店頭で目にする価格の推移を調べた総務省の消費者物価指数をみると、２０２１年秋時点ではすべての品目を束ねた総合ベースの前年同月比でゼロ％近辺に低迷し、９月はプラス０・２％にとどまっていた。一般に参照されることが多い、値動きの激しい生鮮食品を除く指数の上昇率もプラス０・１％にすぎなかった。

もっとも、２０２１年４月、当時の菅義偉首相の強い指示で携帯電話の通信料が引き下げられ、これが同年末のインフレ率を１・５ポイントほど押し下げていた。その影響を除くと、物価上昇率はすでに２％をうかがう水準にまで上昇していたことになる。

携帯通信料の大幅引き下げから１年たち、うまい棒の価格が上がった２０２２年４月。消費者物価の生鮮食品を除く総合指数は一気に前年同月比で２・１％上昇し、政府・日銀がインフレ目標として掲げる２％の物価上昇率を「表面上は」超えた。２％超えは消費増税が押し上げた

２０１５年３月以来、増税の影響を除くと世界的な資源高を経験した２００８年９月以来だった。

２０２１年秋にかけて表面化した「輸入インフレ」と「企業間インフレ」の波が本格的にわたしたち生活者にまで至り、「消費者インフレ」の始まりを象徴的に告げたのが２０２２年４月ということになろう。

ちなみにインフレ目標の達成について「表面上は」と書いたのは、日銀が主に輸入インフレが押し上げた２％インフレを目標達成と認めなかったからである。この点はのちほど詳しく取り上げたい。

２０２２年２月下旬にロシアがウクライナに侵攻すると、エネルギー高と資源・食料高の第２波が発生した。「輸入インフレ」と「企業間インフレ」が加速し、企業物価指数の上昇率は10％台に到達した。企業は我先にと値上げを表明するようになり、「消費者インフレ」への波及がさらに勢いづいた。

２０２２年10月の消費者物価は生鮮食品を除く総合で前年同月比３・６％上昇し、２０１４年度に消費増税で大きく上昇した局面を上回り、１９８２年２月以来、40年８カ月ぶりの上昇率を記録した。ここに至って「輸入」と「企業間」に続いて「消費者」のインフレも、名実ともに第２次石油危機以来の高い水準を記録したのである。

3 世界の「コロナ禍インフレ」をもたらした8つの元凶

デフレの顔から一気にインフレの顔へ

日本のインフレが、世界が大きく動くなかで進展してきたことをつぶさにみてきた。日本からみた風景だけだと、コロナ禍を契機とした現在の世界のインフレの全体像をつかみにくい。物価を巡る日本の現在地と先行きを占ううえでも、ここでは世界のインフレの背景を眺めてみたい。

今回の物価変動の直接のきっかけはやはり、2020年初からの世界的なコロナ禍に求めるのが正しいだろう。またたく間に世界に広がった感染症は人類に、ウイルスそのものとの厳しい戦いとともに、やや遅れてインフレとの戦いも強いることになった。コロナ禍が物価に与えた影響は最初、インフレの反対、物価の下落を意味するデフレーションの顔をしていたのに、感染症の広がりから1年ほどたったころから一転、インフレの顔へと劇的な変化を遂げた。

デフレからインフレへの転換。そしてインフレ加速へ。コロナ禍以降の世界が経験した物価変動の道のりを大まかに振り返ろう。

①需要の瞬間蒸発

最初に起きたのは「需要の瞬間蒸発」である。コロナ危機の当初、世界の多くの国々では街角から人々が消えた。多くの国の当局は強制力や規模に濃淡こそあれ、人々の外出を控えるよう求める行動制限措置を導入した。人々は家のなかで身を縮こまらせ、多くの経済活動は凍りついた。とくに外食、旅行、飲食を伴う接待、映画、カラオケなどのサービス産業の需要は瞬間的に蒸発したかのように急減した。

モノやサービスの値段は、基本的には需要と供給のバランスで決まる。需要が「消えてしまう」状況では、物価に急激な押し下げ圧力が働くのは自然な流れだ。

コロナ禍後の物価が最初にみせた「デフレの顔」はこのようなものである。

②モノの供給制約

わたしたちは消費者であると同時に、労働者でもある。新型コロナの感染が急拡大した時期、人々の行動が制限された国や都市では、まずは人々が職場や工場など1つの場所に集まることが困難になり、とりわけ工場に集まってモノをつくる生産活動が急激に冷え込んだ。①でみた需要の瞬間蒸発とほぼ同時に起きたことは、大規模なモノの供給不足である。

供給の減少は、さきほどの需要と供給のバランスという話でいえば当然、物価の押し上げ圧力となる。ヒトが集まらず工場が動かないのでモノをつくれない。仮にヒトをなんとか集めて工場を動かそうと思っても、ほかの工場から来るはずの部品が来ないので、その場合も、やはりモノを満足な量はつくれない。こうした現象を「モノの供給制約」と呼ぶ。

モノの取引で決定的に重要なのは物流である。ほどなくして港湾などの物流拠点も人手不足が深刻になって機能不全に陥り、部品か完成品かにかかわらず、モノの供給不足に拍車がかかっていくことになる。

工場の部品の生産が止まる。部品ができても港が機能せず船で運べない。この20～30年の間に企業は世界中に調達網や輸送網を張り巡らせ、世界規模での効率的な生産体制を築き上げてきた。コロナ禍によって、そうしたグローバルのサプライチェーン（供給網）がそこかしこで寸断されることになった。

③ヒトの供給制約

製造業だけではない。サービス産業でも需要の蒸発と同時に、働き手が減ったことでサービスの供給が急激に細った。外食など、お客さんと直接のやり取りがある対人型のサービスの場合、厳しい行動制限措置で人々が外に出ない状況ではそもそも商売が成り立たない。そもそも働く人たちにしても、お客さんと接触するのは感染リスクを伴うので、働くのを避けようという気持ちも起きやすい。サービスを買う側の消費者（需要者）とともに、サービスを与えるほうの労働者（供給者）も一緒に姿を消したのである。

最初は需要の蒸発でみえにくかったが、その影で深刻なヒト不足が起き、モノだけでなくサービスも供給不足になっていた。今度は「ヒトの供給制約」だ。工場でもサービスでも、働く人がいないことにはどうしようもない。「ヒトの供給制約」は、いろいろな経路をたどって「モノの供給制約」を深刻にした。長期化するにつれて「サービスの供給制約」も激しさを増し、やがて賃金の上昇圧力として強く作用するようになる。

④当局の危機対応が生むモノの需要復活

次のステップは「当局の危機対応が生むモノの需要復活」である。ここでコロナ禍での物価変動ははっきりとインフレ圧力へと姿を変え始める。ヒトもモノも「蒸発」する経済危機を前に、各国・地域の政府は所得を穴埋めする財政出動策に動き、中央銀行は金融緩和策や危機対応の流動性供給策を講じた。

「ハイパー（超）ケインズ主義」。米国の投資家で評論家のザカリー・カラベル氏はコロナ危機が深まる2020年4月、各国の財政政策のフル稼働ぶりをこう評した。「世界経済の大部分は政府部門のバランスシートに移る。戦時であれ平時であれ、この規模の支出は歴史上、例がない」

各国は金融危機後の低成長に悩んでいただけに、政策対応はすばやかった。米国では政府による現金の給付や特別な失業給付策が多くの人々の臨時収入となった。たくさんの人たちが失業の憂き目にあい、対人型サービスなどでは自ら仕事を辞めた人も多かった。臨時マネーは生活の大切な命綱になったのと同時に、ただでさえ外出したくない人々に働かなくてもすむ理由をつくることにもなった。

外を自由に出歩くことはなかなかできないし、出歩きたくもない。旅行や外食などに使うお金は急激に減った。収入は所得保障によって十分にある。当然のことながら、お金は家具や家電などモノに向かう。起きたのはインターネット通販を利用した「巣ごもり消費」。サービスからモノへの強烈な需要のシフトだ。さきほどみた部品不足などによる「モノの供給制約」は大きくは変わらない。モノに対しては、需要と供給の両面から物価上昇の圧力が急激にかかり始めた。

⑤経済再開に伴うサービス需要の回復

多くの国の感染の「第1波」が峠を越えるにつれ、今度はサービス産業を中心に経済活動の再開に伴う「リオープン消費」、あるいは我慢した分を挽回する「リベンジ消費」が湧き上がっていく。「経済再開に伴うサービスの需要復活」である。

消費者としてはこれまで我慢した分、外食などのサービス産業にお金を使って憂さを晴らしたい。ところが、労働者としては仕事には戻りたくない。とくにさまざまな人たちと密に接するサービス産業であれば、なおさらだ。需要の回復に対し、「ヒトの供給制約」で供給が間に合わず、サービス産業でもインフレ圧力が生まれ始めた。お金を使いたい消費者と、働きたくない労働者。そんなヒトの「二面性」がサービスの需要と供給に大きなズレを生んだといえる。

その後、デルタ、オミクロンとコロナの変異種が世界を周期的に襲う。波状的に世界のあらゆるところで「ヒトの供給制約」が起きるようになり、アジアなどの生産拠点や物流拠点の機能低下を通じた「モノの供給制約」にもたびたび波及する。このこともインフレを長引かせる方向に作用した。それぞれが一時的な物価上昇のはずだったのが、いつまでも供給制約が収まらなかったり、時間がたつにつれて次々といろいろなところで新たな供給制約が発生したりして、継続的な物価上昇へと姿を変えていくことになる。

⑥ロシアによるウクライナ侵攻が生んだ「新たな供給制約」

②から⑤までのステップと並行して次第に強まったのは「資源高という名の新たな供給制約」である。うまい棒の例でみたように、この要素が日本の輸入インフレに大きな影響を与えることになった。

国際商品市況はコロナ危機当初、原油先物価格が前代未聞のマイナスを付けるなど総崩れとなったが、その後は経済再開への期待を背景に回復の兆しもみえ始めた。この過程で、食料や穀物の分野では主要産地の天候不順といった要素から供給制約が強まり、途上国や低所得国では食料不安を巻き起こす素地をつくった。エネルギーの分野では、脱炭素の「敵」である化石燃料の投資にお金が回らない、いわゆる「グリーンフレーション」（脱炭素社会への移行に伴う物価上昇）もあらわになっていった。

資源高に拍車をかけたのが、２０２２年2月のロシアによるウクライナ侵攻だ。エネルギー価格や穀物価格を中心に商品市況の急激な上昇劇をもたらした。ロシアは石油・ガス、穀物の一大生産地でもある。米日独などによる経済制裁や関係悪化が、とくにエネルギー取引で結びつきの強い欧州への供給途絶懸念を高め、天然ガスなどのエネルギー高を招いた。食料インフレの面でも、欧州の穀倉地帯と呼ばれるウクライナが戦場と化したことも重なり、穀物高が加速した。

２０２２年秋にかけて原油高などは一服し、国際商品市況をみる限り、価格がロシアによるウクライナ侵攻前に戻った品目も多い。あとで詳しくみるように、米連邦準備理事会（ＦＲＢ）など世界の多くの中銀が金融引き締めを急ぎ、世界的に景気後退懸念が広がったためだ。先行き、経済減速で需要が減っていくという思惑が、国際商品市場からのマネーの離脱につながった。

一方で深刻さを増す地政学リスク、地球規模での食料不足、グリーンフレーションなど、国際商品市況の再高騰を促しそうな要因は枚挙にいとまがない。日本の企業、そしてわたしたちはこれからも安心はできない。

⑦賃金上昇がもたらす「サービスインフレ」

さまざまな要因が折り重なって物価上昇が定着するうちに、米国や英国をはじめ、いくつかの国では賃金上昇の流れが強まっていった。「賃金上昇がもたらすサービス価格の上昇」だ。「ヒトの供給制約」が解消されないなかで労働市場が過熱していく。労働者優位の労働市場のなか、人手不足に悩む企業は人材を確保するため、競い合うように給与を中心に厚待遇の求人に走るようになる。

米国などでは、コロナ禍でいったん労働市場から去った人々はなかなか戻ってこず、もともと働いている人たちの間では、厚待遇の求人情報が並ぶなか「出世魚」のように今よりももっと待遇の良い仕事に就こうとする「大離職時代」が到来した。

当然、こうした動きは賃金の上昇につながり、最後には物価を押し上げ始める。とくにサービス価格だ。サービス産業のコストはかなりの部分を人件費が占める。賃金が上がるとサービス価格も上がる。エネルギー価格の高騰が一服し、半導体不足などの「モノの供給制約」を演出してきた現象が和らぐなか、欧米を中心に各国のインフレの焦点は次第にサービス価格に移っていった。

家賃などの「住居費」もサービス価格の一種である。持ち家に住む人たちの家賃相当分をバーチャルに想定した「帰属家賃」も含めると、米国ではサービス価格の中核的な品目だ。住居費はもちろん住宅市場の動向次第で大きく変動するが、労働市場の過熱が住宅市場に影響を与える経路も見逃せない。

労働市場の逼迫や賃金上昇に根ざした物価上昇は、上がり始めるとなかなか止まらないやっかいな性質を持つ。賃金が上がると、企業が賃金上昇分を企業がつくるモノやサービスの価格に転嫁する。それが賃金の上昇圧力として跳ね返り、さらなるモノやサービスの値上がりにつながる

――。そんな「賃金と物価の悪循環（スパイラル）」に陥るリスクも浮上する。後述するように、米連邦準備理事会（ＦＲＢ）などの各国中銀は賃金上昇に絡み、インフレ制御の難しさに直面した。

⑧中央銀行によるインフレ鎮圧の出遅れ

①から⑦の過程と並行して見逃せないのが、中銀、とくにＦＲＢの対応の遅れだ。パウエルＦＲＢ議長は２０２１年秋までインフレの動きを「一時的」とみなし、11月になって態度を急旋回して急激な金融引き締めへとカジを切った。コロナの変異型の度重なる流行などやむを得ない面はあったが、低金利の放置が、コロナ対応で国債などを大量に買う量的緩和「ＱＥ」を通じて未曽有の規模のお金を市場に送り込んでいたことも相まって経済を過熱させ、インフレの熱を高める要因になった可能性は否定できないだろう。

ひとたび急激な金融引き締め局面が始まると、ＦＲＢの金融政策は、こんどはインフレを海外に「輸出」することにもなった。ＦＲＢの急激な引き締めは世界的な財政・金融拡張のなかで世界にばらまかれたドルの回収を意味し、外国為替市場で取引されるドルの相場水準を押し上げた。貿易決済に使われることの多い基軸通貨ドルに対し、他国の通貨の価値は切り下がり、各国の輸入インフレに拍車をかけた。

この影響を大きく受けたのが、ほかならぬ日本である。日本の輸入インフレは２０２２年秋にかけて、ドル建ての国際市況の高騰がやや落ち着く半面、歴史的な円安が押し上げる構図へと変化していった。

ＦＲＢを軸に各国中銀が金融引き締め競争、ひいては通貨高競争にひた走るなか、日銀の金融緩和を貫く姿勢が円安を後押しした。望ましい金融政策とは何か、金融引き締めに動こうとしても動けない日本経済の構造的なもろさとは何か。本書にとっても重要なテーマとなる。

4 苦しい企業の台所事情　再値上げは来るのか

うまい棒が安かったのは違法残業のせい？

世界的なインフレを形成した要因をみてきた。資源高を巡る背景でさえ複雑なのに、さらにコロナ禍をきっかけにしたヒトやモノの供給制約、未曽有の財政拡大や金融緩和の影響、いびつさを残した経済再開に向けた動き、果ては賃金上昇やドル高まで、さまざまな要因が折り重なったことがわかる。まさに「複合インフレ」である。こうした世界的な要因を踏まえつつ、改めて日本の「現在地」と先行きを考えてみたい。最後にもう一度だけ、うまい棒にご登場願おう。

発売以来初の値上げから4カ月後の2022年8月。値上げ時とは比べものにならないほど目立たない扱いだったが、「うまい棒」の名が再びメディアを騒がせた。

〈菓子メーカー　違法残業疑い　「うまい棒」など製造〉

スナック菓子「うまい棒」などを製造する茨城県常総市の菓子メーカー「リスカ」が製造を担当する社員9人に違法な長時間労働をさせたとして、常総労働基準監督署は22日、法人としての同社と、同社社長を労働基準法違反の疑いで書類送検した。

書類送検容疑は、昨年1月1日～11月30日、常総市にある石下工場内で、社員9人に、労使協定（三六協定）を超える時間外労働をさせた疑い。

月100時間を超えたり、複数月の平均が80時間を超えたりする時間外労働があり、最長で月120時間を超えることもあった。

（2022年8月23日付日本経済新聞朝刊、日経テレコン21から一部変更して引用）

こうした報道に対し、リスカは9月5日付で「体制を大幅に見直し、働き方改革に努めて参ります」「再発防止を徹底し二度とこのようなことのないように法令を遵守して参ります」などとする社長名のコメントを発表している。

2022年12月にはこの件で「続報」が入った。同月16日、リスカと社長が労働基準法違反で裁判所からそれぞれ罰金10万円の略式命令を受けたという内容だ。会社は23日付で「時間外労働につきましても法令の範囲内で社員の方々に協力をいただいている状況」とする社長名コメントを発表し、現在は不適切な状態を解消している点を強調した。

うまい棒の発売元はやおきんだが、リスカが製造を担っている話はすでに触れた。メディアでは一部のコメンテーターらから、うまい棒に関して「従業員にかなり無理な労働を強いたうえで安い値段を保ってきたのが実態」といったニュアンスの論評も聞かれた。10円という低価格は、いわゆる「ブラック工場」での厳しい労働環境という前提があったからこそ成り立っていたのであり、40年以上にわたる「10円」維持は「美談」ではなかった、という見方だ。

たしかに、価格維持が美談という世の中は異常なのかもしれない。うまい棒が40年以上もの間10円を維持してきたなか、リスカをはじめとする関連業者の経営に負担がかかっていたというイメージにもつながりやすい。こうしたニュースに接すると、2円の値上げで果たして状況は改善するのだろうか、という連想もしたくなる。

それでも今回の労働基準法違反の件と、うまい棒の話を安易に結びつけるのは避けたほうがよいだろう。リスカが効率的な生産体制を築き10円の価格を長く続ける要因となったであろう点は上述した。1本10円という安値であっても、大量生産によって採算は確保してきた可能性は高い。労働者の犠牲なしには安値販売は成り立たなかった、といった単純な断定はすべきではない。

食品メーカーの人手不足は深刻

従業員の長時間労働が報じられた石下工場は、そもそもチョコレート菓子を主に扱う工場で、社内では「チョコレート工場」と呼ばれることもあるという。うまい棒の生産ラインもあるが、主力工場とはいえないようだ。2023年1月時点のホームページでの情報によると、石下工場の製造部門は122人の従業員を抱え、うちパートタイマー・短期パートが52名とある。製造部門は4つの課に分かれており、うまい棒は、そのうちの1つの課が手がける製品の一角にすぎない。

違法な長時間労働が問題になった従業員たちが石下工場で具体的にどの製品を扱っていたかについて会社側から明確な回答は得られなかったが、関係者からは「違法労働の件は特定のラインの話ではなかった。（うまい棒と）完全に無関係かというと、そうはっきりといえるわけではない」といった声も漏れてくる。

それでも裏を返せば、うまい棒の生産ライン固有の問題だったわけでもないようだ。すでに問題は解消されており、うまい棒を主に手がけるような他の工場でこうした長時間労働の問題が指摘されていないのであれば、やはり「うまい棒イコールブラック」という短絡的な発想は控えたいところだ。

一方で関係者らの話を聞くにつれ、こうした長時間労働の問題が起こりやすい背景が菓子メーカーや食品メーカーにはあるようにも思える。生産品目や業種を問わず、日本の中堅・中小企業にも共通する構造的な問題といえるかもしれない。

やはり大きな問題は人手不足だ。今回の件でも、人手不足を背景に時間外労働が常態化していたとの指摘が多く聞かれた。

富士電機が2021年に食品メーカーの担当者らに実施した人手不足の実態調査によると、人手が「非常に不足している」「不足している」と回答した割合は計41％に上った。「やや不足している」を含めると、76％が人手不足を感じている。懸念される影響は「従業員の時間外労働の増加や休暇取得の減少」が51％と半数を超えた。もちろん法令違反は極端な例とはいえ、人手不足による労働環境の悪化リスクは業界で広く共有されていることがわかる。

リスカの場合も、うまい棒に加えてほかの商品の値上げを広く進め、好条件で人を雇えれば望ましい。だが、そもそも値上げは原材料のコスト増の一部をまかなうのが目的。コスト高をフルにまかない、そのうえで賃上げにも回せるような「おつり」が来るほどの値上げが可能な経済環境だとも思えない。

実際、菓子メーカーの関係者には「うまい棒を10円から12円に値上げしたからといって、厚待遇の従業員をどんどん雇えるわけではない」という見方も出ていた。

価格転嫁は道半ば

少ない人手で製造業のビジネスを回すためには自動化投資に活路を見いだすべきだ。そんなふうに広くいわれてきた。だが、初期費用の問題に加え、「食品メーカーの場合、完全な工業化製品と異なり、どうしても手作業が必要な工程は残りやすい。生産ラインの自動化にも限度がある」との指摘も、業界関係者からは聞かれる。

先の富士電機の食品メーカー向けの調査でも「ロボット・自動機などの活用による自動化・省力化」について聞いたところ、「取り組んで効果があった」との回答は全体の16％にとどまった。効果が出ていないか不明とした回答も含めても「取り組んでいる」とした回答の総合計は39％。「取り組んでおらず、予定もない」の約37％と拮抗する。生産管理支援などを手がける調査主体の富士電機としてはビジネスチャンスといえそうだが、従業員規模が小さいほど取り組みが遅れており、小規模メーカーの対応の難しさもにじむ。

リスカの周辺では「従業員の働き方の適正化を徹底するのであれば、ある程度は生産調整をかけなければならない」との反応もあった。働き方の問題との関連は不明だが、リスカは2023年1月10日、一部の自社商品について「十分な製品供給が確保できるまで販売休止する」と公表しており、対象には石下工場で扱う商品も含まれていた。

いずれにせよ、人手不足のなかで輸入インフレを背景にしたコスト高が進めば、一般論として企業の収益環境が厳しいものにならざるを得ないのは確かだ。

2022年秋にかけて大規模な値上げラッシュが広がったなか、消費者の値上げへの恐怖心そのものは薄らいでいるようにみえる。それでもコスト上昇分のすべてを小売価格に転嫁するのは容易ではない。

日本政策金融公庫の食品産業動向調査（2022年9月公表）によると、原材料高騰に伴うコスト増加分の販売価格への転嫁状況（計画含む）について、食品メーカーのうちコスト増加分の「全額転嫁」をうたう回答は約13％にとどまり、「全額には満たないが転嫁」が約67％に達した。「転嫁していない（予定がない）」も21％あった。すべてを転嫁しきれない理由としては「原材料価格の上昇スピードに価格転嫁が追いつかない」（55％）が最も多く、「取引先に価格決定権がある」（16％）が続いた。

わたしたちの生活の場で値上げがこれだけ広がっても、多くの企業の立場からみると収益圧迫分の一部を和らげるのにとどまっている。内需型企業の収益環境の厳しさを物語っているといえそうだ。同時に、コスト高の転嫁を少しずつでも進めようとする企業の動きは長引きやすい。値上げの動きはまだ当分、続きそうだ。

第2弾の値上げはあるのか

ではうまい棒の再値上げはないのだろうか。その点を占ううえで、トウモロコシ、植物油、包装フィルムについて2021年末ごろの値上げ決断後や2022年4月の値上げ実施後の価格動向を簡単に追跡しよう（図1－4）。

トウモロコシの国際相場は2021年末ごろに1ブッシェル6ドル近辺だったが、2022年に入ると主要生産地の米国で中西部の天候不安が再び高まり、ロシアの侵攻に伴うウクライナの供給不安も相まってさらなる急騰をみせた。国際市況は4月に8ドル台と2012年以来、約10年ぶりの高値を付ける場面があった。

2012年といえば、米中西部が半世紀ぶりともいわれる大干ばつに見舞われ、トウモロコシの国際市況が夏場に8ドル台半ばの史上最高値を付けた時期だ。今回は最高値に迫ったあと、いったん6ドル台まで下がったが、秋にかけて再び7ドル近辺まで上昇した。2022年秋にかけて円安が急激に進んだことから、円建ての輸入価格という観点では、うまい棒の値上げ後もトウモロコシの購入コストは高止まりが続いている可能性が高い。

植物油は急騰したあと反落している。食用油の国際価格を示すＦＡＯの指数は2022年3月をピークに低下に転じた。だが国内で生産する植物油の大口取引価格は原料の大豆や菜種の国際市況の高止まりや円安が時差を伴って影響し、2022年の秋ごろまで上昇が続いたと報じられている。

図1-4　うまい棒の値上げ後のコストは？

（関係があるとみられる商品などの価格動向、2021年1月～2022年12月）

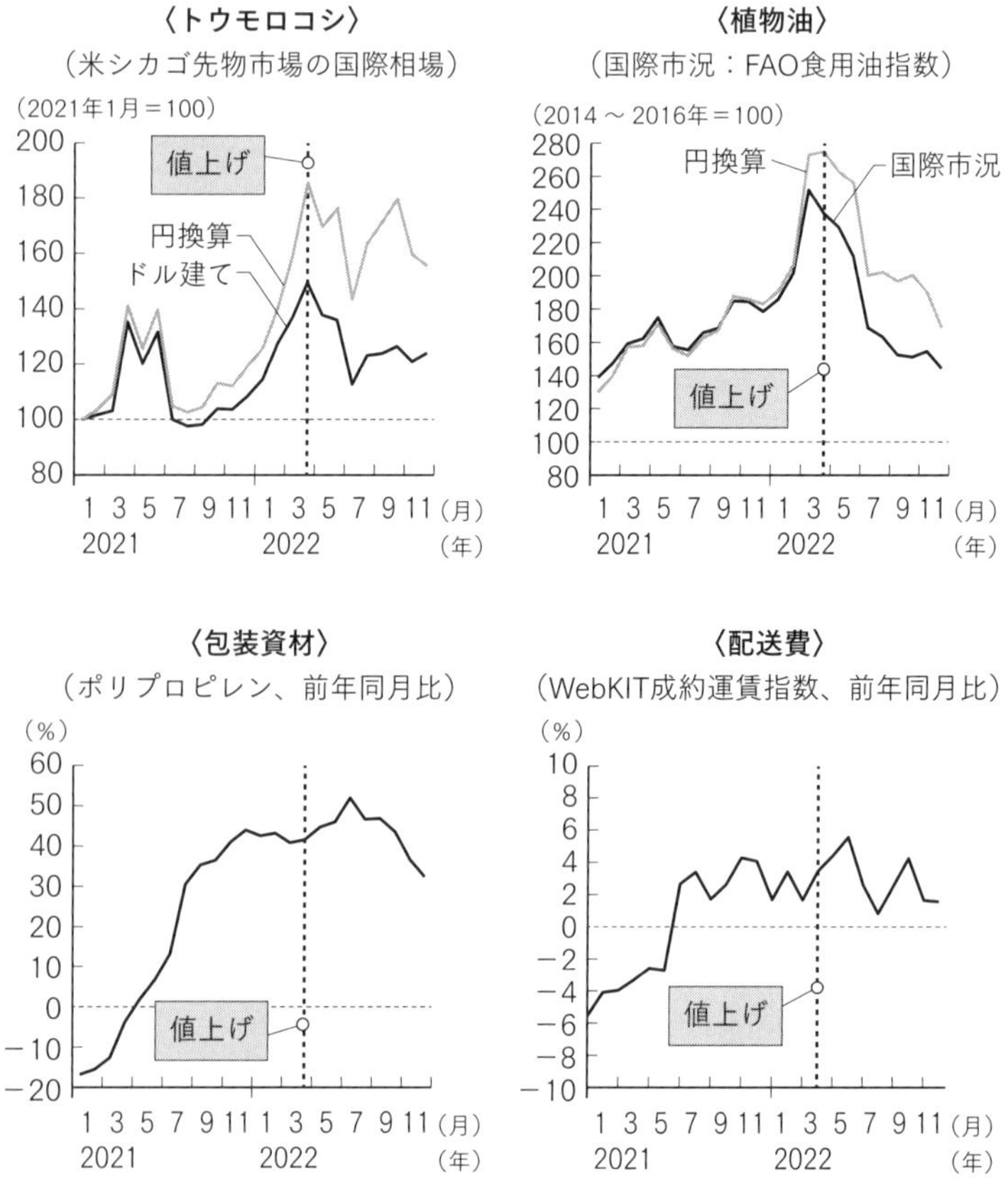

（注）リフィニティブ、国連食糧農業機関（FAO）、日銀、全日本トラック協会などのデータから。
　　　ポリプロピレンは企業物価指数の品目別指数

包装フィルムの原料となるポリプロピレンの企業間取引価格は、日銀の企業物価指数によるとその後も上昇が続き、2022年秋ごろまでは前年同月比5割近い上昇率を保った。12月時点で3割ほどに落ち着いたが、価格水準はなお高止まりが続く。トラック運賃も小幅ながら上昇基調が続いている。

うまい棒の値上げが明らかになったのは2022年1月下旬。2022年2月のロシアによるウクライナ侵攻前の話だ。食料品や日用品などはもともとの資源高にウクライナ危機、さらには円安が加わり、再値上げ、再々値上げなどに動いた企業も多い。やおきんが再値上げを決めてもおかしくはない。

すでにみた駄菓子店の「販売堅調」の話が市場全体の傾向であるなら、再値上げでも需要が急減するリスクは小さいのかもしれない。それでも関係者は「需要動向をよく見極める必要がある。売り上げが落ちれば元も子もない」と慎重に検討する姿勢を示す。

原材料価格の上昇に直面する多くの企業にとって、コスト上昇分を販売価格にフルに転嫁するのは厳しい状況が続く。その段階で収益が圧迫されているのだから、働く人たちの賃金を引き上げるのはもっと難しい。

だが、消費者としては十分な給与アップを得られないままだと、幅広い商品やサービスの価格上昇に対抗して購入量を切り詰めたり、より低い価格帯の代替品にシフトしたりするといった生活防衛の姿勢を強めざるを得なくなる。そうなると企業側はますますコスト増による収益圧迫に苦しみ、賃上げには二の足を踏む。消費者はますます生活防衛の姿勢を強めることになる。そんな悪循環の懸念が消えたわけではない。

ここに来て大企業を中心に物価上昇分を賃金に反映させようとする動きが広がってきたのは、そんな負の循環を心配しなくてすむ希望の光のようにもみえるが、中小企業にまで賃上げが広がるかどうかは予断を許さない。

「奇跡のスナック」の値上げからみえた世界の激動と日本の企業の苦悩。うまい棒の価格が1本15円とか20円になってもニュースにすらならない日は来るのだろうか。

第2章

「インフレ」ゆえに「デフレ」が深まる不思議の国

スーパー「アキダイ」の関町本店（東京都練馬区、共同通信社提供）

1 海外発の物価上昇が「痛み」を生むメカニズム

「輸入インフレ」が経済の体力を奪う構造

日本は2022年春以降、「消費者インフレ」のステージに入った。その姿はどうにもいびつであった。「輸入インフレ」は米欧を上回る強烈なものだったのに「消費者インフレ」は米欧を下回るだけでなく世界有数の低さのままという異常さが1つ。その程度のインフレなのに、消費者たちは「大変なことが起きた」と悲鳴を上げたという異常さが、もう1つ。本章では、その辺りの「異常さ」の背後にあるメカニズムを解明していく。

重要なのは、供給要因に由来する「輸入インフレ」が経済の体力を奪うメカニズムである。筆者は2022年4月20日の日本経済新聞電子版記事、「円安誘う『真の日米金利差』　実質で米国が日本を上回る」で下記のように書いた。

「ウクライナ危機で資源高に根ざす輸入インフレは日銀の想定を超えて進んだ。資源を海外に頼る日本にとって輸入インフレは海外への所得流出を意味し、家計の『所得デフレ』や内需型企業の『収益デフレ』に等しい」

筆者は「輸入インフレ」が日本の企業や家計を苦しめている様子をみて「外からのインフレは内なるデフレでもある」と感じ、「輸入インフレ」と「収益デフレ・所得デフレ」はいわばセットだと考えていた。

海外からやってきた「輸入インフレ」が企業の「収益」やわたしたち家計の「所得」に「デフレ効果」をもたらしたのだとすれば、なぜだったのか。それを考えるには「交易条件」という概念が重要になってくるのだが、まずはなるべくその言葉を使わないようにしながら説明していきたい。

日本は電力やガスに使うエネルギーを海外からの輸入に頼る。2011年の東日本大震災を機に多くの原子力発電所の稼働が止まって以降は、とくに原油や天然ガスなどの化石燃料の輸入の量が増え、海外頼みがより鮮明になった。エネルギー自給率と同様に食料自給率も低い。穀物などについても似たような「海外頼み」の構図が横たわっている。

第1章でみたように、今回の輸入インフレは、資源・エネルギーの国際市況の高騰と円安のダブルパンチが特徴であった。少なくとも日本国内の需要増によって価格が上がる「デマンド（需要）プルインフレ」ではなく、外からの圧力によって生産コストが押し上がる、典型的な「コストプッシュインフレ」である。

エネルギー・資源の高騰はしばらくして少し和らいだが、代わって急激に進んだ円安がコストプッシュの主役を担うことになった。仮に輸入数量が同じでもドルなど決済通貨に対して円が下落すれば、円に換算した輸入価格はその分だけ高くなる。

激しい輸入インフレに伴って海外に支払うお金が膨らみ、その分、わたしたちの経済や生活は苦しくなった。今回のようなエネルギーや食料の輸入金額の増大は、わたしたちがすぐにどうこうできる問題ではない。生活に欠かせないものである以上、値段が高くなったからといってすぐに違うものを違う国から買うのは難しいし、ましてや国内で代替品を見つけることなど至難の業だ。

輸出で輸入価格上昇を補えない理由

ここで1つ気をつけなければならないのは、輸入価格の上昇が世界経済の拡大、つまり需要要因に強く裏打ちされたようなものであったのなら、わたしたちの生活は最終的には困らないかもしれないということだ。世界の景気が良ければ、海外からもっとたくさんお金が入ってくるかもしれないからである。そう、輸出だ。

海外への輸出価格を引き上げてお金をたくさん稼ぐことができれば、輸入インフレで海外への支払いが増える分をカバーできるかもしれない。国内の経済も潤って、わたしたちの賃金が増える望みも出てくるし、値上げを快く受け入れる素地も整う。値上げの浸透にわざわざ「痛み」「苦しみ」といった表現をする必要もない。

ただし、先ほどおさらいしたように、今回のエネルギー高・資源高の背景の多くは供給要因に根ざすものであった。世界経済になお力強さが欠ける以上、輸入価格の高騰をカバーできるほど輸出価格を引き上げることは難しい。

日本の輸出品の主力は自動車や電子部品、鉄鋼、半導体製造装置などだ。資源高・エネルギー高に根ざす輸入インフレは原材料コストの上昇要因になるので輸出品も値上げをしたいところだが、やはり世界経済が絶好調ということでない限り、コスト上昇分をフルに、かつ早期に転嫁するのは簡単ではない。

2　所得の海外流出「19兆円」を巡るゼロサムゲーム

交易条件が急激に悪化

日本は構造的に供給要因に根ざす海外の資源高・エネルギー高にもろい経済であることは確認

できた。近年の化石燃料頼みや輸出競争力の低下などを踏まえると、そのもろさは年々、深刻になっているとみることもできる。

値上げに伴う「取り分」は海外に出ていく。その痛みを分かち合っていく様子が、第1章でみた「輸入インフレ」と「企業間インフレ」、そして「消費者インフレ」への波及というわけだ。

ここまで来れば、「交易条件」という言葉を出したほうが話は円滑に進むだろう。交易条件とは日本からあるモノを海外に輸出した際、その見返りに、どのくらいのモノを海外から輸入できるのかをみた指標だ。貿易を巡る有利不利の変化が端的にわかる指標だといえる。計算は簡単。輸出価格を輸入価格で割って求める。日銀算出の輸出価格指数と輸入価格指数を用いることが多い。内閣府の国内総生産（GDP）統計で使う物価指数である輸出デフレーターと輸入デフレーターで計算することもできる。

先にみたように、海外から輸入する原油が高騰したからといって、海外の景気が絶好調でない限りは、すぐに海外に輸出するクルマを同じだけ値上げするのは難しい。こうした状況から輸入価格が輸出価格よりも上がっているとき、交易条件は低下する。供給要因による資源価格の高騰は、交易条件が悪化する典型的なケースだといえる。海外から輸入した原料を加工して海外へ輸出するケースも多く残る。交易条件が悪化しているということは、日本の企業が不利な条件で海外との貿易を強いられる状況にあることを意味する。

日銀の輸出入の物価指数から交易条件を計算すると、2022年12月時点で0・74。9月に

図2-1　「交易条件」は大きく悪化

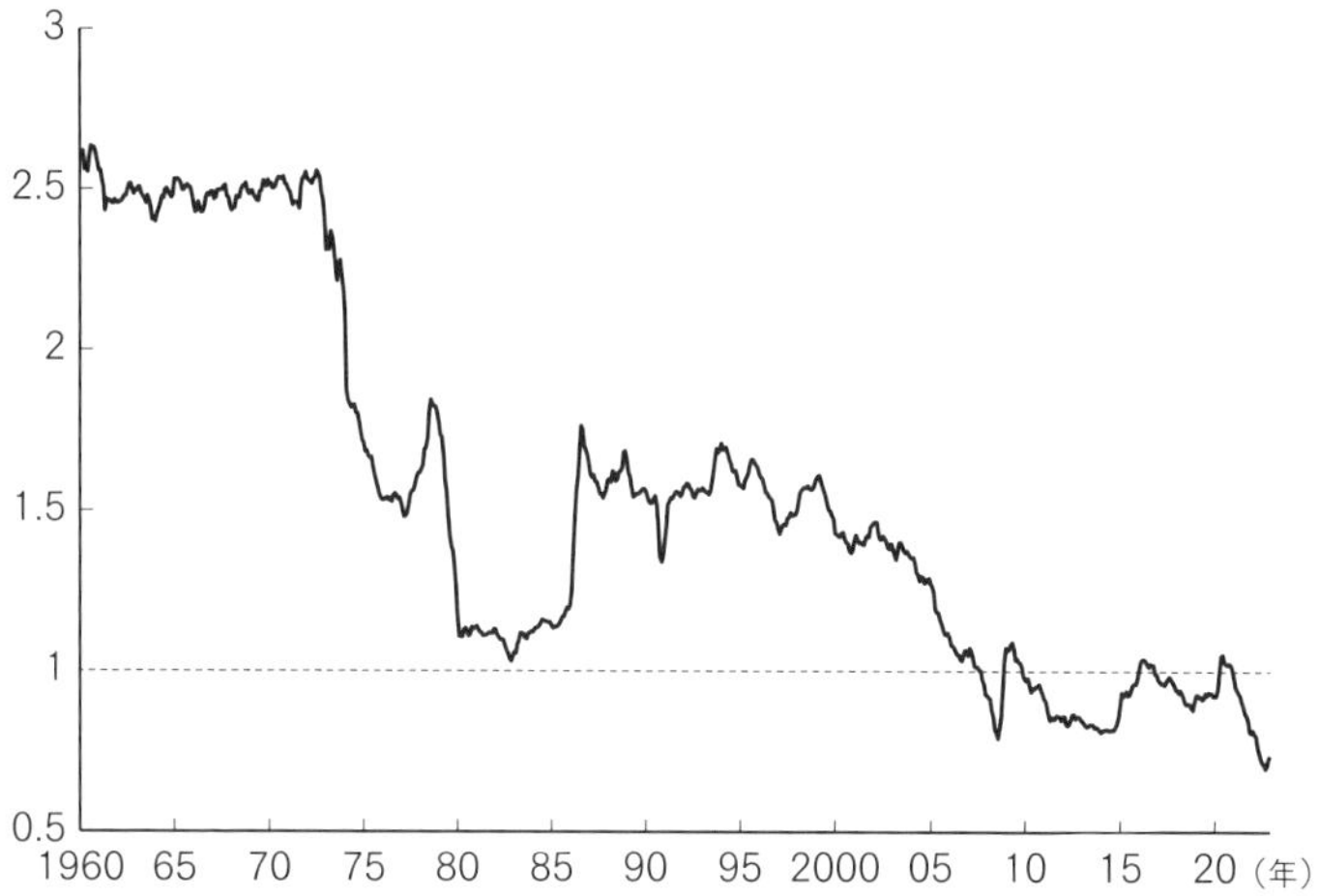

（注）日銀のデータから作成

は、過去にさかのぼって計算できる１９６０年以降で初めて０・７を割り込んだ。その後も過去最低に近い水準で低迷している（図２－１）。日本経済、ひいてはわたしたちの暮らしの厳しさの一端を物語る。

実質ＧＤＩから「実質購買力」がわかる

狭い意味での交易条件は、いわば輸出入の価格変化の話だ。交易条件の悪化によって国全体でどのくらいのお金が海外に出ていっているのかの全体像をみるには、国全体のモノやサービスを買う力がどのくらい失われているのかを規模感を伴ったかたちで考える必要がある。これを示すのが「交易利得・損失」と呼ぶ指標である。交易利得・損失も考慮した一国全体の正味の所得の変化は、実質国内総所得（ＧＤＩ）と呼ぶ指標で把握できる。

なじみの薄い言葉かもしれない。一定期間の国内での経済活動の総合的な成果を集計した実質GDPであれば誰もが知っているだろう。実質GDPと実質GDIは兄弟のような間柄ではあるものの、「生産」と「所得」で大きな違いがある。実質の所得（GDI）の特徴は生産（GDP）と異なり、交易条件の変化に伴う海外との間で生じた所得流出入の影響が加味され、国内で生まれた所得が持つモノやサービスを買える力（購買力）の動向を把握できる点にある。

大ざっぱにいえば、こうだ。まず実質GDPでは計算の仕組み上、輸出価格と輸入価格の相対的な関係（交易条件）が変化した影響は消えてしまう。名目の輸出なら輸出デフレーター、名目の輸入なら輸入デフレーターという物価指数を使って個別に実質化され、それぞれが価格変化の影響を消し去った「数量」として表現されるからだ。実質GDPは名目GDPから価格の変化分を取り除き、経済活動の数量の動きをみるものだから、考えたら当たり前の話ではある。

これに対し、実質化の作業の前に、まずは名目の数字の段階で輸出から輸入を差し引いて「純輸出」、つまり「海外との貿易を通じて最終的に得られる名目上の所得」をはじいてみよう。名目の純輸出の数字には輸出入の量の変化だけではなく、輸出と輸入の価格がそれぞれ変化した影響がまだ含まれているので、うまく実質化すれば、その影響を残すことができる。具体的には名目の純輸出をある特別な物価指数（輸出と輸入を加重平均したデフレーター）で実質化すれば、輸出と輸入の価格が同じように変化した分は取り除かれ、輸出と輸入の間の価格の動きの違い、つまり「交易条件」と、「輸出と輸入の数量」を抽出できる。

最後、その値から、実質GDPに含まれる実質輸出と実質輸入の差（それぞれを実質化したうえで両者の差を求めたもの）を差し引けば、「輸出と輸入の数量」の影響は消え、残った値こそが「交易条件」の変化を表す数字になる。これを「交易利得（マイナスなら損失）」と呼ぶ。

そして実質GDPにその「交易利得・損失」を加えたものが、実質GDIというわけだ。一国で生まれた正味の所得を使って何個のモノ・サービスが買えるのか、という「実質購買力」を示す。交易利得がマイナス、つまり実質GDIが実質GDPを下回る状態になると、所得が海外に流出しており、実質購買力がその分、目減りしてしまうことを表す。

日本の所得が海外に流出している

第一生命経済研究所のシニアエグゼクティブエコノミスト、新家義貴氏の説明がわかりやすい。「実質GDPは国内の生産活動を把握するのに適しているが、交易条件の変化によって生じる購買力の変化を把握することができないという欠点がある。実質GDIをみることによって初めて、交易利得（損失）の動向を含めた実質購買力の増減を測ることができる。交易損失の拡大（海外への所得流出）は企業や家計の負担に直結することから、家計の生活実感や企業の景況感を見る上では実質GDIの方が適しているといえるだろう。資源価格の上昇により交易損失が拡大している足元のような状況では、実質GDIの動きを確認することが重要だ」（2022年8月のリポート）。

図2-2　「輸入インフレ」は所得の海外流出に直結

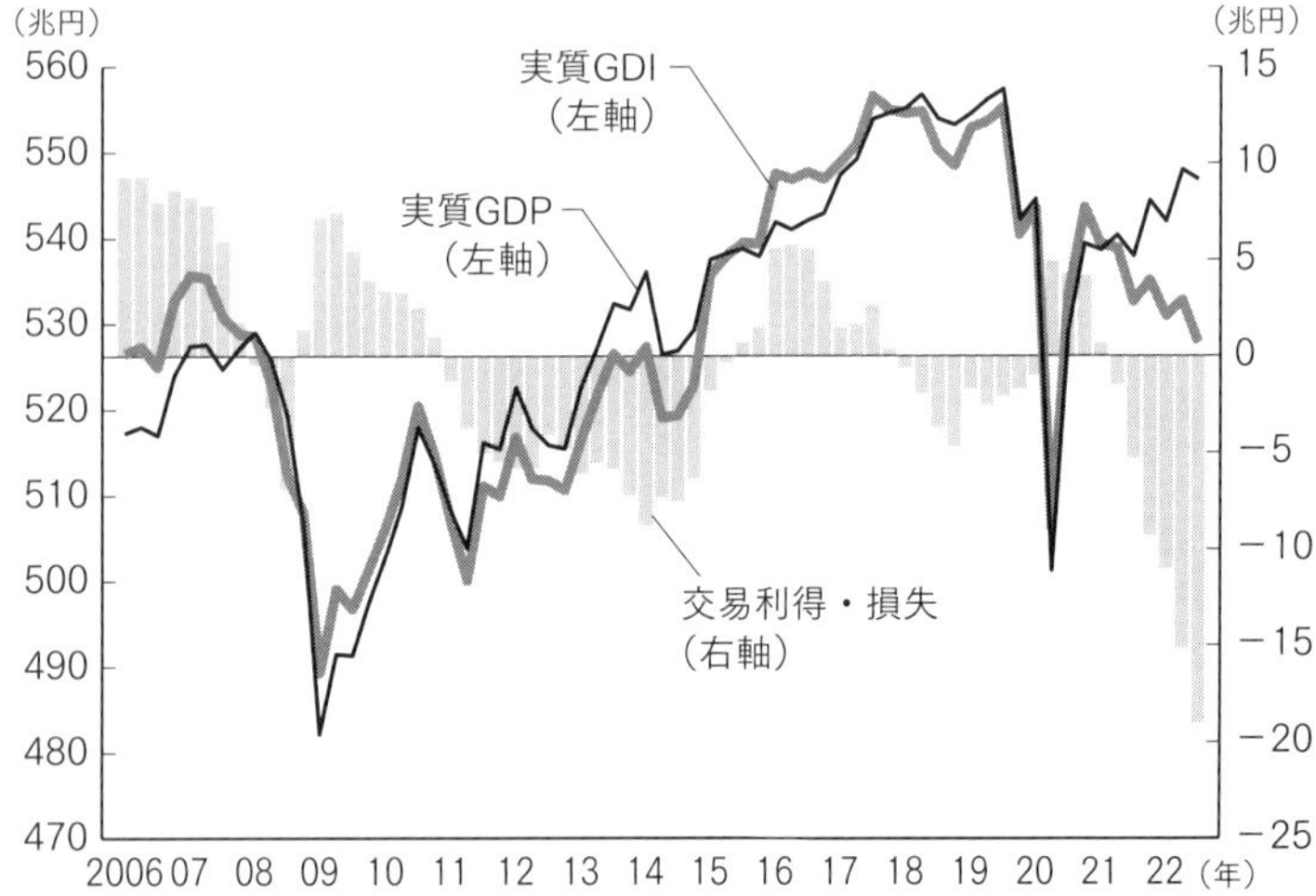

（注）内閣府のデータから作成（2022年7〜9月期改定値時点）

今回はまさに実質ＧＤＰとともに実質ＧＤＩの動きにも注意し、輸入インフレによってどのくらいの所得が海外に流出しているのかを注視すべき局面といえる。

２０２２年通年の実質ＧＤＰは前年比１・０％増加した（同年10～12月期の改定値時点）。経済再開への期待から個人消費を中心に2年連続で伸びた。これに対し実質ＧＤＩは１・２％減少し、２年ぶりのマイナスとなった。秋にかけての激しい輸入インフレのもと年間で15兆８０００億円強もの交易損失が発生し、国内のモノを買う力（実質購買力）がそがれたからだ。

詳細な動きをみるために四半期ごとの数値を追うと、実質ＧＤＩは２０２１年半ばごろから明確に実質ＧＤＰを下回り始め、両者の差である交易損失が広がっていった。２０２２年7～9月期の交易損失は年率換算で19兆円強に達した（図２－２）。10～12月期の損失は資源高・エネルギー高が一服するなか18兆円弱へと縮小したが、高水準の所得流出が続いていることには変わりがない。

もっとも、交易利得・損失の金額はＧＤＰ統計の現在の基準年となっている２０１５年からの利得・損失の累積的な変化をみている点には注意が必要だ。基準年が変われば、数字も変わる。年率20兆円近くという金額の多寡や数値がマイナスかプラスかにはとらわれすぎず、基準年からの変化の大きな流れをつかむことが重要になる。

その文脈でいえば、交易利得・損失は２０２０年4～6月期（年率5兆円弱の利得）をピークに急激に所得流出の方向に悪化しており、その傾向に変化が生じるかが重要だ。２０２２年10～12月期は実質ＧＤＰが前期比年率で０・１％増だったのに対し、実質ＧＤＩは１・０％増と、実質ＧＤＩの伸び率が10四半期ぶりに実質ＧＤＰを上回った。２０２３年１～３月期以降もこの傾向が続くかが焦点といえるだろう。

データから見える、道半ばの価格転嫁

日本国内で生み出された実質所得の海外流出について詳しくみてきた。次に問題になるのは、この流出分を誰がどう負担するのかである。供給要因に根ざした資源高・エネルギー高の場合、「痛み」の分かち合いという方向に問題意識を向けざるを得ない。

1つの尺度となるのが「GDPデフレーター」の動向である。消費者物価指数に並ぶ代表的な物価指数ではあるが、消費者物価指数に比べ、なじみが薄いのは否めない。GDPデフレーターは、国内の経済活動の総合的な成果を表す実質GDPを求める際、名目GDPから物価変動の影響を取り除く役割を（事後的に）果たす。このため、国内経済全体の物価動向を示す物価指数だといわれる。

そのGDPデフレーターは2022年通年で前年比0・2％の上昇にとどまった。物価上昇が騒がれているときになぜなのか。

GDPの計算上、輸入が取り除かれることは広く知られる。簡単にいえば、GDPは国内で一定期間に生産されたモノやサービスを集計したものだから、海外で生産されて日本に輸入されたモノは取り除くという考え方だ。同じようにGDPデフレーターも国内でつくられたモノやサービスだけを対象としており、輸入品の価格変動は取り除いて考える。このため、主に輸入物価だけが上がって、消費や設備投資、輸出などの「値段」へと十分に転嫁されないとき、GDPデフレーターには低下圧力がかかる。

これに対し、消費者物価は第1章で見たように輸入品が上昇した影響を反映するので、輸入インフレが少しでも店頭の価格へと転嫁されれば、素直に押し上げ要因になる。

原材料の輸入価格の上昇はまず企業のコストアップ要因となる。企業が十分に販売価格に転嫁できなければ当然、企業収益を圧迫する。一方で転嫁できれば、消費者向けの商品の場合、消費者の負担が膨らむ。GDPデフレーターへの下押し圧力は企業収益が圧迫されやすい状況を映し、消費者物価の押し上げ圧力は逆に家計所得に負担がかかっている状況を示す。

GDP統計で消費者物価指数に相当するのは家計最終消費支出デフレーターであり、作成方法の違いから両者の動きには差があるものの、少なくとも同じような方向に動く。そこで消費者物価指数と家計最終消費支出デフレーター、GDPデフレーターの3者の四半期データの前年同期比を比較したところ、2022年10～12月期は消費者物価指数が3・9％、家計最終消費支出デフレーターが3・6％とそれぞれ高い伸びを示した。GDPデフレーターも回復してきたが、まだ1・2％の上昇にとどまる。

輸入インフレが頭打ちとなるなか企業の価格転嫁が続き、GDPデフレーターにも上向きの動きが出てきたのは確かだ。教科書的には、国内需要がけん引する「デマンドプル型」のインフレに姿を変えつつあるようにもみえる。もっとも、過去の輸入インフレによるコスト増がようやく価格に転嫁され始めた影響も考えられる。やや長い目でみると、企業と家計が負担の押しつけ合いをしている構図は変わらない。価格転嫁はなお道半ばといえるだろう。

「価格転嫁率」は39・9％

帝国データバンクの2022年12月時点のアンケート調査によると、コストの上昇分を「多少なりとも転嫁できている」と答えた企業は全体の69・2％だった。これに対し「全く転嫁できていない」とした企業は15・9％だった。各企業の転嫁できた割合を回答数に応じて加重平均したところ、平均の「価格転嫁率」は39・9％にとどまった。100円分のコスト上昇分に対して40円弱しか販売価格に上乗せできていないことを示す。9月調査時点での転嫁率は36・6％。値上げラッシュの10月を経ても、転嫁はごく緩やかにしか進んでいない。

供給要因に根ざす海外発のインフレは、いくら上昇率が世界のなかで小さいものであっても消費者に痛みを負わせる要素として働き続ける。企業がコスト上昇分を転嫁しきれなければ、企業収益は圧迫され、働く人の給料は上がりにくくなる。円安効果で潤っている一部のグローバル企業や大手輸出企業に勤めているのなら別だが、多くの人にとっては名目で見た賃金の上昇には弾みがつきにくい。

さらに、物価の面ではある程度は販売価格への転嫁が進んでいくため、たとえ名目の賃金が上がったとしても消費者物価は賃金上昇率を上回る勢いで上がり、名目賃金の伸び率から物価上昇率を差し引いた実質賃金には下押し圧力がかかる。こうした中途半端な状況では、名目か実質かの違いはあれ、どちらにせよ賃金が力強く伸びていく姿は描きにくい。

このままでは輸入インフレの痛みを誰が背負うのかというゼロサムゲーム、負担の押しつけ合いが終わらない。日本を巡る物価の「異常さ」の一端は、この点に集約される。

3／「値札を替えるな！」の常識は変わるか

渡辺チャートに見るデフレ、インフレ

世界的にみて小幅なインフレであっても痛みを伴う日本経済の「異常さ」を思うにつけ、そもそもなぜ日本のインフレ率はかくも長きにわたり低いままだったのか、という疑問が浮かぶ。一言ですませば、バブル崩壊後の経済の長期低迷が犯人という説明になるのだろうが、あれほど深い経済の調整があったのにもかかわらず急激なデフレに陥らずにすみ、かつ緩やかなデフレがずっと続いた答えにはなっていない。

そのうえで次に出てくる疑問は、今回のインフレが日本の物価を巡る環境の質的な変化をもたらすのかどうかだ。ついに「長すぎる低インフレ」は変わるのか、と言い換えてもよい。日本の消費者物価の上昇率は世界的には小幅とはいえ、41年ぶりの水準まで高まってきたのも事実だ。

一度限りの輸入インフレであれば、これまで見てきた企業収益や家計所得へのデフレ的な要素が強まっていき、次第にインフレは鎮まっていくはずである。実際、日銀は資源高・エネルギー高のインフレ率に与える影響は「一時的」なものにとどまる、という見方を示してきた。「輸入イ

ンフレ」「コストプッシュインフレ」が「国内インフレ」「ホームメイドインフレ」へと転嫁していく兆候は強まっていくのか。

まずは第一の論点を考える大前提として、日本の物価の現状を改めて整理するところから始めよう。日銀OBで日本の物価研究の第一人者、東京大学の渡辺努教授は現在の日本の物価状況について「インフレとデフレが混在している」と指摘してきた。先にみてきた「輸入インフレ」と企業の「収益デフレ」や消費者の「所得デフレ」とはまた異なる、「急性インフレ」と「慢性デフレ」の同居というものだ。

その状況を端的に示すグラフが、いわゆる「渡辺チャート」である。約580にのぼる消費者物価指数の構成品目の1つひとつを価格変動率ごとに区分けし、どの価格変動率にどれくらい多くの品目が分布しているのかをみたものだ。品目別に落とし込んだ物価の状況が直感的につかめる点から、考案者の名を冠して有名になった。

渡辺チャートは、多くの品目が変化率ゼロ%近辺に集中している状況を鮮やかに映し出す。これが「慢性デフレ」だ。半面、コロナ禍後はエネルギー関連などいくつかの品目が非常に高い伸び率を示すようになった。「急性インフレ」だ。ゼロ近辺の品目が圧倒的に多い状況が続くなか、前節までみてきた「輸入インフレ」や「企業間インフレ」の一部が「消費者インフレ」に到達した様子を映す。

図2-3　「渡辺チャート」はなお慢性デフレと急性インフレの併存を示す

（消費者物価指数の品目別の価格変動の分布）

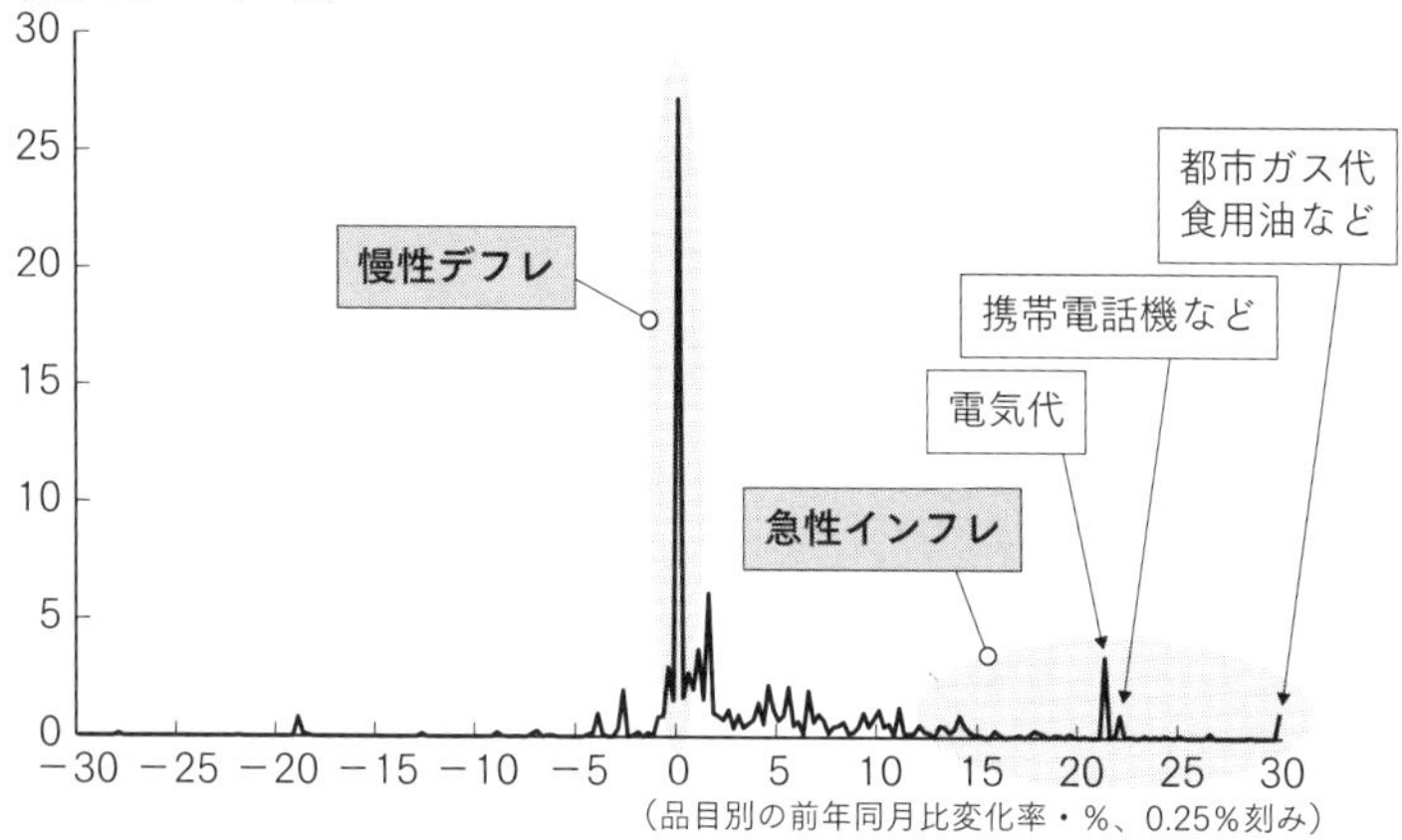

（注）総務省のデータから東京大学の渡辺努教授作成のチャートを参考に作成。2022年12月時点

２０２２年12月のデータを使って簡易的に渡辺チャートを作成したところ、最近の輸入インフレに端を発した価格上昇圧力を受けても、大きな構図そのものは変わっていない（図２－３）。それでも最近の動きを細かく追うと、コロナ禍の当初と比べると、「ゼロインフレの高い山」が崩れる兆しもみえ始めている。その点はのちにみていきたい。

渡辺チャートは日興フィナンシャル・インテリジェンス（現日興リサーチセンター）の研究プロジェクトによる２０１５年２月の研究論文に登場したのが最初だ。この研究所の理事長を務めるのが、今回の日銀総裁人事で総裁候補にも名前が挙がった元日銀副総裁の山口広秀氏であり、山口氏からの依頼で渡辺氏が大学や研究機関の研究者らのチームを率いてとりまとめた。

この論文は２０１５年11月に東大と日銀が共催する物価・経済に関する会議にも提出され、当時の日銀幹部が「渡辺チャート」と呼んだらしい。以後、このチャートはアレンジを伴いつつも日銀スタッフの論文や公式文書に登場するようになる。

当時の日銀は、２０１３年就任の黒田東彦総裁のもと「2年で2％の物価上昇」を掲げてから2年以上がたっても目標を達成できない事態に直面し、従来の「短期決戦型」から「長期継続型」の緩和策への乗り換えと新たな理論武装が求められていた時期に当たる。

当初の黒田緩和をけん引したのは、日銀がマネーをとんでもない勢いで増やせば、あるいは日銀が不退転の決意を示せば、物価を押し上げられると唱える「リフレ理論」だった。筆者は黒田緩和の後期を支えた政策的な思想について、少なくとも実践面で限界がみえる従来のリフレ理論から、しつこい「マイルドデフレ」や「ゼロインフレ」を直視したうえで対応を練る、いわば「渡辺理論」と呼ぶべきものへの移行があったとみている。その観点からも「渡辺チャート」は大きな意味を持つ。この辺りのテーマは改めて取り上げたい。

慢性デフレの背景は

いずれにせよ２０１５年の渡辺氏らの論文は、日本は長期デフレのなか前年比の価格変化率でみてゼロ％前後（正確には上下０・５％ずつ）の品目が突出して多い状況を活写し、話題となった。「ゼロインフレの山」は1990年代後半から隆起していき、2000年以降は、全品目に占める比重が5割程度で高止まりし続けた。海外との比較でも米国は2～3％、カナダ、英国はそれぞれ1～2％の範囲に分布のピークが存在するのに対し、「ゼロインフレの高い山」が日本の特異性を浮かび上がらせた。

非常に緩慢なデフレが続くうちに多くのモノやサービスの価格がゼロ％近辺から動きにくくなり、そのこと自体が、緩やかなデフレを長引かせる力を持つようになったことになる。

背景には何があるのか。日銀は2021年3月にいわゆる「異次元緩和策」について（2度目の）政策点検をした際、公表資料の「補論」で物価が上がりにくくなっている状況を詳しく分析した。異次元緩和が2％インフレを実現できていない状況を改めて総括し、政策の枠組みの微修正を通じて異次元緩和を「延命」させる重要な論拠となった。

このときの分析と重なる部分が多く、判断の下敷きの1つになっているかもしれないのが、日銀が2019年6月に公表した「近年のインフレ動学を巡る論点：日本の経験」と題する調査統計局のスタッフ論文だ。コロナ禍前のことではあるが、内外のさまざまな研究成果を踏まえながら日本で低インフレが長く続く要因を丁寧に整理しており、参考になる。

ちなみにこの論文も、その年の日銀と東大との会議に報告されたものだ。日銀はこの会議のほか、最近ではコロナ禍のもとでの物価動向をテーマにしたワークショップなど、経済学者も交えた物価動向を巡る研究会を続けており、興味深い議論も多い。そこで報告された論文は後日公表されることもあり、筆者は（不本意ながら）難解な数式などには目をつぶりつつ、なるべくフォローするようにしている。

「長期にわたる経験」が与える影響

論文はまず、物価が上がりにくい主な理由を日銀が２％のインフレ目標を掲げているのにもかかわらず、人々の「インフレ予想」の上昇に時間がかかっている点に求めた。インフレ予想とは、先行きの物価がどのくらい上がるのかに関する、わたしたち１人ひとり、あるいは企業の経営者１人ひとりが抱く思いである。

物価変動を考えるうえで、このうえなく重要な概念だが、目にみえないものだけにわかりにくい。世界の中央銀行は、人々の予想をコントロールする決め手となるような「勝利の方程式」をまだ持ちえていない。インフレ予想がどんどん高まらないようにするのはまだやりようがある。コロナ禍で多くの中銀が取り組んだように、金融引き締めにまい進すればよい。問題は失業者の急増など景気が犠牲になるリスクであり、コントロールの難しさを物語る。半面、低迷してしまったインフレ予想を引き上げる術《すべ》はみつかっていない。黒田緩和の10年間はインフレ予想の引き上げに挑む意欲的な実験であった。

2019年の論文は、インフレ予想の上昇に時間がかかっている理由として「長期にわたる経験への依存」「規範（ノルム）」「合理的無関心」の3つの仮説を挙げた。それぞれ少し説明が必要だろう。

最初の「長期にわたる経験への依存」について、論文は「人々の期待形成が、個々人が長期にわたって経験した事象に依存する」と説明する。内外のさまざまな研究では、若いころに石油危機を経験した高齢層は相対的に高めのインフレ予想を持っているといった関係が確認できるのだとしている。そうした世代の人々が少なくなり、インフレを実感として持たない世代の割合が高まっているため、どうしても総体としてのインフレ予想が低くなりがちになるというわけだ。

実は筆者もひそかに「デフレ世代」という認識を持っている（研究によってはやや高めのインフレ率を持つ世代に入るらしいが）。個人的にインフレの実感といえば、第1次石油危機のころ、トイレットペーパーが足りなくなるとの噂に母親が慌てて店に買いに走り、まだ小さかった筆者がその背中におぶわれていたらしい、という話を何度か聞いたことくらいだ。しかも、おぶわれた経験ではなく、話を聞いた記憶だけである。実感と呼ぶにはいかにも頼りない。

少年時代、第2次石油危機のころの記憶はない。大学生のころ、バブルが崩壊すると株価や土地の価格が暴落し始め、就活生になって日本経済新聞社の入社試験の小論文（といっても短い語句解説）のお題をみると「資産デフレ」とあった。一般的なモノやサービスの価格がデフレと呼ばれる現象になったのは入社後しばらくたってからである。

若くない筆者ですらそうなのだから、日本で生活するかなりの人たちが物価上昇に実感が持てず、知らず知らずのうちに先行きの低インフレ継続を見込んでいることも自然なことのように思える。

2013年、日本経済新聞朝刊1面などで「物価考」という企画が連載された。中学3年生の女の子が値上がりしているケーキを店頭で見て驚いたというエピソードが印象に残っている。紙面には「値上げ初体験」との小見出しが添えられていた。

当時は安倍晋三首相が掲げたアベノミクスのもと、黒田東彦総裁が率いる日銀が異次元緩和に動き出し、デフレ脱却を真剣に目指し始めたころだ。

安倍氏は首相退任後の2022年7月に凶弾にたおれた。黒田氏は2023年4月に10年の任期を終え退任することになった。アベノミクスも黒田日銀も初期には大きな効果を発揮しながらも結局のところ、緩やかなインフレを人々が当たり前のこととして受け入れて生活する世の中に変えることはできなかった。新総裁に決まった経済学者出身の植田和男氏は、人々のインフレ予想を自然なかたちで押し上げていく重い責務を負う。

日銀のスタッフ論文は「この仮説のもとでは、インフレ率の実績は、非常に長い期間にわたってインフレ予想に影響を与え続ける可能性がある」と指摘する。

「値上げイコール悪？」

２つ目の仮説は「規範（ノルム）」である。社会システムや慣習に深くしみ込んだ通念のようなもの、という意味だ。この場合は「物価は上がらないし、上がるべきではない」との社会通念が深くわたしたちの心理や行動に組み込まれてしまっていることを表現している。乱暴にいえば、「値上げイコール悪」という図式と言い換えてもよいかもしれない。

研究によれば、コストの正当な転嫁であれば、消費者は容認する傾向にある。コスト以上の値上げだとみなされれば、消費者の「怒り」を買うこととなる。問題は、値上げが純粋なコストの転嫁であっても、消費者には企業のコスト構造が正確にはわからない以上、「不公正なことが起きた」と感じてしまうリスクがある点かもしれない。不用意に消費者の怒りを買って客離れを招いてしまうリスクを感じると、「値札を替える」行為そのものがリスクになる。モノやサービスの供給者側の間で「値札を替えるな」が暗黙の合言葉として定着していったことになる。

「ノルム」という言葉自体、かつては経済学でも広く使われてきた言葉のようだが、最近の日銀幹部らのお気に入りのキーワードとして復活した感がある。黒田氏は２０２２年６月の講演で「この9年超にわたって、日銀が大規模な金融緩和を行ってきたにもかかわらず、２％目標を達成できなかった最大の理由は、この『ゼロ％のアンカー』、言い換えると『ゼロインフレ・ノルム』が極めて強固だったことだ」と語った。黒田体制の後期に副総裁を務めた雨宮正佳氏や理事でその後新副総裁に決まった内田真一氏にも発言例がある。

日本の長期にわたる低インフレの文脈で「低インフレ・ノルム」「ゼロインフレ・ノルム」といった言葉を使い始めたのは渡辺氏のようだ。「渡辺チャート」と同様、渡辺理論の存在感の高まりが感じられる。

物価に対する関心の低下

3つ目の「合理的無関心」は、必要性の薄い情報には無関心になる結果、物価の今後について考えなくなる、ということのようだ。人間の情報処理能力には限界がある。物価がこの先もあまり変わらないとの前提に立てば、物価について意識すること自体、あまり意味のあることではなくなる。そうなると低インフレが続くこと自体が、人々の物価に対する意識を低くしてしまい、日銀が何をしてもあまり関心を寄せなくなる。その結果、インフレの見通しが低いまま変わらなくなるというわけだ。

日銀が2022年3月に開いたコロナ禍での物価動向に関する第1回のワークショップでは、2019年の論文の筆者とは別の日銀スタッフが賃金動向との関連で合理的無関心を分析した（論文は2023年1月時点で公表されていない）。日銀が公表した会議の要約によると、論文の筆者は、賃金と物価の相互の連関性が薄い理由として、物価の上昇が定期昇給（働く人の勤続年数などによってあらかじめ決まっている昇給のこと）の範囲内にとどまってきたことから、個々の家計は物価の上昇を生活費の増加要素として認識せず、物価への関心も持ちにくいのではないか、という仮説を示した。

物価は賃金の動きとも関係していないとなれば、人々はますます物価を気にしなくなってしまう。賃金と物価の絶たれた「リンク」を説明するものとしても示唆の多い仮説のように思える。この仮説は2022年6月の黒田氏の講演でも紹介されている。

4 ゼロインフレの「高い山」はどこまで崩れたか

中長期の予想インフレ率が上昇

簡単には揺らぎそうにない日本の低インフレ。40年ぶりの値上げラッシュを経験した日本に物価の地殻変動は起きるのか。それが第二の論点である。

2022年以降、無視できない変化が出始めた。先ほども触れたインフレ予想である。さまざまなアンケート調査などから、人々や企業の予想が高まりつつあることがうかがえ始めたのだ。いくら「経験」上、インフレに実感がなくても、あるいは「低インフレ・ノルム」がどれだけ強固でも、果ては物価の動きにどんなに「無関心」でも、現実のインフレが広がるなか意識せざるを得なくなっているということなのかもしれない。

日銀がとりわけ重視するのが、物価の長い目でみた傾向に影響を与える「中長期の予想物価上昇率」の高まりである。個人向けのアンケート調査でも企業向けの調査でも、「今後5年」や「5年後」といった長めの時間軸で物価の見通しが高まりをみせている。

日銀は2022年4月以降の「経済・物価情勢の展望（展望リポート）」で「中長期的な予想物価上昇率をみると、短期と比べるとペースは緩やかながら上昇している」との判断を続けている。展望リポートとは日銀の経済・物価の先行きシナリオや政策委員（正副総裁と6人の審議委員）がまとめた予測値を3カ月に1度示す注目度の高い文書である。予想物価上昇率の判断は2021年10月に従来の「横ばい圏内」から「持ち直し」に改め、さらに次の2022年1月に「緩やかに上昇している」に歩を進めた。

2023年1月の展望リポートでも、日銀は先行きにこう期待を込めた。「適合的予想形成の強いわが国では、現実の物価上昇率の高まりは、家計や企業の中長期的な予想物価上昇率の上昇をもたらし、企業の価格・賃金設定行動や労使間の賃金交渉の変化を通じて、賃金の上昇を伴う形で、物価の持続的な上昇につながっていくと考えられる」

適合的な予想形成というのは、人々のインフレ予想ができあがるのに当たり、現実のインフレ率に強く影響を受けることを示す。現実の物価上昇を受けたインフレ予想の上向きの動きが、「経験」「ノルム」「無関心」という低インフレを守ってきた厚い壁をぶち破り、やがてインフレ定着の道を開くのかどうか。

「上振れリスクの方が大きい」

日銀は2022年10月の展望リポートの「BOX」と称する補論で「企業の価格設定スタンスの動向」をテーマに取り上げ、先にみた「渡辺チャート」をアレンジしたグラフを掲載した。「品目別の価格変動分布をみても、ゼロ%近傍の『山』が一番高い状況は続いているが、右方(物価上昇方向)の裾野は明確に広がっている」との表現で、「慢性デフレ」を巡る変化の兆しを描写している。2021年に4割弱だった変化率ゼロ%近辺の割合、つまり「ゼロインフレの山」が2割強まで急低下し、上昇品目の裾野が広がっているようにもみえる。

先ほど示した簡易版の「渡辺チャート」でも、ゼロ%近辺(上下0・5%ずつ)の変化率に依然として3割超が集中しているものの、その割合は2021年9月ごろまでの45%程度から低下している。「渡辺チャート」と日銀のチャートには作成方法の違いがあるが、どちらも「ゼロインフレの高い山」、つまり「慢性デフレ」が崩れる兆しが出ているという方向感そのものは共通している。問題はその持続性だ。

先にも述べたように、日銀は今回のインフレを「一時的」とみている。2022年10月の展望リポートでは消費者物価指数(生鮮食品を除くベースの前年度比上昇率)の見通しを2022年度は前回7月の2・3%から2・9%に引き上げた半面、その先、2023年度と2024年度はともに1・6%へと減速する姿を描いた。やはりコストプッシュ型の輸入インフレに由来する物価上昇は長続きしない、という判断だ。

２０２３年度と２０２４年度は前回7月の１・４％と１・３％との対比では引き上げたものの、２％割れに戻るという基本線は維持した。２０２３年1月のリポートでも基本的な構図は同じだ。

それでも日銀はインフレ率が上方にシフトする可能性を意識している。日銀は２０２２年10月の展望リポートで、物価の先行き見通しについて「上振れリスクの方が大きい」と明記し、金融政策を巡る思惑で市場が大きく揺れていた２０２３年1月のリポートでも踏襲した。それ以前、２０２２年7月のリポートでは「当面は上振れリスクの方が大きいが、その後はおおむね上下にバランスしている」とみていた。

上振れリスクの具体的な内容を点検すると、日銀が抱く思いの変化を発見できる。10月リポートでは「原材料コスト高を背景に、これまで価格改定に慎重な姿勢をとっていた企業においても、競合他社の動向も眺めつつ、値上げを進める事例が広くみられている」との現状分析を加えた。これまでもあった「価格転嫁が想定以上に加速し、物価が上振れする可能性がある」というシナリオを補強している。

さらに「労使間の賃金交渉を通じて、賃金に物価動向を反映させる動きが広がっていくことで、賃金と物価が想定以上に上昇する可能性がある」との表現を盛り込んだ。長年のデフレ慣れで賃上げの動きが強まらないという内容の下振れリスクの記述は7月リポートと同様に残したが、それとは正反対の上振れリスクを加えた。

この先、資源高や円安の影響が減衰しても2023年の春には物価上昇率に連動し、それなりの規模での賃上げが実現する。それをきっかけに、賃金と物価が相互作用で上がっていく「賃金と物価の好循環」が始まるかもしれない。そんな「うれしい誤算」も視界の端にとらえていることになる。

5 黒田氏「値上げ許容度」発言、真の問題

ネットやSNSで「炎上」

事はそううまく運ぶのだろうか。低インフレ打破を阻む「経験」「ノルム」「無関心」という壁はそう簡単に崩れないのではないか、そう思わざるを得ないエピソードがある。2022年6月当時、日銀の黒田東彦総裁による「値上げ許容度」を巡る発言が発端となった「失言騒動」である。もはや旧聞に属する話なので読者の方々は「何をいまさら」と思われるかもしれないが、この失言騒動は「慢性デフレ」にかかわる根深い問題を映している。今こそ振り返っておく必要があるのだ。

時は6月6日、共同通信社の会員組織「きさらぎ会」で開いた総裁講演。終わり近くになり、講演原稿で「インフレ予想にみられる変化の胎動」とのサブタイトルがついたくだりに入った。

黒田氏は企業のインフレ予想に変化がみられると指摘したうえで「このように企業の価格設定スタンスが積極化しているなかで、日本の家計の値上げ許容度も高まってきているのは、持続的な物価上昇の実現を目指す観点からは重要な変化と捉えることができる」との認識を示した。理由として「この点について、東京大学の渡辺努教授は、興味深いサーベイを実施されている」と紹介し、調査の概要を示したグラフも引きつつ、詳しく語った。

ここでもまた、渡辺氏が登場することになった。アンケート調査は日米欧5カ国の消費者2万人を対象に毎年実施している。取り上げた内容は「行きつけのスーパーマーケットでいつも購入している商品の値段が10%上がっていたらどうしますか」との問いに対し、2022年4月の調査で日本の消費者のうち「その店でそのまま買う」との回答の割合が56%を占めたことを指す。2021年8月の前回調査の43%から急上昇し、米欧4カ国と遜色ない「半数超え」のレベルに到達した。一方で「他店に移る」との回答は44%にとどまり、米欧の3~4割との比較で突出して高かった前回調査の57%から一気に下がった。

黒田氏は「この結果自体は、相当の幅を持ってみる必要はあるが、1つの仮説としては、コロナ禍における行動制限下で蓄積した『強制貯蓄』が、家計の値上げ許容度の改善につながっている可能性がある」との見解を示した。そのうえで「いずれにせよ、強制貯蓄の存在などにより、日本の家計が値上げを受け入れている間に、良好なマクロ経済環境をできるだけ維持し、これを来年度（2023年度）以降のベースアップを含めた賃金の本格上昇にいかにつなげていけるかが、当面のポイント」と結論付けた。

講演の最後には「賃金が上昇しやすいマクロ経済環境を提供し、足元でみられ始めているインフレ予想の上昇や値上げ許容度の変化を、持続的な物価上昇へとつなげていくよう揺るぎない姿勢で金融緩和を継続していく」と丁寧にも念押しした。

世論は否定的に反応した。インターネットなどで「日銀総裁『家計は値上げを受け入れ』」といった具合にややセンセーショナルに伝わったこともあり、SNS（交流サイト）などで拒否反応が広がり、いわゆる「炎上」に近い状態になった。ワイドショーなども飛びついた。野党が批判に乗っかったのはもちろん、政権・与党からも「ややちょっと実体感はない話だったのかなと思う」（当時の萩生田光一経済産業相）といった突き放す発言が出た。

思わぬ逆風に直面した黒田氏。講演翌日の7日の参院財政金融委員会で議員らから次々に責められ、「必ずしも適切な言い方ではなかった」と釈明した。「1つの参考になるアンケートかと思って申し上げた。（許容度という言葉が）百パーセント正しかったかというと若干ためらう。批判は甘受したい」と理解を求めたが、嵐はやまない。

8日の衆院財務金融委員会では「全く適切ではなかった。撤回する」と発言撤回に追い込まれた。「許容度という言葉を日銀で使うのは、歓迎するということではなく、（家計が）最終的な苦渋の選択としてやむを得ず受け入れているという意味」と弁明し、「誤解を招いた表現で申し訳ない」と重ねて謝罪した。

黒田氏が勇気づけられたアンケート結果

改めて「許容度」発言の全容を振り返れば、日銀、もしくは黒田氏がいかにアンケート結果をみて勇気づけられたかがわかる。粘り強く金融緩和を続けていけば、こうした明るい兆しが育ち、低インフレを打破する糸口がつかめる。そんな気持ちがあったのだろう。そもそもしつこい低インフレを演出する「経験」「ノルム」「無関心」といった仮説も、「渡辺理論」を軸に民間経済学者との議論のなかから問題意識として強まっていったものだ。その渡辺氏からもたらされた変化の兆しを告げる「朗報」に、日銀がとびついたのも自然な成り行きではある。

このアンケート調査の結果は、日銀が2022年5月に開いたコロナ禍の物価問題の第2回ワークショップでの議論のなかで、渡辺氏が紹介している。会合には黒田氏も出席しており、その場面で離席をしていなければ、関心を寄せた可能性が高い。黒田氏としても、脱デフレに向けた決意表明を彩るとともに、聴衆・国民（あるいは市場）に向けてアピールしたいとの思いがあったのかもしれない。

黒田氏も弁明したとおり、「値上げ許容度」という言葉自体は日銀としたら「値上げに耐える体力・余裕」くらいの意味で、2022年4月の展望リポートにも使われている。騒ぎのあった直後の7月公表のリポートからは消えたが、日銀にとっては「客観的」かつ「無色に近い」用語だ。「許容度が高まってきている」と指摘したからといって「消費者が何の痛みも感じずに値上げに応じている」という意味で使っているものではない。世間からの反発に遭うとは黒田氏も日銀の事務方も事前には想像だにしなかっただろう。

日銀は確かな賃上げがない限り、本当の意味で「値上げ許容度」が高まることはないという姿勢だった。だからこそ賃金が十分に上がる前の段階で値上げを受け入れる姿勢が垣間見えたアンケート結果をみて、2021年4月の展望リポートで20兆円と試算し、1年後には50兆円規模に推計を膨らませた「強制貯蓄」が支えになっているのではないか、との仮説を提示している。

講演にもあるように、強制貯蓄がバッファーとして機能しているうちに、なんとか賃金の本格上昇につなげなくてはいけない、というのが日銀の本意だ。このように順を追って解釈すれば、世間の反発は不幸な行き違いだったということになる。

物価上昇を良いことだと思わない国民

しばらくして日銀当局者らが「許容度発言はやはり失敗だった」と悔やんでいるとの話が伝わってきた。ただし事前に準備された原稿を読み上げた以上、黒田氏の不用意な「失言」ではすまない。日本の金融政策運営の実務を支える優秀な企画ラインの面々が何重ものチェックを経て用意した総裁講演の原稿だ。「許容度」のニュアンスを巡る行き違いはあったものの、戦略上の失敗も疑わざるを得ない。

失敗があったとすれば、消費者の値上げに対する「怒り」を軽視していたということではないか。日銀はその後、文書での言葉選びを含め、コミュニケーションに細心の注意を払うことになる。上述のように「許容度」がタブー扱いとなったのはもちろん、たとえば「インフレ」にまつわる用語に、日本語だと希望のようなニュアンスも含む「期待」という言葉を組み合わせることをやめた。過敏な反応にも思えるが、物価見通しに関する「期待形成」は「予想形成」に言い換えている。

本当に重要なのは、怒りにふれないように言葉遣いに気をつけるよりも、怒りの根源を解明することだったはずだ。当時は第1章で推定したように、「輸入インフレ」「企業間インフレ」の波が、「消費者インフレ」へと至った2022年4月のしばらく後。消費者は値上げの痛みを感じ始めていた。

渡辺氏に後日、騒動について振り返ってもらったところ、自身は「値上げ許容度」ではなく「値上げ耐性」という表現を使っていたとしたうえで、「単なる言葉遣いの問題よりも、もっと根深いところに本質がある」との見解を示した。「日銀はインフレが低すぎる状況を変えようと、

『物価を上げます』との決意を示してやってきたが、国民はそれを良いことだと思っていなかった」。そもそも日銀と国民との間には「1丁目1番地からズレが生じていた」のだという。

物価がさほど上がらないうちは日銀の決意や行動などあまり気にせずにいたが、「現実に物価が上昇する段になって消費行動にも影響が出て、物価が上がってもうれしくはないと思うようになった」。アンケート調査で、価格が10％上がっても行く店を変えないという選択が急に増えたことに対しても、物価が上昇するなか「他の店に行ってもおそらく同じように値上げしている」という思いからの「仕方ないという諦めの気持ち」によるもので、「長続きする動きではないかもしれない」可能性も意識していたという。

さらに渡辺氏自身は日銀のように「強制貯蓄」が値上げ耐性につながっているといった見方はとっておらず、日銀にもそうした見方は伝えていないという。

物価は「かなり上がる」が収入は「変わらない」

渡辺氏は著書でアンケート調査の結果自体には長年の「ゼロインフレ・ノルム」が崩れるサインとして歓迎する意向を繰り返している。その一方で、この調査を巡って起きた黒田氏による「値上げ許容度」発言の騒動は、物価上昇に対する拒否反応の根強さを改めて痛感させるものだったようだ。

調査の細部をみると、消費者の痛みも感じ取れる。調査には「1年後の物価が現在と比べてどうなると思うか」を聞く項目もあった。「かなり上がる」との回答が大きく増え、「ほとんど上がらない」が目立って減少した。インフレ予想の高まり自体は「脱ゼロインフレ」の観点から前向きな動きとしてとらえることは可能だろう。ただし、「1年後のあなたの収入がどうなっていると思うか」を聞いた項目では、「変わらない」とする回答が前回の6割強から7割近くまで伸びた。渡辺氏は調査結果の資料で、日本の収入の見通しに関して「欧米では上昇の予想が多い」のとは「顕著な差がある」と指摘している。

物価が「かなり上がる」のに対し、収入が「変わらない」という1年後の未来。「行くお店を変えない」とした回答が急増した設問をもっと細かくみると、いつも買っている商品を「同じ量、買い続ける」よりも、「買う量を減らしたり、買う頻度を落としたりして節約する」ほうが当てはまるとする回答が目立つ。生活防衛の色彩もにじみ出ている。

「物価上昇に対する敵意」が黒田氏発言に対する世間の反発の底流にあるのだとすれば、問題をややこしくしたのは円安だろう。そのころ、すでに円安が進展しつつあり、輸入インフレに拍車をかける方向に作用し始めていた。消費者には、「値上げやむなし」という苦渋の選択を強いている原因の一端は、日銀の金融緩和が生む円安にあるのではないか、との思いがあったのかもしれない。日銀のせいで物価が上がって苦しんでいるのに、その日銀が値上げの受け入れを良い兆候として紹介するなんておかしい、というわけだ。渡辺氏は「円安の問題も、国民が物価上昇をうれしいとは思っていないことと根っこは一緒」と語っている。

日銀が円安に拍車をかけていた当時、「賃金が上昇するまでしっかり金融緩和を続けて景気を支え、賃金上昇を伴う緩やかな物価上昇が安定して持続する環境を整える」という日銀の思いは、国民に伝わるどころか怒りを買っていたことになる。

「強制貯蓄」分布問題の軽視

円安問題のほかに日銀に隙があったとすれば、強制貯蓄がどの所得層に集中しているのか、という分布の問題を軽視したことかもしれない。日銀は2021年4月の展望リポートで、強制貯蓄を「外出や国境・県境を跨ぐ移動の減少など、感染症のため本来の消費機会を逃したことなどによって、可処分所得のうち半ば強制的に貯蓄に向かった部分」と定義した。

実はこのとき、日銀自身の推計で強制貯蓄のうち半分以上は世帯年収600万円以上の家計が保有しているとみて「強制貯蓄は主として中・高所得者層において発生しているとみられる」とも指摘している。だとすれば、そもそも強制貯蓄をあまり持っていない世帯もかなり多くいたはずだ。

今回の値上げラッシュの特徴は、エネルギー・食品など消費者にとって購入頻度の高い品目が多い点にある。それだけ生活必需品の値上がりが目立つということだ。「エンゲル係数」の話を持ち出すまでもなく、食品など必需品を中心とする物価上昇は、所得が相対的に低い層のほうが負担感を覚えやすい。そうした所得層にとって強制貯蓄はそもそも限られ、一時的にも「値上げ許容度」を高めるバッファーとしてはあまり機能していなかった。

結局のところ、値上げの許容度を恒常的に上向かせるのは賃金の十分な上昇しかない。黒田氏の講演での主張自体は間違ってはいないのだ。コミュニケーションの問題があるとすれば、物価上昇の痛みに寄り添い、「物価上昇よりも賃金上昇がいかに重要なのか」をわかりやすく、かみ砕いて説明すべきだったということになる。インフレを悪だとみなす「ノルム」を変えるきっかけも、やはり賃金の上昇にあるはずだ。

「神学論争」のゆくえ

バブル経済の崩壊後、デフレは低成長の原因なのか、低成長が結果としてデフレを生んだのか、長く「神学論争」が続いた。「卵が先か、ニワトリが先か」の議論が続くうち、「デフレ」は「低成長・景気停滞」とほとんど同義語となり、日銀は「デフレ」という言葉を使うことすら嫌い、「物価安定は日銀の責務」と強く主張する論者からは「責任放棄」との激しい批判を浴び続けることにもなった。

黒田体制以前の日銀は、低成長の結果として緩慢な物価下落を招いたとの見方を貫いた。成長を高めるのは構造改革であり、日銀の責務は大幅な物価下落と経済収縮が継続する「デフレスパイラル」を避けることだと位置付けた。

主要国の潮流になりつつあったインフレ目標の導入論も、国際的には高インフレを制御するツールとして浮上したのに、日本だけはインフレを持ち上げるための目標という特異な性格を帯びた。日銀は「物価を押し上げる確かな手段など持たないのに目標だけを掲げる無責任なことはできない」として導入を拒み続けた。

これに対し、「リフレ派」と呼ばれた勢力は、デフレこそが低成長の原因であり、強力な金融緩和によって物価を押し上げることができれば、経済成長も高まると唱えた。日銀による構造改革の主張もインフレ目標の導入拒否も、そこにみえる日銀の姿は「逃げ」であり、それこそ「無責任」であった。金融緩和に消極的と受け止められる姿勢が円高を呼び込み、日本経済を苦しめたことも日銀批判を強めた。

2013年の黒田日銀の誕生は「デフレは日銀の責任」と初めて明確に位置付け、長年の神学論争に終止符を打ち、物価上昇をテコに日本経済の復活を試みる画期的かつ壮大な実験であった。ところが「2年で2%」という物価上昇に失敗すると、その後は漂流を続けるようになる。

そもそも「値上げ許容度」を巡る騒動からは、物価押し上げの努力が国民から必ずしも支持されていたわけではないことがうかがえる。もちろん、黒田日銀が目指したのも賃金上昇を伴う物価上昇だった。「物価が上がれば、ふつうは賃金も上がる」との原則論にたち、国内需要が緩やかに高まり、物価も賃金も仲良く上向いていく「理想郷」の実現を大前提としていた。

今回のインフレはそんな甘い世界ではなかった。2022年に供給要因による輸入インフレによってインフレ率が2％を突破すると、日銀は「理想の物価上昇ではない」として目標の達成を否定し、金融緩和の継続を訴えた。この章でみたように、まさに「輸入インフレ」が内需型企業や家計に「デフレ効果」をもたらすため、金融緩和で支える必要があるとみたためだ。

ところが金融緩和の継続が円安加速の一因となり、輸入インフレに拍車がかかると、「景気のために金融緩和をしているのに、円安を通じて景気を痛めつける」という構図が生まれた。

理由はどうあれ2％超のインフレが実現してしまうと、一部の海外の投資家には日本は「インフレ目標を達成しているのに金融緩和を続ける変な国」と映った。投機の格好の標的となり、当初は円売り、次いで金融政策の正常化による金利上昇を見越した債券売りに襲われるようになった。この先、詳しくみるように、黒田日銀の末期は政策修正を巡る迷いと混乱に彩られることになる。

低インフレ打破の挑戦はやめてはならない

では緩やかなデフレは無害なのか有害なのか。筆者自身は、かつてのリフレ派が訴えたような「デフレはすべての害悪の根源」とまでは思わないが、黒田体制以前の日銀のような「緩やかな物価下落なら問題ない」とする認識もまた、問題があるように思える。

米連邦準備理事会（ＦＲＢ）のグリーンスパン元議長らが指摘したように、デフレの最大の問題は企業から「価格決定力」を失わせることにある。自らの商品やサービスの価格設定を自らがコントロールできないのだとすれば、金融緩和のもとでいくら安い金利でお金を調達できるとしても、前向きな商品開発や、攻めの戦略に向けた設備投資には怖くて動けない。その先には、世の中に受け入れられる価格設定から逆算し、その範囲内に商品開発や投資を切り詰める縮小均衡が待つ。さまざまなイノベーション（革新）も、いかに価格を抑えるかという戦略に向かう。それでは本当の意味で世の中を変えるようなビジネスは生まれにくい。

もとの穏やかな経済に戻りたいのなら輸入インフレによる物価高が一時的な現象に終わるのをじっと待つ手はある。だが、それは低インフレのぬかるみに戻ってしまうことを意味し、低成長の継続を甘んじて受け入れることにもなりかねない。だからこそ低インフレ打破の挑戦はやめてはならず、「痛み」を伴わない物価高を実現するためにも賃金上昇という極めて難しい課題を考えていく必要があるわけだ。

もちろん今回のインフレは、単に「いかに物価を押し上げるか」よりも、「いかに賃金上昇を可能にするか」、そして「いかに交易条件の悪化を食い止めるような経済体質にするか」のほうが重要な問題であることを示した。この先の本書の重要なテーマである。

その前に今回のインフレを演出した大きな要素を忘れてはならない。これまでも繰り返し触れてきた円安の問題だ。

第3章

「景気を思う」ゆえに「景気を冷やす」？
円安のジレンマ

円安進行で一時1ドル＝150円台に（共同通信社提供）

1 「円安は経済にプラス」 日銀理論の堅持と揺らぎ

「輸入インフレ」「企業間インフレ」から「消費者インフレ」に至り、痛みを押しつけ合うゼロサムゲームに。そして低インフレの根深さに、変化への兆しとジレンマ。そんな日本の物価を巡るストーリーに欠かせないのが、2022年に急激に進んだ円相場の下落だ。

2022年10月21日の日本時間夜に一時付けた1ドル＝151円94銭近辺。これが本書校了時点（2023年3月）での新型コロナウイルス禍以降の円安局面で付けた円相場の対ドルでの最安値である。1990年7月以来、約32年ぶりの円安・ドル高水準であり、景気循環日付で判断すると、日本のバブル経済崩壊後で最も低い水準となった（図3－1）。

第5章で詳述するように、円相場は2022年11月以降、米国のインフレのピークアウト観測と米連邦準備理事会（FRB）の利上げ減速を巡る思惑から反転上昇に向かった。この先の円相場がどう動くのかは神のみぞ知る。ただし、2022年の外国為替市場が経験した秋までの歴史的な円安と、その後みせた急激な反転上昇という、ここまでの激しいジェットコースター相場

図3-1　2022年秋に約32年ぶりの円安水準を付けたあと反転

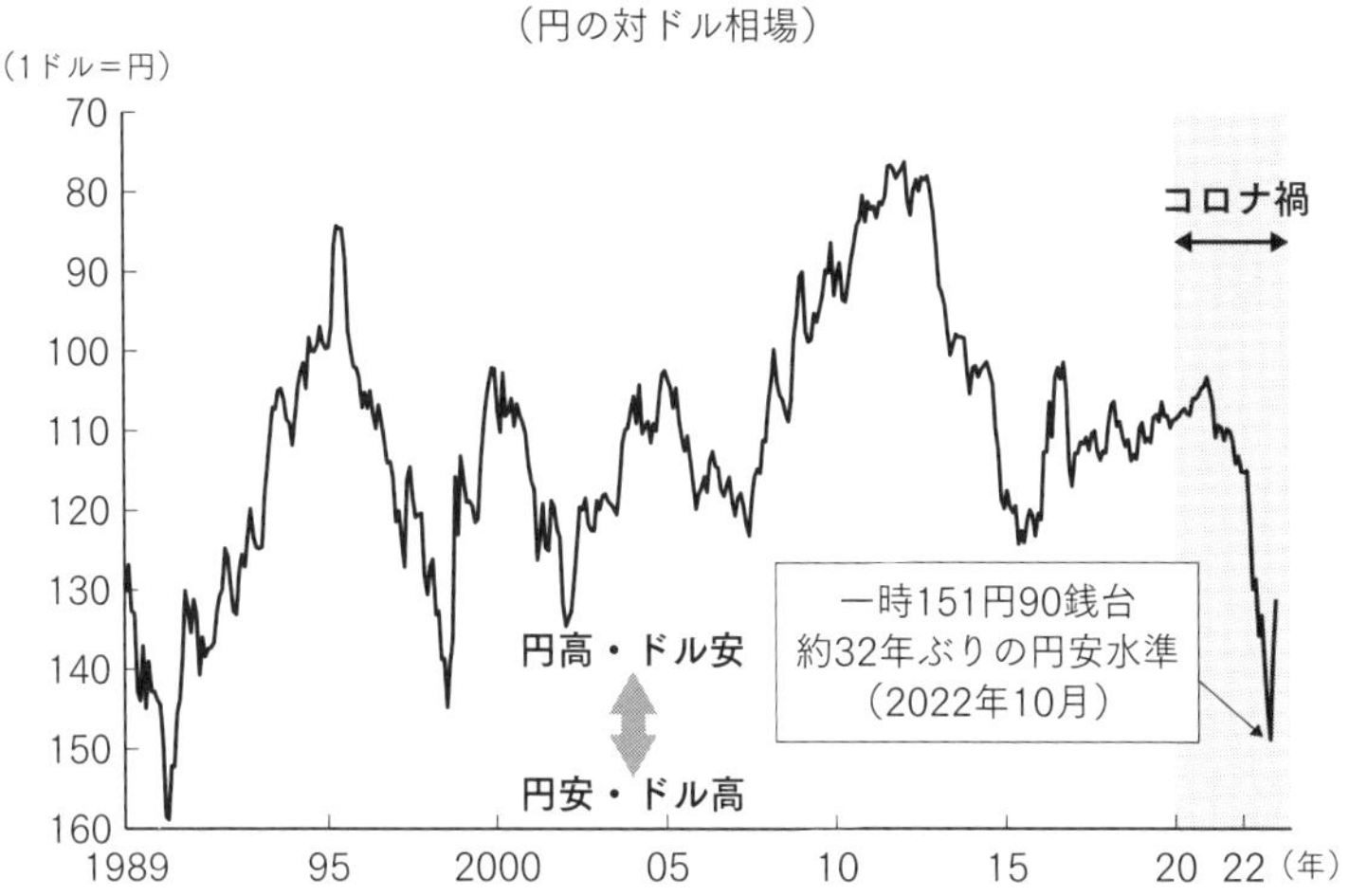

（出所）リフィニティブ

は、そうそうは繰り返されないのではないか。

日銀や政府はこの急変動にどう対応したのか。２０２１年半ばごろから２０２２年秋にかけての当時の黒田東彦総裁の記者会見や講演での発言を追うと、急激に進む円安に態度を変化させていった日銀の姿がはっきりと読み取れる。

▼２０２１年６月18日（１ドル＝１１０円60銭：前営業日の東京市場夕刻時点、以下同じ）「円高というよりも、むしろドル高の可能性のほうが普通は言われる」

黒田氏は金融政策決定会合後の記者会見で、一般論ながら中央銀行総裁としては踏み込んで円安予想を披露してみせた。ちょうどＦＲＢが金融政策の正常化に軸足を移し始めたころだ。筆者は当時の記事に「日銀が最も恐れる円高のリスクは目先、低下している。金融政策は当面は開店休業でよい。そんな余裕も垣間見えた」と書いた。

黒田氏はＦＲＢの金融政策を「量的緩和も、資産買い入れについて順次減少させていく議論になる可能性はある」と評した半面、「日本はまだそこまで景気は回復していないし、（インフレ目標の）２％にはまだ遠いので、金融緩和はずっと続ける」と表明し、「経済状況が違うなかで金融政策が違ってくるのは当然と思う。好ましいことであって何か問題があるとは思わない」と付け加えた。具体的にＦＲＢの金融政策に言及することは珍しく、円安に期待するニュアンスがにじんだ。その後、日米の金融政策の違いを背景に急激な円安圧力が生じ、日銀は「好ましい」とも言っていられなくなる。

▼２０２１年10月28日（１ドル＝１１３円74銭）「今進んだ若干の円安は総合的にみてプラスであることは確実」「現時点で若干の円安だが、これが悪い円安とか日本経済にとってマイナスということはない」

第１章でみたように資源高・エネルギー高を背景に「輸入インフレ」「企業間インフレ」が目立ち始めていたころに当たる。円安もじりじりと進み始めていた。筆者も当時、「円安が一段と進めば、国内のコスト上昇に弾みをつけてしまう」「海外発の輸入インフレとセットになった一段の円安はプラス効果を打ち消しかねない」と記事で円安の負の影響に言及していた。

黒田氏は「一般論として、為替レートの経済への波及経路が若干変化してきていることは事実」としたうえで円安が日本経済に及ぼす影響についてまとまった見解を披露した。日銀の基本的な「円安観」を示すものなので押さえておこう。

①「円安によって輸出が増加する度合いは、わが国企業の海外生産の拡大などを通じて、従来よりも低下しているとみられる」

②「反対に円安が企業収益を押し上げる効果は、今言った海外生産の拡大と海外子会社の収益の増加などを通じてより大きくなっている。これはグローバル展開する企業が円安局面では賃上げや設備投資を積極化しやすいことを意味している」

③「もちろん他方で円安はエネルギーなどの輸入コストの上昇を通じて、原材料輸入比率の高い内需型企業の収益、あるいは家計の実質所得に対する下押し圧力として作用し得る」

輸出立国たる日本の経済をずっと支えてきた①の要素が衰えていることを指摘した半面、その海外移転によってむしろ②の影響が増しているのだという。第2章で詳しくみた③の負の影響がそれらのプラス効果をそぐことになるが、黒田氏はこの時点で「輸出に対する影響にせよ、海外子会社の収益増加などの影響にせよ、プラス効果が輸入コスト上昇によるマイナスの影響をかなり上回っている」というそろばん勘定をはじいていた。『「プラスの影響（①∧②）」∨「マイナスの影響（③）」』という構図だ。この３つの要素は今後、繰り返し登場する。差し当たり「円安３要素」と呼んでおこう。

▼２０２１年12月17日（１ドル＝１１４円12銭）「最近の企業収益の改善動向、あるいは消費者物価の落ち着きを踏まえると、若干の為替の円安は、これまでのところ経済にプラスに作用している」

このころ、すでに「輸入インフレ」「企業間インフレ」が約40年ぶりの水準にまで達していた。円安のプラス効果を強調するトーンが少し弱まっていることに気づくだろう。

黒田氏は「現在の交易条件の変化に円安が大きく影響していることはないと思うが、もし為替相場が円安の動きになると、円建ての原材料コストを押し上げる一方、同時に輸出金額あるいは海外子会社の収益を押し上げることもある」と語り、第２章で深掘りした「交易条件」に言及しながら「円安３要素」を企業活動に引きつけて応用し、円安プラス論を堅持した。

円相場の動向については「為替政策や介入政策は政府の役割」としながらも「もちろん為替レートのチャネルを通じて経済・金融にさまざまな影響が出るので、その動きを十分フォローしていく必要がある」と述べ、その後の円安注視論の原型をのぞかせた。

▼2022年1月18日（1ドル＝114円41銭）「悪い円安というようなものは今考えていないし、考える必要がない」「為替円安の影響が業種や企業規模、あるいは経済主体によって不均一であるということには十分留意しておく必要がある」

円相場は年明けには約5年ぶりに一時1ドル＝116円台に下げていた。黒田氏は「円安プラス論」を繰り返す一方で、円安の影響は受ける側によってまちまちであり、中小企業や内需型の企業、あるいは家計には負担になる点にも十分に配慮する姿勢を示した。「円安3要素」の3つ目の負の影響を強調したものだ。「影響が経済主体によって不均一である」との表現は、円安の負の影響に配慮する定番のフレーズになる。

日銀は翌日公表した「経済・物価情勢の展望（展望リポート）」の全文にある補論（BOX1）で、円安が経済にプラスの影響を与えるとの詳しい分析結果を公表した。黒田氏の円安プラス論はこの分析に裏打ちされたものだということがわかる。

新型コロナウイルス禍前の2019年までの10年間を対象にしたところ、10％の円安ショックが起きると実質国内総生産（GDP）を0・8％ほど押し上げる結果となった。2019年までの過去20年間でみた0・7％前後をわずかに上回り、円安が日本経済にとってなおプラスの効果を持つことを定量的に示した。

実質国民総所得（GNI）についても計算すると、プラスの影響が実質GDPよりも大きく出るようになった。過去20年だと両者の押し上げ効果はほとんど変わらないが、直近10年のプラス効果は1・0％を超えた。

実質GNIは第2章で詳しくみた実質国内総所得（GDI）の仲間だ。復習すると、実質GDIは国内で得た正味の経済活動の成果を所得面からみたもので、貿易を通したお金の出入りを示す「交易損失・利得」を実質GDPに加えて計算する。

GDIの日本語表記の冒頭は「国内」、GNIは「国民」。ざっくりいうと実質GNIは実質GDIに日本人（主に日本企業）が海外で稼いだお金が加わる（海外への支払いは差し引かれる）。海外から得るお金とは、主に海外子会社からの配当や海外の証券投資で得た利息・配当のことだ。つまり黒田氏が強調する「円安3要素」の②の「海外配当・利息」の効果を数量的に表す。のちにみるように円安によって交易損失は（多少は）膨らむ方向にあるものの、海外からの利息・配当の増える効果がこれを大きく上回るというわけだ。

一方、実質GDPの中身をみると、企業の海外移転で財（モノ）の輸出の円安効果が落ちる（①の要因）半面、サービス輸出の効果が大きく高まっている。サービス輸出の主力は訪日外国人によるインバウンド消費だ。過去10年はインバウンド消費が大きく伸びた期間に当たる。円安のプラス効果のなかでインバウンド消費の役割が高まっていたことを裏付ける。

この点は黒田氏の「円安3要素」には含まれない。新型コロナ禍によってインバウンド消費がいったん壊滅したからだ。日銀はインバウンドがもたらす円安効果について「現在は感染症に伴う入国・渡航制限のもとで失われているが、先行き、感染症の影響が和らぐもとで同制限が緩和されていけば、再び働き始めると予想される」とし、図らずもコロナ禍で円安効果が出にくくなっていたことを示した。実際、大和総研は2022年5月、円安効果は平時ならプラスに出るはずなのに、コロナ禍ではマイナスに転じたとの分析を示している。

2 「急変動はマイナス」円安巡る市場との攻防

2022年3月以降、円安が加速し始める（図3－2）。市場の急激な動きの点検に追われるなか、日銀の姿勢にも明確な変化がみえ始めた。

▼2022年3月18日（1ドル＝118円67銭）「全体としてはファンダメンタルズを反映して安定的に推移しているなかで円安になることは、むしろ日本の経済・物価にとってプラスになるという基本的な構図は変わっていない」

黒田氏は円安プラス論を堅持しつつも「ファンダメンタルズを反映して安定的に推移」という

図3-2　2022年3～7月：円の下落ペースが加速

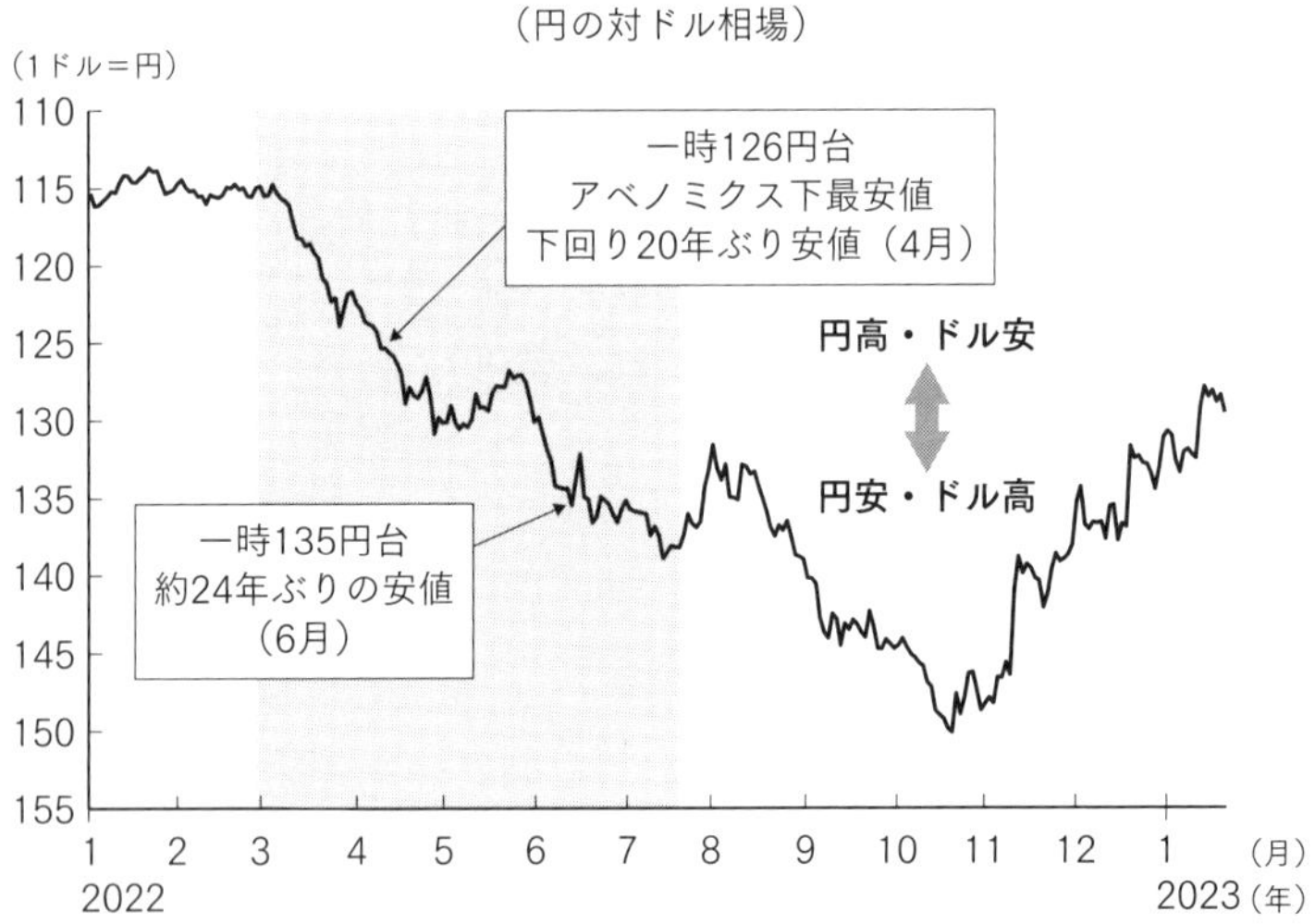

（出所）リフィニティブ

根本的な前提条件にわざわざ言及し始めた。ここが大きな変化だ。

もう1つ見逃せないのは、ロシアのウクライナ侵攻の直後とあって輸入価格の上昇に警戒を示した点である。「わが国は資源輸入国なので、最近の国際的な商品価格の上昇によるかなり急激な輸入物価の上昇は交易条件の悪化などで経済にマイナスになるような、いわばコストプッシュ型の物価上昇であり、この点は好ましい物価上昇ではない」と話し、「悪い物価上昇」であるとの認識を示した。

その文脈で円安への配慮ものぞく。「円安の影響が業種や企業規模、経済主体によって不均一であることには、十分な留意が必要」との従来見解に加え、「円安は輸入物価の上昇要因となるわけで、輸入物価の上昇が家計の実質所得の減少や企業収益の悪化を通じて経済の下押し要因となり得る」として負のメカニズムを詳述した。

その一方で、輸入インフレは「もちろん日本にとって好ましくない輸入価格の上昇」としながらも「円安による要因はわずかであり、基本的にはドル建ての国際商品市況の上昇によるものだ」とも断り、「円安がすべて経済にマイナスになるというのは間違い」と強調した。「悪い物価上昇」ではあっても「悪い円安」ではない、という見方だ。

日銀の立場は複雑になってきた。輸入インフレによる物価の上昇圧力は金融政策の正常化の思惑を招きかねない。黒田氏はこの思惑を強く否定する必要があった。だがそのために輸入インフレが持つ景気の下押し圧力を語ろうとすると、円安の負の側面をも強調することになってしまう。「インフレ」と「円安」を分離する必要が出てくるが、円安のプラス効果をきちんと説明しようとすると、今度は円安の負の影響に苦しむ人々を軽視する印象を与えてしまう。

▼2022年4月28日（1ドル＝127円99銭）「現状、全体として円安がプラスという評価を変えたわけではないが、過度に急激な変動は不確実性の高まりを通じて、マイナスに作用することも考慮する必要がある」

市場では外国人投資家の債券売りが強まり、円売りとの共振作用を起こしていた。円相場は4

月13日、いわゆる「アベノミクス」下での最安値（2015年6月の1ドル＝125円86銭）を下回り、2002年5月以来20年ぶりの安値を記録した。物価に上昇圧力がかかるなか日銀の金融緩和の修正を巡る思惑が強まり、長く日本の債券市場から離れていた外国人投資家が再参入して債券売りに動いたことが大きく関係した。

日銀はYCC（イールドカーブ・コントロール、長短金利操作）と呼ぶ金融緩和の枠組みを採用し、翌日物の短期金利をマイナス0・1％に据え、期間10年の長期金利（国債利回り）はゼロ％程度を中心にプラスマイナス0・25％の範囲内に抑えていた。海外勢の国債売りの狙いは、0・25％という日銀が設けた長期金利の「防衛ライン」を決壊させることだった。

ここに円売りが絡む。「日銀は円安を抑えるために長期金利の上昇を容認するだろう」との皮算用から、海外勢は円売りと国債売りを組み合わせる投機的な取引に傾斜した。うまく立ち回れば、どちらに転んでも利益が上がる取引だ。物価情勢に変化がみえ、円安圧力が高まるなか、長期金利を固定する異例の策が海外ファンドのおもちゃにされ始めたようなものだった。

この結果、日銀が海外勢の国債売りに対して国債買いで立ち向かい、0・25％という防衛ラインを死守すればするほど、外国為替市場で円売りに弾みがつく「日銀の金利抑制と円安進行」の悪循環が発生した。

日銀はこのときの会合で、0・25％ラインを守るため、この金利水準で国債を無制限に買い取る「指し値オペ」と呼ぶ国債買い取りの手段を原則として毎営業日、実行する新たな方針を打ち出し、市場の攻撃に真正面から応じる構えをみせた。金利上昇を許さない日銀の固い意志をみて、海外勢の多くは債券売りのポジションをいったん整理する一方で円売りを深追いする取引に動き、外為市場では円相場が1ドル＝130円台にまで下落した。

黒田氏は「最近みられるような為替市場における短期間での過度な変動は先行きの不確実性を高め、企業の事業計画の策定などを難しくする面もある。為替相場の変動が経済・物価に与える影響を十分注意してみていく」と表明する。この後、急激な円安進行との関連では「企業の事業計画」への影響が1つの焦点となっていく。

このころ、控えめにみても円相場の急変動の一因は日銀自身にあった。先にみたように日銀の低金利死守の姿勢が債券売りとともに円売りを誘発したためだ。だが、日銀が市場安定のために選んだのは金利誘導の柔軟化ではなく、あくまで徹底的な市場の制圧だった。

「今回の指し値オペに関する明確化は長期金利が0・25％に近づいた時に、指し値オペをするのかしないのかといった市場の憶測を回避して、金融緩和政策をより明確にする意味で行ったことであり、これにより連続指し値オペないし指し値オペをやるかやらないかでマーケットが動くことは避けられる」。黒田氏はこう断言したが、円安を巡るジレンマはむしろ深まっていく。

▼2022年6月6日（1ドル＝129円89銭）「わが国の交易条件悪化の主因は、あくま

でもドル建ての資源価格の上昇であって、為替円安ではない」

第2章で詳しくみた「値上げ許容度」発言が飛び出した講演である。円相場を巡っては「ドル建ての資源価格の上昇は輸入物価だけを上昇させるが、為替円安は輸出物価と輸入物価をともに押し上げるため、交易条件に対しおおむねニュートラル」との見方を示した。円安は交易条件におおむね中立であるとして、景気全体への下押し圧力は小さいとの見方を改めて整理した。

日銀の主張はデータでみると正しい。大ざっぱな試算で交易条件の前年同月比の要因を分解してみると、交易条件の低下はドルなど外貨建て（契約通貨ベース）の輸入価格の上昇でかなりの部分を説明できる。

為替変動の要因について「円安が輸出価格を押し上げるプラス要因」から「円安が輸入価格を押し上げるマイナス要因」を差し引いて影響をみると、円安による交易条件の下押しの圧力が一時やや高まったことは確かだが、最も大きく影響が出た2022年秋ごろでも2割弱の交易条件の悪化幅のうち5ポイント弱にすぎない（図3－3）。

ただし、これはマクロ経済の話。わたしたち消費者の多くは交易条件について日々、思いを巡らせているわけでもない。輸出による円安のプラス効果は衰え、コロナ禍で頼みのインバウンド消費も凍結した。ただでさえ円安のプラス効果は人々に行き渡りにくくなっている。円安が急激に進むなかで買い物の際に値上がりを実感すれば、「円安のせい」「日銀が悪い」と思う人も多い

図3-3　交易条件の悪化要因を分解すると円安の影響は小さい

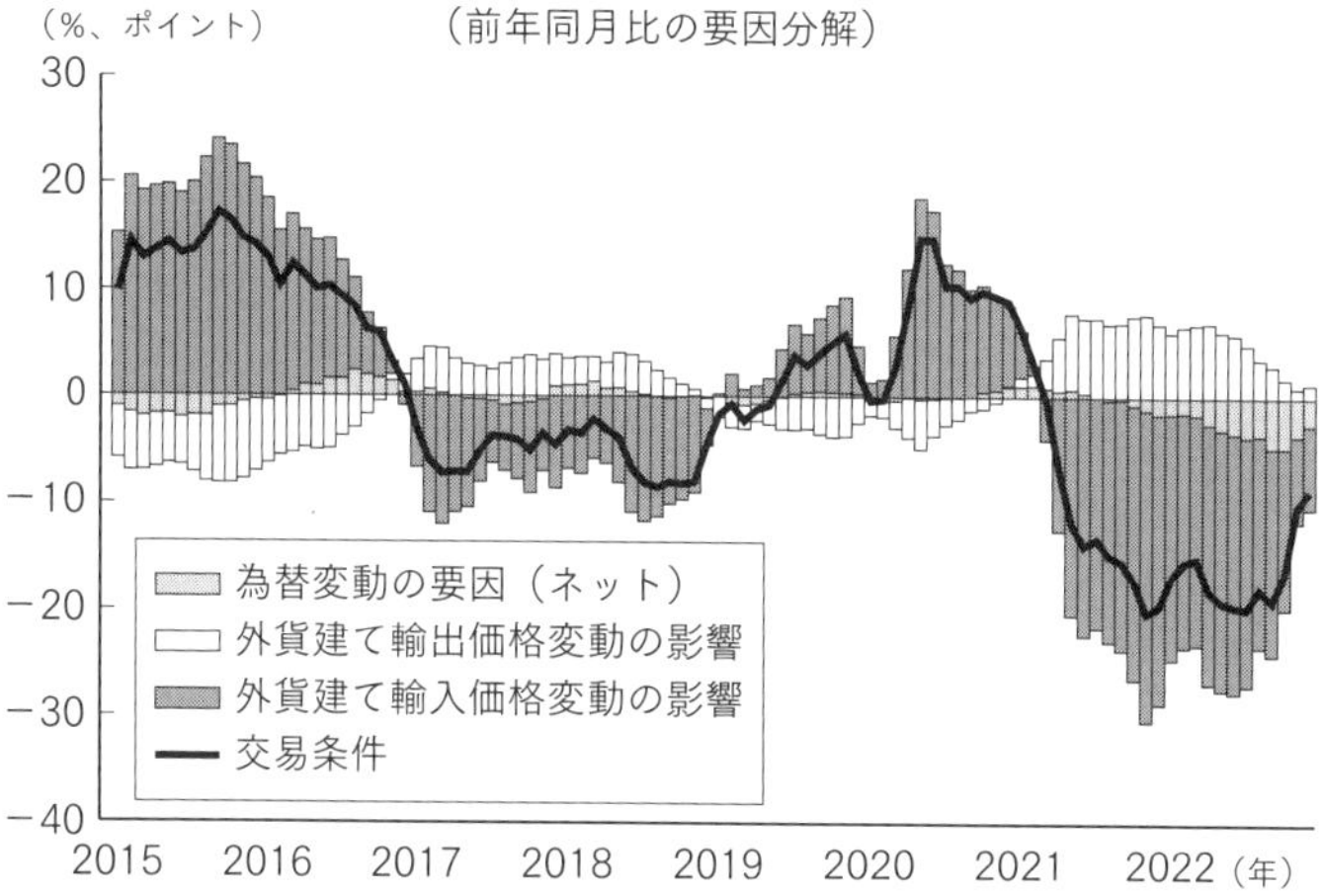

（注）日銀のデータから簡易的に計算。為替要因は輸出と輸入の差し引き

はずだ。マクロの経済分析とミクロの生活実感。「値上げ許容度」に象徴される日銀と人々のズレの原因はこの辺りにもあっただろう。

円相場は6月13日、一時1ドル＝135円台にまで下落し、日本で金融システム不安が強かった1998年10月以来、約24年ぶりの安値を付けるに至った。

▼2022年6月17日（1ドル＝134円23銭）「わが国経済にとって大事なことは、円安によって収益の改善した企業が設備投資を増加させたり賃金を引き上げたりすることによって、経済全体として所得から支出への前向きの循環が強まっていくことだ」

日銀はこのときの金融政策決定会合後の声明に「金融・為替市場の動向やそのわが国経済・物価への影響を、十分注視する必要がある」との表現を新たに盛り込んだ。黒田氏はその意味合いを「従来から為替レートについては特定の水準をうんぬんするということではなく、あくまでも経済・金融のファンダメンタルズを反映して安定的に推移することが経済にとって最も好ましいということを申し上げてきた」としたうえで、「このところ起こった急速な円安の進行は、そうしたことに反しており、経済にマイナスになるということなので、この点を明確に申し上げるとともに、今後とも金融・為替市場の動向についてはよく注視していく必要がある」と表明した。

具体的な悪影響については「最近の急速な円安の進行は先行きの不確実性を高め、企業による事業計画の策定を困難にするなど経済にマイナスであり、望ましくない」と4月の会合で示した見解を繰り返した。だとすれば、円安が及ぼす経済への影響をみるうえで重要になるのは、企業の事業計画に変化があるかどうかという点になる。

黒田氏は「具体的にそれが今、設備投資などに影響が出ているのか。今のところ企業収益は高水準で推移し、設備投資も一部に弱さはみられるが全体としてはかなりしっかりした動きをしている。ただちに為替の変動が企業の心理などに大きな影響を与えたということではないかもしれない」と語り、円安を抑える対応には動く必要がないとの姿勢を明確にした。

円安プラス論は表面上、影を潜めた。日銀がそれを打ち捨てたわけではないことは、この日の発言として冒頭に紹介したシナリオに期待をかけていることを踏まえれば、明白だ。「円安3要素」の②の要因（海外からの配当・利息）を強調した表現だが、アベノミクスの初期に取り沙汰された「トリクルダウン（浸透）」にも似ている。円安の効果で収益が改善した輸出企業やグローバル企業が国内で設備投資や賃上げに動けば、やがて滴が上から下へとしたたり落ちるように、円安で苦しむ人々の懐を温めていく。こんなイメージだろう。

問題なのはあくまで「急激な相場変動」が企業に円安効果の浸透につながる事業計画の実行をためらわせることであり、「安定した円安進行」であるなら、時間がたてば円安のトリクルダウンによって日本経済にはプラス効果が表れるという見方が成り立つ。

円安プラス論の看板は下ろさない以上、金融緩和の継続は揺るがない。「今の物価上昇は、むしろ景気に対する下押し圧力になっている。そういうときに金利を上げると、あるいは金融を引き締めると、さらに景気に下押し圧力を加えることになってしまう。何回も言うが、日本経済がコロナ禍から回復しつつあるというものを否定してしまう。経済がさらに悪くなってしまうということにほかならない」。黒田氏の緩和継続への熱い思いは、こんな強い言葉として表出した。

筆者は当時の記事で「正論だが、おそらく一般の理解は得られにくいだろう。金融緩和が円安進行を通じて『景気の下押し圧力』である輸入インフレに拍車をかけているとの見方が広がっているからだ。景気下支えのために金融緩和を続けるほど、逆に景気を下押しするということになってしまう」と記した。

少なくない人々の目には「円安が輸入インフレに拍車をかけ、日本経済を苦しめている」と映っていた。日銀の姿勢が投機筋の円売りを招き、円安加速の一因になっていることも明らかであった。不確かな円安効果のトリクルダウンを待つ余裕もないし、急激な円安がその可能性すら消し去ってしまうかもしれない。

結局のところ、「輸入インフレに苦しむ日本経済を支えるために金融緩和を続ける」という日銀の姿勢こそが円安を生み、「輸入インフレに拍車をかけて日本経済を苦しめる」逆転現象が起きているようにみえてしまう。経済を支えるための日銀の金融緩和が、円安を通じて経済を下押しする。日銀の意図を離れ、世間でそんな構図が広がり始めていたことは否定できないだろう。

3／緩和修正「2、3年先の話」 円買い介入呼ぶ

円安を巡るジレンマはクライマックスに向かっていく（図3－4）。

▼2022年7月21日（1ドル＝138円13銭）「金利をちょこっと上げたらそれだけで円安が止まるとか、そういったものとは到底考えられない。本当に金利だけで円安を止めようという話であれば、大幅な金利引き上げになって経済にすごく大きなダメージになる」

図3-4　2022年7～10月：円安はクライマックスに

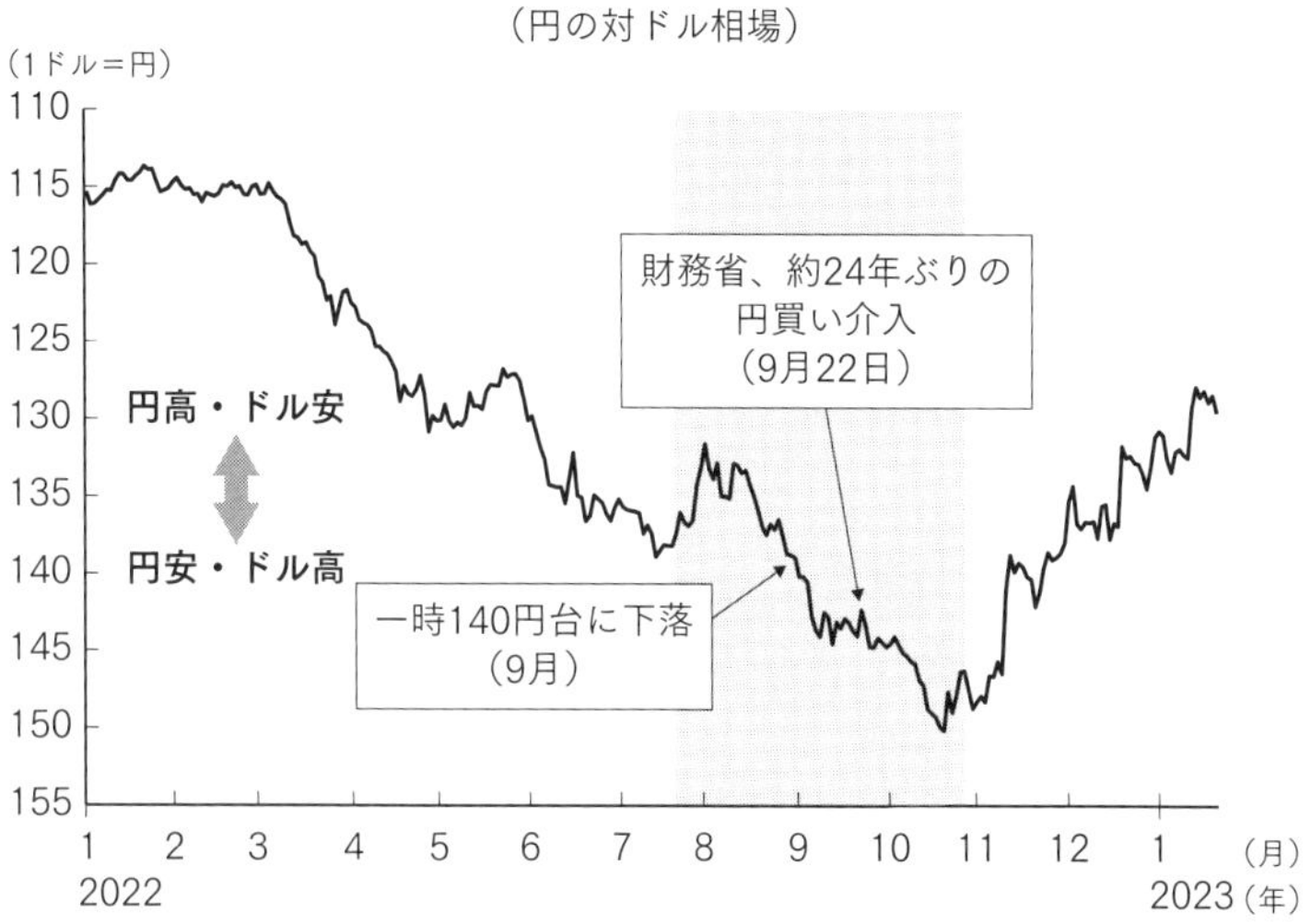

（出所）リフィニティブ

円安はＦＲＢの金融引き締めのせいであり、日銀の責任ではない。だから日銀の選択肢には円安対応の利上げといった政策修正はない。端的にいうと、黒田氏はこんな姿勢を明確に打ち出した。

日銀の「円安プラス論」の隙は、急激な円安によって企業が事業計画をつくれなくなると、国内の投資や賃上げに動けず、円安の負の影響ばかりが目立つという点にある。いつまで待っても円安のトリクルダウンというプラスの影響が表れない、というリスクを抱えるということだ。このジレンマに直面した日銀は「たとえそうだとしても、日銀が利上げなどに動いて円安が終わるとは限らない。ただの逆噴射に終わってしまう」という旨の反論を用意した。

黒田氏は「もちろん金融政策がさまざまなかたちで為替に影響することは当然だし、そういった為替の影響を十分注視しつつ経済・物価の見通しを立て、それに応じた金融政策を運営するということは、どこの中央銀行でもそうだが、為替をターゲットにして政策を運営しているところはない。あくまでも物価の安定を目標にしている」と話し、円安を注視しつつも円安に振り回されることはない、という原則論を強調した。

まず円安は、日銀が採用する金融政策であるＹＣＣのせいではないという。「ＹＣＣがうんぬんというよりも、むしろ日本と米国の金融政策の差が典型的に金利差に表れて為替に影響しているということは、今の市場の人たちはそう言っているし、それは事実だと思う」。その一方で「為替に影響する要素としては、それぞれの成長率とかインフレとか、そのほか金融市場のさまざまな動きがあるので、今の時点で市場がその名目金利差に着目しているということは事実だと思うが、それが何か絶対的なものでもないし、続くものでもない」とした。

そして「このＹＣＣが必然的に円安とか為替の動きを招来するということはない」との見方を示し、「ＹＣＣのもとで金利を引き上げるつもりは全くないし、プラスマイナス０・25％というレンジも変更するつもりは全くない」と言い切った。このころになると、日銀は海外勢の債券売りをいったんは「制圧」し、ＹＣＣ発の直接的な円売り圧力が収まっているようにもみえたのは確かだ。
では円安の理由は何か。黒田氏は「今の円安というのは、実はドルの独歩高だ」と唱えた。利上げを急ぐ英国のポンド、当時、欧州中央銀行（ＥＣＢ）が7月中の利上げを予告していた欧州統一通貨ユーロも「大きくドルに対して下落している」とし、「確かに円の対ドル下落のきっかけというか、マーケットの考え方には日米金利格差があったと思うが、実際のところ世界的にドルの独歩高で皆、為替が安くなっている」とした。

「例えば、隣の韓国は相当金利を引き上げているが、ものすごい勢いでウォン安になっている」。こういう状況だから、日銀が利上げをしたからといって円安が収束するわけではない。利上げは百害あって一利なし、というわけだ。結論として、円安を止めるための金融政策の修正という選択肢は「合理的にあり得るとは考えていない」と表明した。

筆者は当時の記事にこう書いた。「日銀が円安を甘受していると市場に思われれば、今後１ドル＝１４０円台に向けた円売り圧力が再燃しかねない。日銀の唯一の希望は、米利上げの天井が近くみえ始め、ドル高が自然に収束していくことだろう。結局はＦＲＢがどこまで利上げをすれば、米国のインフレが鎮まるのか、という問題に行き着く。ＦＲＢ自身も明確な展望を持てない以上、日銀は自分では制御できない大きな流れに身を委ねるしかないのかもしれない」

日銀内にはすでにドル高がいずれ収束に向かうとの読みがあった。テーマは「現行政策でいかに粘り、逃げ切るか」。典型的な「ＦＲＢ頼み」ではあるが、「時間を稼ぐ手段」としては政府・

日銀による円買い・ドル売りの為替介入もあった。円売り圧力がいっこうに弱まらないなか、主管する財務省としては24年ぶりにその伝家の宝刀を抜くときが近づいていた。

▼2022年9月22日（1ドル＝143円75銭）「必要があれば追加的な金融緩和措置を講じる。政策金利についても現在の長短金利の水準、またはそれを下回る水準で推移することを想定しており、金融緩和を当面続けることには全く変わりない。当面、金利を引き上げるというようなことはないと言ってよい」「当面というのは数カ月の話ではなく、2、3年の話と考えてもらったほうがいい」

円相場は9月1日には1ドル＝140円台の節目に下落し、さらなる下落余地をうかがっていた。市場の視線は日銀が21〜22日に開いた金融政策決定会合に集まった。会合終了に先立つ21日にはFRBが政策金利を約15年ぶりに4％台に引き上げるシナリオを打ち出したばかり。会合のあとにはスイスの中央銀行が0・75％の利上げを決めてマイナス金利から脱することが確実視され、日本は「最後のマイナス金利」の国として孤立する姿がみえていた。

誰もが円安加速を防ぐために何を語るかに注目するなか、日銀は「一分の隙もない」内容で金融緩和の現状維持を決め、黒田氏はむしろ追加緩和の可能性さえ口にした。円相場は黒田氏の会見後、一気に146円台に迫る水準まで下げ足を速め、ついに財務省は24年ぶりの円買い介入に踏み切る。円安は新たな局面を迎えた。

「2、3年の話と考えてもらったほうがいい」。市場を最も驚かせたのが冒頭でも紹介した黒田氏のこの発言だった。政策の先行きの運営の方向性にヒントを与える「フォワードガイダンス（先行き指針）」と呼ばれるものの変更時期について述べたものだ。

少し説明が必要だろう。YCCのもと、フォワードガイダンスは①YCCの枠組みそのもの②金融市場への資金供給量を示す「マネタリーベース」の拡大方針③政策金利（長短金利の誘導目標の水準）――の3層に分かれている。

まず①は、YCCの仕組み自体を2%のインフレ目標を安定的に持続させるために「必要な時点まで」変えないというもの。2%目標の達成前でも、達成した状態が安定して続くと確信できた段階で仕組みを変えることまでは否定していない。さらに短期でマイナス0・1%、長期でゼロ%程度という政策金利の水準については、理屈のうえでは目標達成前でも変更できるという立て付けになっている。この辺りには留意が必要だ。

②は、量的緩和の尺度となるマネタリーベースと呼ぶ指標について「消費者物価の実績値が安定的に2%を超えるまで」拡大方針を堅持するとうたった。2013年にスタートした異次元緩和が「2年で2%」という短期決戦でのインフレ目標の達成に「失敗」したあと、2016年に金融緩和の長期戦に備えて政策の軸を資金量から金利に移行したことと深く関わる。マネタリー

ベースとは市中に出回る現金の量と、金融機関が日銀に預ける手元資金の合計のこと。マネタリーベースの拡大が物価上昇につながるとの主張にこだわる、リフレ派と呼ばれる一部の政策委員らに配慮した側面が強い。

インフレ率が2％目標を超えるまでは政策を変えないと約束するのは「オーバーシュート型コミットメント」と呼ばれ、3つの指針でも最もきつい縛りを施したことにはなる。ただし「拡大方針を継続する」のであって「拡大を継続する」のではない。何をもって「拡大」とするかの定義もない。実際、新型コロナ対応の資金供給制度を縮小したことを映し、2022年8月末以降、マネタリーベースの残高は前年同月比で減少に転じた。日銀はこれを一時的な理由とみなし、約束を破ったことにはしていない。

最後の③は具体的に政策金利の水準に言及しており、今回の焦点となった。「政策金利については、現在の長短金利の水準、または、それを下回る水準で推移することを想定している」というものだ。

この指針は米中貿易戦争などから景気や物価に下押し圧力がかかっていた2019年10月に今のかたちとなった。もともとはインフレ目標達成に向けた「モメンタム（勢い）」が損なわれるおそれに注意が必要な間」という期間限定だった。それがコロナ禍を受けて「当面、新型コロナウイルス感染症の影響を注視し、企業などの資金繰り支援と金融市場の安定維持に努めるとともに、必要があれば躊躇《ちゅうちょ》なく追加的な金融緩和措置を講じる」という文章と一体的に考えるようになった。つまりコロナ禍の影響が残るであろう「当面」の間は、現状維持か利下げの可能性が高いという予告になっている。

市場には円安進行と新型コロナ対応の資金供給の終了観測が相まって日銀がこの③の政策金利の指針を変更するとの観測が浮上していた。もし変更すれば、円安への強いけん制となる。一方で金利上昇の思惑に改めて火をつけて債券売りを誘発するリスクもあった。

フタを開けてみると、黒田氏はゼロ回答どころか「2、3年」という単位で変更することはない、という見方を示し、市場を驚かせた。少なくとも当時の会見の場では、そう受け止められた。黒田氏は「経済・物価情勢に合わせた微調整ということはあるかもしれない。ただ、基本的なフォワードガイダンスの変更というのは、やはりあくまでも経済・物価情勢の転換によって金融緩和政策を修正していく時点で考えられることではないか」とも念を押している。

この「2、3年発言」はさまざまなハレーションを生み、黒田氏はすぐに発言の修正に動くことになるが、重要なのはこの日、市場が黒田氏の発言を「日銀は今後2、3年、『利下げ含み』のフォワードガイダンスを変えない。ということは政策金利も当然、今後2、3年は引き上げない」と受け取り、円安に弾みがついた事実である。これが急激な円売りにつながり、財務省をして円買い介入を決断せしめるに至った。

筆者は当時、あまりに黒田氏の発言が緩和継続を貫く「ハト派」に傾斜していたので、円買い介入が控えているのを知り、確信犯であえて円売りを誘い出す発言をしたのかとすら疑った。当時の記事には介入について「円安が進むのは火をみるより明らかな状況で、黒田氏があえて金融緩和の維持という原則論に終始したことが伏線となった。日銀は円安が進もうとも金融緩和に専心し、必要なら財務省が実弾介入に動く。介入劇は、両者のそんな役割分担の構図を打ち出すための演出だったという疑いすら湧く」と指摘した。

続けて「日銀総裁会見、介入実施、介入公表という一連の流れがあらかじめ整っていたかは別にして、円安が急激に進みそうな『Xデー』を前に、政府・日銀が周到な準備を重ねていたのは確かだろう。もちろん日本の単独介入ではあったが、米国の財務省からは『日本の為替介入を理解する』という事実上のお墨付きがついた」とも書いた。

その後の事態の推移と関係者の証言を踏まえると、筆者の当時の読みは外れていたようだ。実際には黒田日銀のあまりに硬直的な金融政策運営に対し、この辺りから岸田文雄政権の内部や財務省などでは不満がたまっていった形跡がうかがえる。

このときの会見で、黒田氏が3層にわたるフォワードガイダンスについて「2、3年」の単位で変えないのは①と②であり、③ではないと明確に認識していたのならば、最初から③の政策金利の指針に関し、将来の金利変更も含め、もっと柔軟な姿勢を示す手はあったはずだ。単なる不注意や勘違いであれば話は別だが、政策金利の指針が揺らいで利上げ観測が台頭するのを防ぐため③の長期化にあえて踏み込んだ可能性は十分に考えられる。

政府・日銀間で円売り勢を円買い介入へと意図的に誘い込む方向での「事前調整」はなかった可能性が高いものの、少なくとも黒田氏には利上げ観測を封じ込める代償として円売りが進んでもやむをえないとの判断があったのではないか。いずれにせよ、黒田氏の発言は24年ぶりの円買い介入の「露払い」となった。この後は財務省の介入がFRBの利上げ減速観測が強まるまでの「時間を稼ぐ」装置として大きな役割を担っていく。


前述のとおり、黒田氏の「2、3年」発言は尾を引いた。円買い介入の引き金を引いただけではなく、岸田政権・財務省から不信の目が向き、のちに国会でも批判が出た。

黒田氏は一転、直後の9月26日の大阪市での講演後の記者会見で軌道修正を図った。「2、3年」の単位で変えないと言ったのは①のYCCの枠組みの存廃と②の「量」の指針のみについてであり、③の政策金利の指針について「ここでいう『当面』は『新型コロナウイルス感染症の影響を注視』しつつ政策を行う期間であり、必ずしも『2、3年』という長期ということではないと思う」と釈明した。

「2、3年」発言が出た会見で焦点となったのは、間違いなく③の政策金利指針を巡る「当面」の時間軸の長さであった。黒田氏が明らかに③の指針を念頭に「当面、変更は必要とは考えていない」と語ったあと「当面とはどれくらいか」という記者の質問があり、「金利の見通しといい、マネタリーベースについてといい、フォワードガイダンスというのは、やはり当面。当面というのは数カ月の話ではなくて、2、3年の話と考えてもらったほうがよい」と答えている。②の「量」の指針にも触れたが、「金利の見通し」という言葉は、③の政策金利の指針を指すと考えるのが自然だろう。

黒田氏は26日には「金利の見通し」は①のYCCの枠組みのなかでの政策金利の位置付けだと解釈できる言いぶりに修正した。ここでは金利は微修正が可能というニュアンスになっており、22日に「金利の見通し」の維持が「2、3年」と言ったこととは矛盾する。日銀側は3層にも及ぶ複雑なフォワードガイダンスを巡り、記者と黒田氏とのやり取りですれ違いが生じたという立場のようだが、事前に原稿になっていた「値上げ許容度」発言とは異なり、「まだまだ金融緩和を続けるべきだ」という黒田氏の本音が出てしまった不規則発言という見方もできる。

いずれにせよ、ここでの政府とのすれ違いは、やがて異次元緩和の政策修正とその後の市場の混乱の伏線となっていく。

4 「ドルも独歩高続かず」 円安一服、勝利宣言

▼2022年10月28日 （1ドル＝145円73銭） 「内外金利差の背景にあるインフレ率の違いや利上げによる米国経済の減速などは、むしろドル安方向の要因であり、日米の金利差だけに着目して最近の為替動向を説明することは一面的ではないか」「（円安が）ましてやYCCと特に関係しているというふうには誰も考えていない」

円相場が1ドル＝152円台に迫った10月21日、財務省は再び大規模な円買い介入に動いた。実施の有無を直後には公表しない「覆面介入」ではあったが、日本経済新聞社は取材で介入の実施を確認して報じた。のちに介入額は5・6兆円と1日当たりの円買い介入額として最大となったことが明らかになる。24日にも7300億円規模で覆面介入を実施した。

黒田氏は「急激な円安は企業の事業計画にマイナス」という旨の従来見解を繰り返し、「政府は投機による過度な変動は容認しない、過度な変動に対しては適切な対応を取るとの方針を継続されているものと承知しており、この方針に沿って適切に判断しているものと考える」と介入を

評価してみせた。
そのうえで日銀が円安の原因ではないとする見解を繰り返し、「このＹＣＣ自体が何か円安を特にもたらすとか、そういうことはない」「ＹＣＣは金融緩和のやり方であり、それが量的緩和と違って特に円安に影響するとか、そういうことはない」と強調した。

▼２０２２年11月14日（１ドル＝１４１円19銭）「何度か為替市場に介入したこともあって、異常な、一方的で急速な円安の傾向は、いったん止まっているように思う。それ自体は大変結構なことである」

11月10～11日、円相場は２０２２年10月分の米消費者物価指数を受けて円高・ドル安の方向に急反転した。高インフレのピークアウトを示唆する内容だったことで、米長期金利が急低下（債券価格は急上昇）し、ドル買い・円売りポジションの大規模な巻き戻しを呼び込んだ（図３－５）。

黒田氏は名古屋市での講演後の記者会見で、ドル高の勢いが弱まった背景を冗舌に語った。そもそもこれだけの円安になった第一の要因として「資源価格がロシアのウクライナ侵攻以降、急激に上昇して、わが国の場合は石油や天然ガスを含めエネルギーの類はほとんど輸入に頼っており、それらはしかもドル建てで取引されているので、ドルの実需が増えてドル高・円安になった」

図3-5　2022年10～12月：円は反転上昇

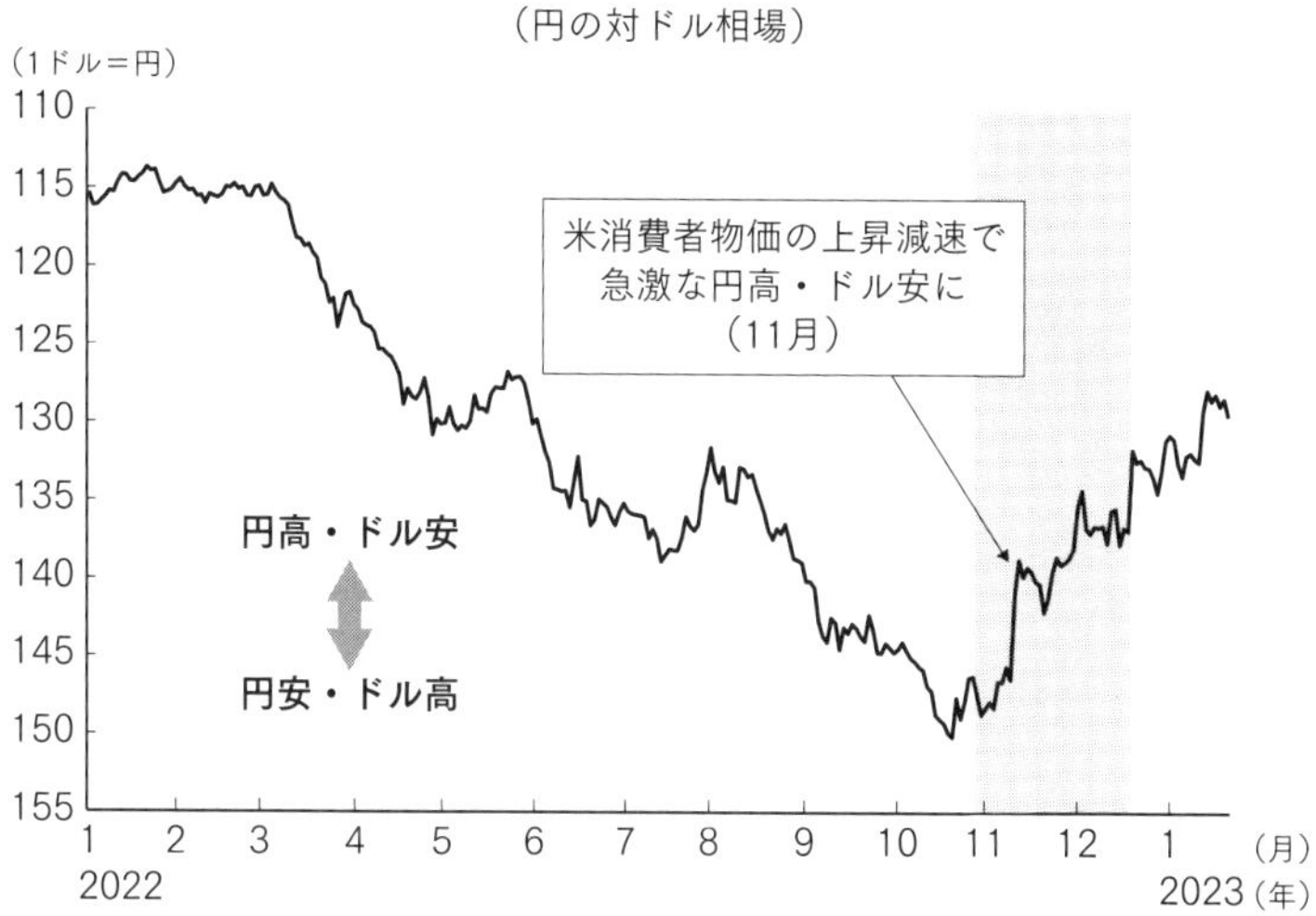

（出所）リフィニティブ

ことを挙げた。

そのうえで、次の段階として「FRBが金利を急速かつ大幅に引き上げるということを始めたこともあり、実は円だけでなくて世界中の主要通貨が、ほとんどドルに対して減価し、いわばドルの独歩高になっていた」との見方を披露した。

肝心の今後については「そういう状況から来年以降どういうふうになるかは、なかなか難しいところ」としつつも「米国が金利をそれだけ大幅に上げてきたということはインフレの懸念があるわけだから、そういう国の通貨が日本のようにインフレ率の低い国の通貨に対してどんどん上昇していくということは、あまり想像しがたい」と語り、日米間の物価の交換比率が長期の為替水準を決めるという購買力平価の考えをもとに、高インフレ通貨は売られるという原則を持ち出した。

さらに「わが国の経済は今年度（2022年度）、来年度（2023年度）、再来年度（2024年度）と潜在成長率を上回る成長が見通されている」一方、「米国の場合は金融の急速な引き締めもあって来年（2023年）は成長率がかなり大幅に減速する見通しが、国際通貨基金（IMF）も含めてされている」として日米の成長率格差が日本優位のかたちで開く展望を示し、「そういうなかでドルの独歩高がいつまでも続くということは想像しがたい」という結論を導き出した。うまくいけば円安圧力に屈せずにすむという、ひそかな「勝利宣言」にも聞こえた。

円相場を巡り、2021年6月の段階と正反対の状況になったことに読者は気づくであろう。当初、円安・ドル高を期待していた黒田氏は猛烈な円売りの奔流を経て、円高・ドル安を期待するに至った。当初の円安期待の根拠を振り返ると「経済状況が違うなかで金融政策が違ってくるのは当然と思う。好ましいことであって何か問題があるとは思わない」というものであり、金融政策の方向性の違いを前提としていた。日米金利差の拡大を想定していたのも間違いないだろう。

その後、実際に円安が進んでいくにつれ、黒田氏は円安の原因は日米金利差の拡大だとする見方を繰り返し否定するようになる。あくまで日米金利差拡大をはやした投機だという解釈だ。このときのドル高収束の見通しについても、日米金利差の拡大が頭打ちになるという市場の標準的な理解とは距離を置き、あえて購買力平価と成長率格差を理由に挙げた。日銀の金融緩和が急激な円安の一因となったことをあくまで認めない姿勢がみえる。

円安の差し迫った懸念は衰えていた。米長期金利の上昇も止まり、その面からの日本国債売りの投機が急増するリスクも和らいでいた。日銀は２０２２年12月、ついに異次元緩和の修正に動くことになる。

5 「利上げではない」？　異次元緩和「解体」の一歩

▼２０２２年12月20日（１ドル＝１３５円84銭）「何もいわゆる金利引き上げとか金融引き締めとか、あるいはＹＣＣの見直しとか、そういうことではなくて、むしろＹＣＣがより良く機能するように市場機能の改善を図った」

黒田緩和は大きな節目を迎えた。日銀はこの日の金融政策決定会合で、長期金利の変動容認幅を広げることを決め、上限を0・25％から0・5％へと引き上げた。市場では朝方は１ドル＝１３７円台での取引もあったが、決定を受けて１３２円台へと一気に円高・ドル安が進んだ。

緩和修正が「抜き打ち」の決定になるであろうことは広く市場にも共有されていた。債券売り圧力が強いなか、長期金利の上限引き上げを事前に示唆すると、その時点で金利上昇を見越した売りが膨らみ、引き上げの決定前に従来の目標を放棄せざるを得なくなるからだ。実際、今回の上限引き上げは市場には相当なサプライズとなった。

「利上げではない」「YCCをやめるとか、あるいは出口というようなものでは全くない」「出口政策とか出口戦略の一歩とか、そういうものでは全くない」。黒田氏はこう言い募ったが、市場は「事実上の利上げ」と捉えた。それもそのはず。過去に黒田氏自らが「金利上限の引き上げは利上げに当たる」との見解を示していたからだ。

2022年9月の大阪市での記者会見。長期金利の上限引き上げが利上げや金融引き締めになるのかとの問いに、黒田氏は「それはなると思う」と明言したうえで、「プラスマイナス0・25%の幅をより広くしたら、仮にその上のほうに行けば、明らかに金融緩和の効果を阻害するので、そういうことは考えていない」と答えていた。

主張を翻したことへの正面からの説明はなかった。好意的に解釈すれば、意をくむことは不可能ではない。市場のインフレ予想の高まりによって、名目金利から予想インフレ率を差し引いた「実質金利」が低下し「金融緩和の効果というか力は、ものすごく増加している」と黒田氏は修正決定後の会見で語っており、上限引き上げの引き締め効果が相殺されると考えたフシがある。

「YCCの運用の一部の手直しによって、企業金融への波及がよりスムーズに安定的に起こるということで、景気にはむしろプラスではないか」との主張は、上限引き上げの引き締め効果以上に、市場機能の改善が金融緩和の効果を高めるとの理屈なのかもしれない。それでも主張の変更に関して納得できる説明がなかったことで、日銀はこれからも特段の説明なしに金融緩和の修正に動くことになるとの思惑を市場に植え付けた。

緩和修正の理由に挙げた市場機能の改善は嘘ではないだろう。事前の市場関係者へのアンケート調査でも債券市場の市場機能度の深刻な低下は明らかになっていた。国債利回りを年限ごとに並べて線で結んだイールドカーブ（利回り曲線）でみて、日銀が無理やり0・25％に抑え込んできた10年だけが不自然に凹《へこ》み、社債市場をかく乱していたのも事実だった。

なぜこのタイミングだったのか。「春先から国際的な金融資本市場のボラティリティー（相場変動）が非常に高まって、夏には非常に高いのが一時低下して安定しているようにみえたのに、またこのところ異様に国債市場に大きな影響が出てきて、そしてイールドカーブのゆがみが直らないというか、さらに厳しいものになってきた」と黒田氏は語った。

もう1つ、債券相場の動きを無理やり止める分、外国為替相場の変動を大きくするYCCが抱える副作用もやはり無視できなかっただろう。2022年の春から夏にかけて円安が進んだのも、長期金利を低く抑えたことで、利上げを進める米国などとの内外金利差が広がりやすくなった面は否定できない。日銀は海外投資家の債券売りを力ずくで制圧する「局地戦」を展開し、海外勢を円売りに走らせる誘因をつくった。海外勢に敗北を喫した構図をつくりたくない日銀にとって、11月以降の円安一服は修正のチャンスだったといえる。

黒田氏は円相場との関係について「為替その他への影響というのは、あり得るかもしれないが、そういうことではなくて、あくまでも国債・社債などの債券市場の機能度」を重視したとし、「それを改善する」狙いだと繰り返した。

これらの要因とは別に、政府の側から金融政策の柔軟運営を求められていた可能性も捨てきれない。上述したように、2022年9月の黒田氏の「2、3年後」発言と、それをきっかけにした財務省による円買い介入は、日銀と政権、日銀と財務省の間の連携の乱れをあらわにした。政府サイドが黒田日銀の硬直的な金融政策運営に冷ややかな視線を向けていたことは確かだろう。

さまざまな検証報道を踏まえると、11月10日の黒田氏と岸田首相との首相官邸での会談が転機だったとみられる。日銀側が柔軟な政策運営を持ちかけたとの見方もある半面、岸田首相側が強い調子で柔軟な政策運営を求めたという解説も出ている。

日銀側は政治的な要因を否定するが、政治的な要因であったほうが、むしろ筋は通るかもしれない。その後の動きをみると、この決定はひいき目にみても準備不足であり、裏目に出たといわざるを得ないからだ。かえって市場の緩和修正に対する先走った思惑を呼び込み、海外勢は「次の2023年1月会合で上限引き上げや短期金利のマイナス解除もありうる」といった見立てから投機的な債券売りに拍車をかけた。長期金利は新たな目標の上限である0・5％を上回って推移することも多くなった。市場機能に配慮するはずが、イールドカーブのゆがみはさらに深まり、社債市場は以前にも増して凍り付いた。市場機能の低下がいっそう進んだのである。

▼2023年1月18日（1ドル＝128円72銭）「長期金利の変動幅をさらに拡大する必要があるとは考えていない」「機動的な市場調節運営によって十分に市場の機能度が高まっていくと、YCCの持続可能性は十分担保される」

日銀は難しい立場に置かれた。2023年の年明け以降、副作用の点検と政策修正をにおわせるような一部報道が、海外勢の思惑にさらに火をつけ、債券売りの攻勢は一段と強まった。市場の圧力に押されて目標上限を再び引き上げてしまうと、さらなる緩和修正に向けた投機を刺激するのは火をみるよりも明らかだった。

日銀は、目標上限の再引き上げには応じず、その代わりに「共通担保資金供給オペ」と呼ぶ従来型の金融調節の手段を、金融機関に対して最長10年の長期資金を低利で機動的に供給できる「高火力」の市場安定手段として仕立て直すことにした。地味ではあるが、国債購入策が一部銘柄の「買い占め」に至るなど限界がみえるなか、投機筋のあぶり出しと債券市場の安定、そしてイールドカーブのゆがみ是正に威力を発揮しうるツールだ。

外為市場では、会合の数日前に1ドル＝127円台前半と2022年5月末以来、7カ月半ぶりの円高・ドル安水準を付けていた円相場が、一時131円台まで円安方向に進む場面もあった。会合直後、債券市場で長期金利は上限の0・5％から明確に低下した。

「(目標達成には)なお時間がかかるとみており、物価安定の目標を持続的・安定的に達成できる状況が見通せるようになったとは考えていない」。黒田氏はあくまで金融緩和の継続を訴えた。日銀はこの会合で、黒田体制で最後の展望リポートをまとめた。日本経済の現在地と先行きの見通しを体系立てて説明できる最後の機会だったかもしれない。賃上げの広がりや経済全体の需要不足の解消見通しなど、日本経済に明るい兆しがみえるなかでも、黒田氏は投機筋に揚げ足を取られぬよう、金融緩和を粘り強く続ける姿勢の説明に重きを置いた。国民に向けたメッセージを伝えるよりも、異次元緩和の仕組み自体の延命に必死になる姿がそこにはあった。

黒田緩和という壮大な実験は、デフレ脱却に向けて前進しつつも、カギとなる「インフレ予想」の持ち主である国民との意識共有は達成しきれなかった。政策の副作用の手当てに追われるなかで、後任にバトンタッチする時期が近づいていた。

急激な円安進行とその後の反転を経て、日銀が対応に追われた姿をつぶさにみてきた。たしかに円安は一服したが、時を置いて日銀の突然の緩和修正と市場の混乱へとつながり、黒田日銀の最終盤を非常に慌ただしいものにした。

黒田氏のかたくななまでの緩和継続へのこだわりが折に触れて円安を加速させたが、仮に黒田氏が金融政策の変更に柔軟な姿勢をみせていたとしたら、長期金利の上昇を見越した債券売りが一段と加速した可能性も高い。どちらにせよ日銀は債券買いで応戦せざるを得なくなっただろう。問題は結局、長期金利を人為的に固定しようとしたYCC自体の是非に戻る。

長期金利目標の死守を巡って硬直的な政策運営につながりやすいYCCを続ける限り、債券相場の変動を抑え込んでも、その分、円相場の変動が激しくなるリスクは消えないままだ。短期金利のマイナスやゼロを維持する基本的な金融緩和策は当面変えないにしても、YCCを「解体」に向けてどう軟着陸させるかは、後任の日銀新総裁の大きな課題となる。

日銀の緩和が、政府・日銀間のポリシーミックス（政策の組み合わせ）にも大きな波紋を広げたことも事実だ。

「財政」「金融」「為替」の各政策分野での役割分担は一応、明確にはなっていた。輸入インフレによる景気の下押し防止に関しては、政府の物価高対策、つまり財政出動が主役を担う。日銀は金融緩和を続けて景気を下支えし、政府の対策を側面支援する。円安阻止に向けて直接の対処が必要となれば、財務省が円買い介入に動く。

この構図自体に問題はないが、やはり長期金利を固定する異例の金融緩和策が円安を促し、ジレンマを生んだ面は否めない。日銀は輸入インフレの悪影響を弱めようと金融緩和を続ける。ところが副産物として円安が進むと、かえって輸入インフレが加速し、家計や企業を苦しめる。円安の根本原因はＦＲＢによる猛烈な金融引き締めによるドル高であったにせよ、円安を巡るこうした日本の当局間の矛盾は長続きしないとみて円売り攻勢をかけようとする海外投資家も一時、大挙して押し寄せた。

影響は政府の財政政策に及ぶ。円安でインフレが進むと物価高対策の歳出規模が膨らみかねない。日銀が金利上昇を容認すれば円安は収まる可能性もあるが、そうなると政府が困難に直面する可能性が出てくる。政府債務が膨張するなかでも国債の元利払い金が少なくすんでいるのは、日銀が国債の利回りを低く抑えている力が大きいからだ。財政は日銀が生む円安で歳出膨張リスクを負うと同時に、同じ日銀による低金利維持によって支えられてもいる。非常にいびつな構図がここにある。財政規律の緩みがすぐに新たな円安圧力を生むことはないだろうが、日銀の金融緩和と政府の債務膨張が一体化するなか、円安を媒介に両者が共振作用を起こして加速するリスクには目配りが必要となりそうだ。

円買い介入に関しても、日銀の金融緩和が一因となって生まれた円安圧力に対し、財務省が円買いによって対応する姿は、通貨・金融当局間の足並みの乱れを連想させる。黒田氏の金融緩和にこだわる発言が24年ぶりの円買い介入を呼び込んだ場面は、明確な役割分担の延長線上にありつつも、当局間の対応のちぐはぐさを浮き彫りにした。日銀が金融緩和を通じて円安が進みやすい環境を整えるなか、財務省はどうにかして円安を抑えようと躍起になる。海外投機筋がそんな「股裂き」の状況を突いて円売りで攻めた面はあった。

こうした政府・日銀間の政策協調のいびつさと足並みの乱れが、最終的に日銀の金融緩和の修正圧力につながった可能性はある。政策の枠組みが円安対応巡りもろさをみせたのは、過去の経済対策では円高対応がほとんど「国是」とも呼べる状況であったことと無関係ではないだろう。黒田日銀の異次元緩和はアベノミクスのもと円高是正策の「最終兵器」として登場した歴史を忘れてはならない。円高是正で大きな成果を上げた分、円安到来で直面した悩みも深かった。次章ではこの点を巡る歴史の大きな流れと、円相場が抱える構造的な問題を詳しくみていきたい。

第4章

最終兵器「黒田日銀」の終幕 円相場はどこへ

黒田前日銀総裁は2期10年の任期を全うした（共同通信社提供）

1／「円高恐怖症」と狂乱物価　1970年代の古傷

「円高で困ってきた歴史」

第3章では2022年秋にかけて急激な円安に直面し、かつ自らが円安加速の震源になりつつも金融緩和を貫く日銀の姿を描いた。本章では日本がずっと抱えてきた「円高恐怖症」の歴史を追いつつ、脱円高・脱デフレの「最終兵器」として登場した異次元緩和の位置付けを明確にしたい。振り返るのは「高インフレからデフレへ」と転じ、そのあと「円高から円安へ」と向かった日本経済の停滞の歴史でもある。日銀の新総裁が背負う重い課題を描くことにもなる。

第3章で詳しく追った日銀総裁時代の黒田東彦氏の記者会見のなかで、紹介しなかった興味深い発言がある。2022年10月28日の会見最後。自国通貨の価値を大きく下げる行為は政策の失敗という評価が常識ではないか、との記者の質問に対し、黒田氏はこう切り返した。「為替について、その水準についてとやかく申し上げるつもりはないが、むしろ円高で非常に困ってきた歴史を日本は持っているわけで、世界の中央銀行総裁が共有していると全く思わない」

黒田氏は真実を語っていると思う。日本経済が長い間、輸出産業に打撃を与える円高と戦ってきたのは確かだ。世界の中銀総裁や通貨当局者が多くの場面で、自国通貨安の誘惑にかられてきたこともまた事実だろう。

黒田氏はまさに円高打破の最終兵器となる異次元緩和を繰り出し、「円高で非常に困ってきた歴史」に終止符を打ったはずだった。その黒田氏が日銀総裁としての任期切れを前に「円高で非常に困る」事態を終わらせた功績をたたえられず、家計や一部の企業が「円安で非常に困る」状況のなかで円安に拍車をかけたとの批判に直面したのは、歴史の皮肉ともいえるし、ある面では必然の結果のようにも思える。

なぜ、そういう状況になったのか。理由を探るうえで、まず黒田氏が言及した「円高で非常に困ってきた歴史」を振り返る必要があるだろう。

話は半世紀前にさかのぼる。基軸通貨ドルと金の交換比率を固定したうえで各通貨の対ドル相場を一定にする金・ドル本位制の「ブレトンウッズ体制」のもと、戦後の日本は1ドル＝360円という固定レートに守られ、輸出主導で奇跡的とも形容される経済復興を果たした。1971年8月、当時のニクソン米大統領が電撃的にドルと金の交換停止を表明した「ニクソン・ショック」を機に、世界の通貨秩序と日本の貿易環境は一変する。長い円高の歴史の始まりだ。

もっとも、「円高恐怖症」は変動相場制が生み出したというわけではない。固定相場制のなかで深く潜伏し、すでにニクソン・ショックの前に「発症」していた。円高恐怖症は１９７３年10月に発生した第1次石油危機後の「狂乱物価」に直結していく。円高恐怖症と狂乱物価の意外な関係は、今回わたしたちが体験したインフレを学ぶうえでも貴重な教材を提供してくれる。

ＧＨＱ（連合国軍総司令部）が1ドル＝３６０円の固定レートを設定したのが１９４９年４月。終戦直後の経済の混乱期、占領下で与えられた「補助輪付き」ともいえる過保護な固定レートの世界が20年あまり続き、「聖域」となっていった。

だが、ブレトンウッズ体制下の金・ドル本位制は１９６０年代後半のベトナム戦争の泥沼化のなかできしみ、米国の対外収支の悪化をもたらすようになる。

裏腹に貿易黒字の拡大が目立ち始めたのが西ドイツと日本である。西ドイツが１９６９年に通貨マルクを対ドルで切り上げると、市場では「次は円」という思惑が強まり、投機的な円買いが日本を襲った。１９７１年5月にはマルクが暫定的な変動相場制に移行し、日本国内でも「円切り上げ」を巡る大激論が起こった。ニクソン・ショックの数カ月前のことである。

２０２２年10月に亡くなった経済学の泰斗、小宮隆太郎氏は２００８年掲載の日本経済新聞「私の履歴書」で当時を振り返っている。小宮氏は「日本が外国からインフレを輸入することを防ぎ、世界的な国際収支調整にも寄与するので、円レートを切り上げることが望ましいと考えた」。そこで１９７１年7月、代表幹事の1人となって経済学者の有志36人で「為替政策研究会」をつくり、「円平価の漸進的小刻み調整をすみやかに実施するのが最善」とする提言を公表した。這《は》うように進むことから「クローリング・ペッグ」と呼ばれ、固定レートを少しずつ切り上げて落ち着きどころを探る手法だ。

政府や日銀は円切り上げ論を強く否定した。背景には輸出競争力の大幅な低下を恐れる経済界の激しい反対があった。

1971年7月1日付の日本経済新聞朝刊は日本経済研究センターとともに学者・エコノミストや経営者、政治家ら200人以上を対象に実施したアンケート調査の内容を紹介し、回答者の72%が円の切り上げに原則反対だと伝えた。学者・エコノミストの反対は36%にとどまったのに対し、経営者は91%までが反対に回った。高成長の時代を経ても、1ドル＝360円の固定レートを「過小評価と思わない」とした回答が52%を占め、「思う」の48%をやや上回った。

「エンキリ」が流行語に

ここからは日銀が1980年代に刊行した『日本銀行百年史』などをもとに、「円高恐怖症」と高インフレの顚末をみていこう（百年史の引用箇所は、仮名送りなどの表記を変更したほか、一部に注釈を入れている）。

百年史は「国民階層のほとんどが円切り上げアレルギーとでも称すべき状況」に陥っていたと指摘する。1ドル＝360円の固定相場は「いわば戦後における経済発展の基本的諸前提の一つであるかのようにみなされていたから、円の切り上げに対し大きな不安が抱かれた」。さらに「昭和初頭の金解禁下に生じた深刻な不況への回想がこうした不安を増幅した」のだという。

そうだとすれば円高恐怖症の根源は、ニクソン・ショック前夜よりもずっと前、金本位制の通貨制度に復帰した1930年にさかのぼるのかもしれない。当時の浜口雄幸内閣は金の輸出を解禁して金本位制に戻る際、外国為替相場の水準を円高方向の旧固定レート（旧平価）に無理して戻し、事実上の円の切り上げに踏み切った。

この措置は折からの緊縮財政と決定直後に起きた米国を震源とする世界大恐慌が重なり、強いデフレ圧力を生んだ。昭和恐慌が到来し、やがて政党政治の没落や軍部台頭・軍備拡張へとつながる。そんな戦前のトラウマが終戦から四半世紀たっても残っていたわけだ。

日本社会の奥深くに刻まれていた「円高イコールデフレ」という恐怖心。百年史は「昭和40年代初めごろからとくに顕著となった世界的インフレーション傾向の高まりのなかでの円切り上げについて、その及ぼすデフレーション的影響を過大視したことは明らかに誤りであったといわざるを得ない」と総括している。

そして1971年8月。円切り上げの是非を巡る張り詰めた空気のなか、日本はニクソン・ショックを迎える。1973年にかけての円急騰劇の幕開けである（図4－1）。

政府・日銀はなんとか円の急騰を食い止めようと、為替管理の強化とともに巨額の円売り・ド

図4-1　ニクソン・ショックを機に「円高恐怖症」が深刻に

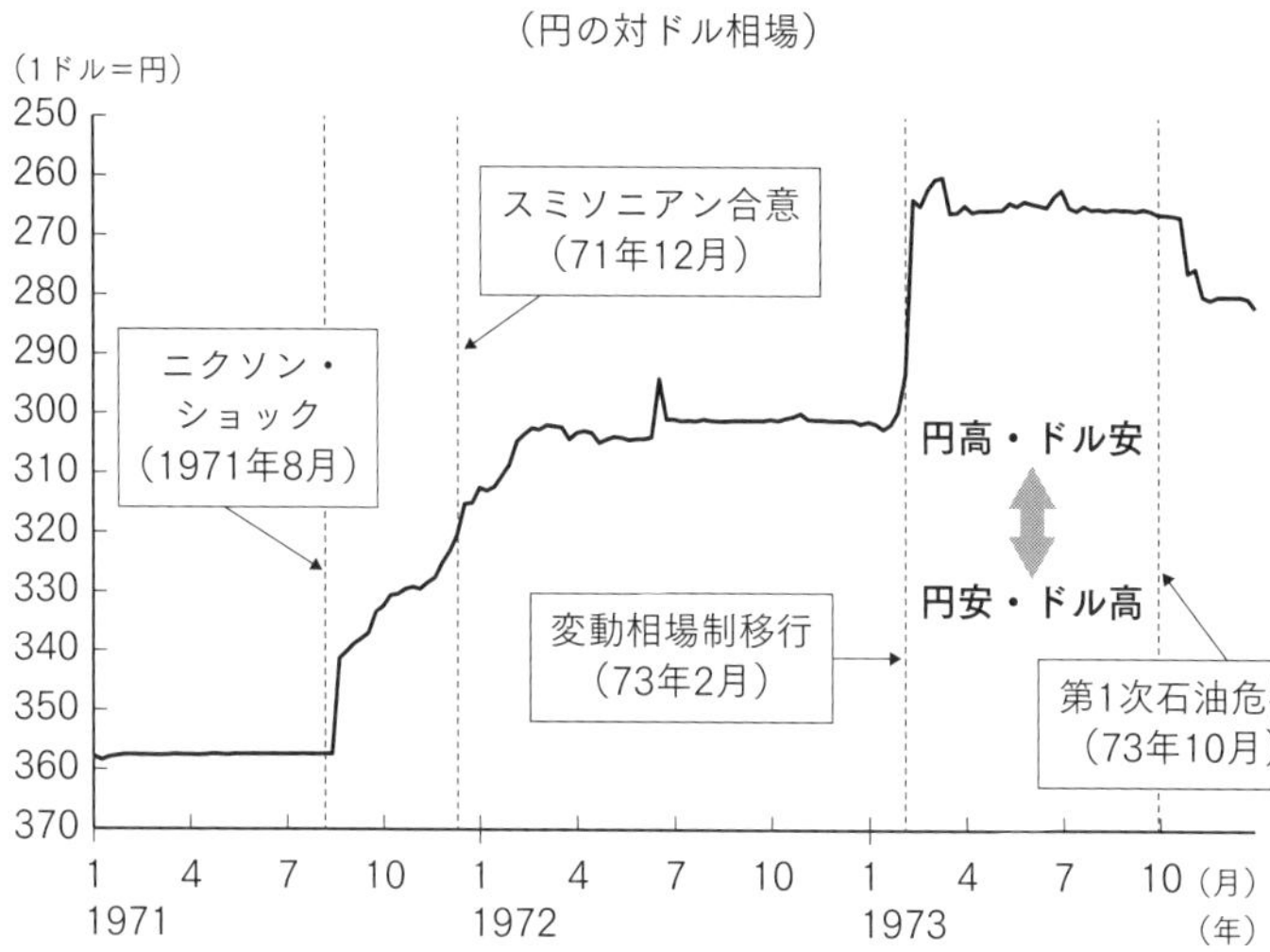

（出所）リフィニティブ、日銀

ル買い介入に乗り出した。介入で当局の売った大量の円資金は金融市場になだれ込み、やがて過剰流動性となって銀行の企業向け融資を後押しし、くすぶるインフレの火に薪《まき》をくべる結果となった。

巨額介入は米欧の円切り上げ圧力にも火をつけた。ニクソン・ショック後、円は一時的な変動相場制を経験するものの、円相場の上昇は1ドル＝330円近辺でしばらくは食い止められた。それでも切り上げを見越した円買いの圧力には耐えられなくなる。

日米欧は1971年12月の「スミソニアン合意」で、新しい固定相場（1ドル＝308円）体制に移行する。その実態は、米欧が日本の為替相場の調整が足りないとにらみ、円を狙い撃ちにして大幅な切り上げを迫った末の国際合意だった。

大幅な円切り上げを受けて国内の悲観論は一段と強まり、円切り上げを略した「エンキリ」は当時の「円高恐怖症」を象徴する流行語となる。政府・日銀はインフレ対応を後回しにして内需拡大に動かざるを得なくなった。「外圧」は円高恐怖症の通奏低音となり、まず高インフレ、次にバブル、最後にデフレを生む。

日銀は1970年10月以降から1年半あまりの間に6回にわたって当時の政策金利である公定歩合を引き下げた。当初は5年近くに及んだ「いざなぎ景気」後の不況対応だったが、とくに利下げの最後の2回、スミソニアン合意直後の1971年12月と翌1972年6月の政策対応は、すでにインフレの兆しが強まっていたさなか、「円高恐怖症」に過度に配慮した「時ならぬ利下げ」であった。

最後の利下げについて、百年史は「佐藤（栄作）首相から、円切り上げ後経済情勢はまだ沈滞しているので、公定歩合を下げてほしい旨の要請を受けたという事情があった」と政治圧力を明らかにしつつも、「公定歩合引き下げがもたらすであろうインフレ的影響についての見方が甘かったこと、さらに通貨価値の安定を最大の使命とする中央銀行としてこの問題への取り組み方が適切でなかったことは遺憾ながら否定できない」と認めている。

「列島改造ブーム」と調整インフレ論

「円高恐怖症」は1972年7月発足の田中角栄政権が主導した「列島改造ブーム」とも深く絡み合う。

当時、景気の拡大が鮮明となっていき、スミソニアン合意で円が大幅に切り上がったのにもかかわらず、日本の貿易黒字はいっこうに減る気配をみせなかった。百年史は「当初過大とみられていた円切り上げ幅も、当時における世界的な景気上昇やインフレ傾向の強まりなどを前提とすればむしろ過小であったことになる」と評価している。

当然、円の再切り上げへの国際圧力は高まる。シュルツ米財務長官は1972年9月の国際通貨基金（IMF）総会で「(国際収支の)黒字国は為替平価を調整すべきであり、これを行わないときは輸入国側が輸入課徴金をかける自由を持つべきだ」と演説した。日本を狙い撃ちした「脅し」に、政府や経済界は震え上がった。

田中首相は同年9月の日中国交正常化を果たした中国訪問からの帰国直後、「国際収支対策は基本的には国内政策を通じて進めるべきであり、円再切り上げは認められない」と米国の圧力に反発した。そのうえで「再切り上げには、中小企業などはとても対応できぬという体制が現状であり、国内政策を行うべきだ。これまでは積極的な政策をとれば物価が上がるからいけないということで、国内政策が中途半端だった」との見解を示した（当時の日本経済新聞記事から引用）。

日本の財政・金融政策は国際収支をどう調整するのか、つまり貿易黒字をどう減らすのかで大きな岐路に立たされた。円の大幅な再切り上げを受け入れるのか、それともインフレを覚悟のうえで内需の拡大策を続けるのか。後者は「調整インフレ論」とも呼ばれた。内需拡大で輸入を増やすだけではなく、ある程度の意図的なインフレを容認して国際競争力の低下を受け入れることで、円高に頼らずとも貿易黒字の縮小を実現できるという考え方だ。列島改造論は当時の国際情勢のなか、円高回避のための調整インフレ論という性格も帯びていった。

危険な賭けだった。卸売物価（今の企業物価）が示す「企業間インフレ」は1972年夏を境に騰勢を強め、「朝鮮戦争時の昭和26年（1951年）以来久しく経験したことのない物価の急騰をみるに至った」(百年史)。注意をしなければならないのは、これが第1次石油危機の1年ほど前の出来事だということである。

日銀は再び過ちを犯す。行き過ぎた金融緩和といえた1972年6月の利下げ以降、日銀は金融引き締め方向への転換を探るが、列島改造論や調整インフレ論が幅をきかすなか、対応は後手に回った。1973年1月にはようやく預金準備率の引き上げにこぎつけるものの、「伝家の宝刀」である公定歩合の引き上げには至らなかった。

なし崩し的に変動相場制へ

スミソニアン合意のもとでの新たな固定相場制も、暴れ出した投機マネーの奔流の前には機能せず、1973年に入ると主要通貨はなし崩し的に変動相場制へとなだれ込む。日本が本格的な変動相場制に移行したのはちょうど半世紀前、1973年2月のことだ。

百年史によると、米欧からの円の再切り上げ圧力に押され、「たまたま予算案が国会審議中で平価変更（固定レートの切り上げ）が困難であるなどの事情からフロート（変動相場）に移行することになった」のが実態だったという。なるべく早く固定相場制に復帰することを念頭に置いた暫定措置だったが、その後、もう固定相場制に戻ることはなかった。

中途半端な移行は「円高恐怖症」とも相まって、当局側に為替相場を管理しようとする姿勢を残存させる要因となったのではないか。円相場は急激な上昇を経て、1ドル＝260円台で落ち着きをみせる。このあと米国を中心に円安誘導に対する批判が長くつきまとうことになる。

変動相場制のもと「このまま円が際限なく上がる」との恐怖心から来る金融再緩和論と、これを機会に金融政策はインフレ対応に専念できるという金融引き締めの加速論。思惑は交錯したが、もはやインフレの加速は座視できなくなっていた。日銀は1973年3月に再び預金準備率を引き上げ、4月にはようやく公定歩合の引き上げに踏み出す。

利上げの回数はこのときを含め1973年8月までに計4回にのぼったが、明らかに手遅れだった。円高恐怖症に押された不適切な利下げと、その後の利上げの大幅なずれ込みは「その間流動性過剰の状態を一段と激化し、インフレ・マインドを著しく根強いものにさせ、本格的引き締め政策がスタートした（昭和）48年（1973年）春の時点では、事態は短期間には収拾しがたいほど悪化していた」（百年史）。

そして「経済活動に対する抑制効果がいまだほとんど現れず、わずかに企業金融面に引き締め効果浸透の兆しがうかがわれはじめた同年（1973年）秋、第1次石油危機が生じ、事態は狂乱物価の発生へとつながった」（同）。危機前にすでに10％を超えていた消費者物価指数の上昇率は1974年には一時25％程度にまで高まったのである。

2 「円高退治」の国論とバブル 1980年代の禍根

黒田氏が称賛した「小宮論文」

小宮隆太郎氏は1976年に発表した論文「昭和四十八、九年インフレーションの原因」で日銀の対応の誤りを批判した。日本経済新聞「私の履歴書」では「当時の日銀幹部が田中角栄首相の『日本列島改造論』に遠慮して金融引き締めが遅れ、マネーサプライが膨張して石油危機以前に大インフレが始まったと私は論じた」と述懐する。円相場に焦点を当てて考えると、「田中首相への遠慮」とは日銀が「円高恐怖症」に押され、田中首相が一時傾斜した事実上の調整インフレ論に消極的に加担したことだと解釈できるだろう。

ちなみに「マネーサプライ」とは金融機関を通じて市中に出回ったお金の総量のことで、日本語では通貨供給量とも呼ばれ、現在の名称は「マネーストック」に変わっている。

興味深いことに、日銀の黒田総裁（当時）は2022年4月のニューヨークでの講演で「狂乱物価」を振り返った際、この小宮氏の論文を取り上げ、「有名な論文が説得的に論じているとおり、1973年10月の第1次石油危機は、行き過ぎた金融緩和により需要が過大となり、インフレ率が既に14%まで上昇していた時に発生した」と指摘した。

さらに「小宮氏は、『石油危機以前からのインフレの高進が、人々の間に強くかつ根強いインフレ予想と将来の供給不足の心配を生み出しており、その傾向が石油危機によっていっそう強められた』と喝破している」と論文の内容を引きつつ、「日本の『狂乱物価』の経験から得られた1つの教訓は、人々の安定的なインフレ予想の重要性だ」と結論付けた。

狂乱物価の教訓

第1次石油危機はアラブ諸国とイスラエルの間で第4次中東戦争が勃発し、アラブ産油国側が石油減産と親イスラエル国家への輸出禁止を決めたことに端を発する。これが日本ですでに進展していた「国内インフレ」の炎に油を注ぐかたちとなった。

今回も新型コロナウイルス禍からしばらくたち、すでに資源高・エネルギー高に直面していた

2022年2月、ロシアがウクライナに侵攻した。「輸入インフレ」「企業間インフレ」に弾みがついたのは、これまでみたとおりである。

当時と今回の共通点は、地政学上の緊張に伴ってエネルギーの供給不安が生じる前から程度の差こそあれインフレ圧力が存在していたことである。だが今回は内需に「国内インフレ」の圧力が鈍く、第2章でみたような「慢性デフレ」とも呼べる心理がなお根強かったことが大きく異なる。

黒田氏は上述の講演で「資源価格上昇の『2次的波及』により、インフレ予想が高まり、賃金と物価のスパイラル的な上昇が生じるリスクがある場合」については「中央銀行が金融引き締めで対応する必要があるケースも存在する」と指摘し、過去の典型例として、これまでみてきた「狂乱物価」時を挙げた。

こうも付け加える。「もっとも資源の大部分を輸入に頼り、もともとデマンドプル型（需要押し上げ型）の国内インフレ圧力も弱い現在の日本経済にとって、今回のような供給要因に基づく資源価格の上昇が賃金と物価の持続的な上昇にただちにつながる可能性は高くない」。日銀の「黒歴史」ともいえる「狂乱物価」時をあえて持ち出し、当時とは状況が異なることを強調し、現在の金融緩和の継続を正当化したわけだ。

当時と今回の違いを分けるカギが「2次的波及」の効果の有無である。この効果は、輸入インフレが国内の消費者物価を押し上げ、賃金の引き上げと共振作用を起こしながら国内のインフレを加速させていく現象を指す。第5章でみるように、米国や英欧などの中銀が消費者物価の上昇が加速するなか利上げを急いだのは、この効果が本格的に表れてしまいインフレに歯止めがかからなくなるのを恐れたためでもある。

ではなぜ、今の日本では「2次的波及効果」が働かないのか。第2章で慢性デフレの背景として「長期にわたる経験への依存」「ノルム（規範）」「合理的無関心」の3条件を挙げたことを思い出そう。

黒田氏は講演で「第2次石油危機に際しては、当時の低位で落ち着いたインフレ予想が迅速な金融引き締め政策の効果を高め、2桁の深刻なインフレを回避することに成功した」と評価した。

しかし、それ以降は「1980年代後半の資産バブルの発生とその崩壊、それに続く長期のデフレの経験を経て、人々の物価に関する期待が長期的に低迷してしまい、それこそが日本の長年の課題となっていることは周知のとおりだ」との見方を示した。

「円高恐怖症」が大きな要因となって日銀が金融政策を誤り、第1次石油危機をきっかけに「狂乱物価」を生んだことはすでにみた。円高を恐れるあまり、政府の拡張路線と日銀の無策が人々のインフレ予想を解き放ってしまった、と言い換えてもよいかもしれない。

本当の円高の恐怖はそのあとからだった。「円高恐怖症」は「外圧」と絡み合いながら日銀や政府の政策の失敗を通じてバブルを生み出す要因となり、最終的にはデフレを招来することになる。これは1985年のドル高是正に向けた国際協調である「プラザ合意」後の急激な円高が大きな伏線となっている。

円安誘導批判と「機関車論」

時計の針を少しだけ戻そう。日本が変動相場制のもとで初めて長期の円高局面に直面したのはプラザ合意の少し前、1977~1978年のことだ。

第1次石油危機後、輸入価格急騰による経常収支の悪化で円相場はいったん下落に向かう。不況と物価高騰が併存する深刻な「スタグフレーション」を経て「狂乱物価」は終息し、景気は回復に転じた。だが内需の伸びは鈍く、1976年の半ばにかけて輸出主導の色彩を強め、日本は貿易収支の黒字をため込んでいく。そんな状況でも、円相場は1ドル=300円近辺での安定した推移が続いた。

ここで日本は国際的な「円安誘導批判」、いわゆる「ダーティーフロート(過度な管理相場)」論に直面し、円相場に上昇圧力がかかり始める。さらには1977年にはG7サミット(7カ国首脳会議)の場で、経常黒字をため込む日本と西ドイツが内需拡大を通じて米国と並ぶ世界経済のけん引役を果たすべきだとの「機関車論」が台頭する。

米国は日本が計上する多額の経常黒字を強く批判し、内需拡大による成長加速とともに円高を通じた為替相場の調整を求めた。円相場は1978年10月に当時の戦後最高値である1ドル＝176円台まで急騰した。

円の急騰がここで食い止められたのは、当時のカーター米政権がドル防衛に動いたのに加え、第2次石油危機が世界を襲ったからだった。日銀は狂乱物価の二の舞いを避けようと金融引き締めに躍起になる。再び経常赤字となるなか、円相場には下落圧力が生じた。百年史では、当時の日銀が円安によるインフレ加速を恐れ、円安を理由に利上げを急ぐ姿が描写されている。円安が進もうともインフレを恐れず、金融緩和を貫いた今回の日銀と好対照をなす。もちろん状況は大きく異なるものの、両者の対比は興味深い。1980年秋以降、インフレ圧力は弱まっていく。百年史は「インフレーションのホームメイド化阻止が成功した」と自賛している。先述のとおり黒田氏の評価では、人々のインフレ予想を「低位で落ち着いた」状態に保ったことが「迅速な金融引き締め政策の効果」を高めたのだとする。

この間、日本の企業は「減量経営」を進めた。当初は円高の恐怖にかられた企業の雇用調整や生産縮小、次いで石油危機を経た省エネルギー対応による技術革新や産業の構造転換が広がり、産業競争力が高まった。円高と石油危機が日本企業を鍛え上げたが、不幸にもそのことが貿易黒字を生み、米国などとの貿易摩擦を激化させる方向に作用していく。

プラザ合意後に円高恐怖症が再発

日本の「成功」とは裏腹に、インフレを完全に鎮火できないまま第2次石油危機を迎えた欧米先進国の多くは深刻なスタグフレーションに悩むことになった。米連邦準備理事会（ＦＲＢ）は１９７９年8月に就任したボルカー議長のもと猛烈な金融引き締めに突き進み、ドル高を生み出す。ＦＲＢは１９８２年夏ごろになると深刻な不況と引き換えに高インフレの鎮圧に成功を収め始めるが、その後もドル高は止まらない。当時のレーガン政権がスタグフレーション体質を克服しようと「強い米国」を掲げ、減税や規制緩和を柱とする供給サイド重視の経済政策、いわゆる「レーガノミクス」を打ち出していたからだ。

米国では企業の設備投資が大きく伸びる半面、家計では減税分が消費に回り、当初のもくろみは外れ企業の投資を支えるはずの貯蓄がすり減っていった。財政は減税に軍事費の歳出膨張が重なり悪化した。１９８２年末以降の内需拡大に引き寄せられ、世界の資金は米国に集まるようになる。「強いドル」が実現する裏で、経常と財政の両収支の赤字拡大、いわゆる「双子の赤字」問題が深刻になっていく。

日本では国内景気の停滞が続くなか、経常黒字が膨らみつつも円安が進む珍しい状況となった。問題の根本は米国側の「ドル高」や「双子の赤字」にあったのにもかかわらず、米国を筆頭に国際社会は日本への批判を強め、円安是正や市場の対外開放を強く求めるようになる。

図4-2　プラザ合意後の強烈な円高がバブルの伏線に

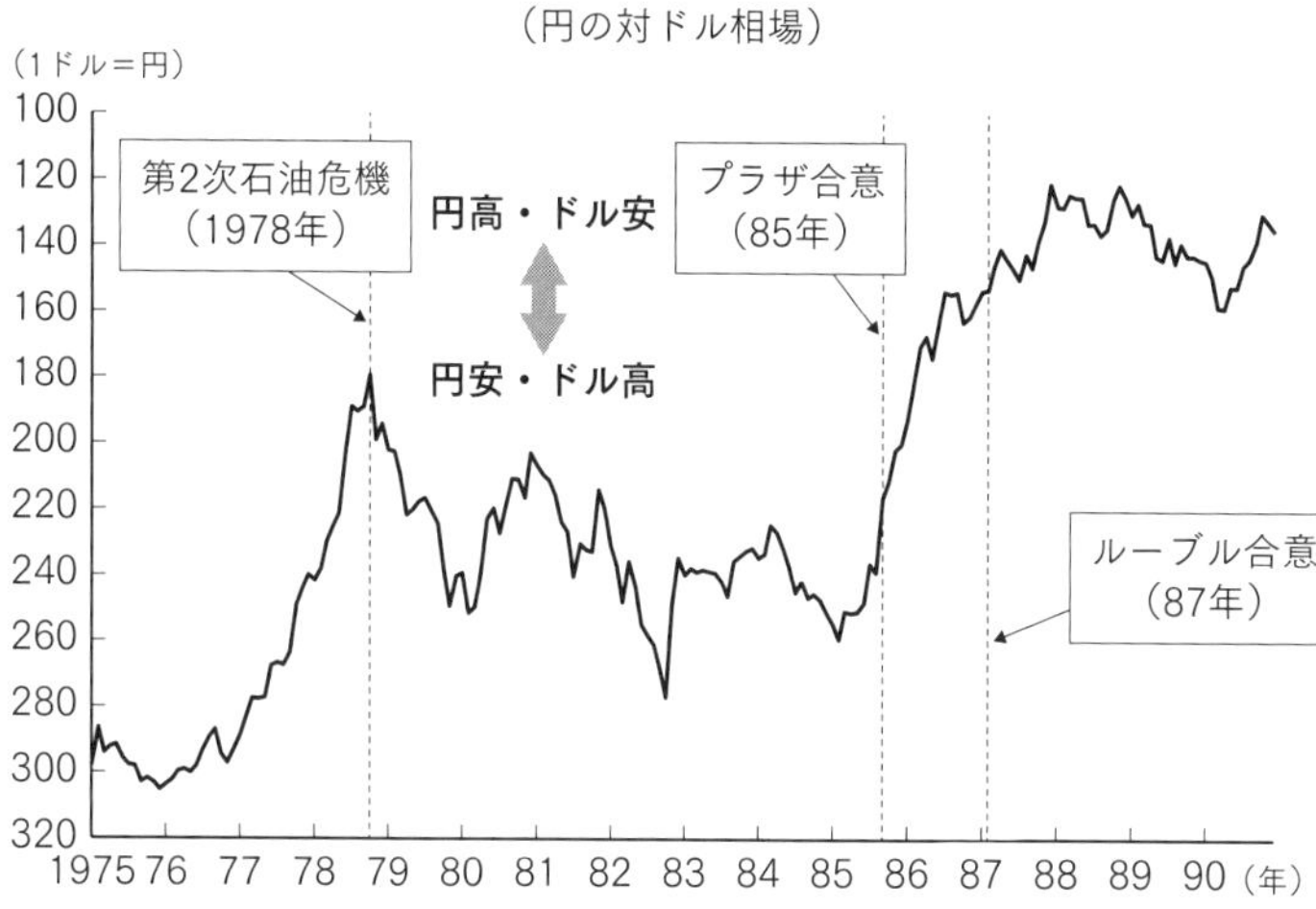

（出所）リフィニティブ

やがて「双子の赤字」の重荷に耐えきれなくなった米国はドル安と円高・西独マルク高を軸とした為替相場の調整による対外不均衡の改善を試み、1985年、日米欧5カ国の蔵相・中銀総裁がドル高是正で合意する。これが「プラザ合意」だ。米国で保護主義が急激に広がり、日米貿易摩擦がかつてなく激しくなるなか、日本も為替相場の調整に応じる覚悟を決めざるを得なかった。

プラザ合意を機に日米欧は協調介入に乗り出し、円相場は合意前の1985年2月の1ドル＝263円程度を底値に、1986年秋には151円台へと急騰する（図4－2）。日本の経済界に再び「円高恐怖症」を広げるのには十分な勢いだった。当初、拡張的な政策対応に及び腰だった政府・日銀も財政出動や金融緩和を迫られていく。決定的だったのは「円高恐怖症」を再発した企業マインドの悪化が鮮明となり、日本の景気が「円高不況」に陥ったことだ。

「円高恐怖症」でバブル抑制に動けず

プラザ合意後、ドルは当局者らの予想をはるかに上回って下落する。1987年2月には行き過ぎたドル安を食い止めようと、日米欧7カ国(G7)の蔵相・中銀総裁は為替レートの安定へ協力する「ルーブル合意」でまとまる。円高恐怖症と国際協調路線のもと、対外的には「ドル防衛」、国内的には「円高是正」という観点から、金融緩和がさらに強く求められるようになる。

日銀は1986年に入って金融緩和を積極的に進め、1月の単独利下げを経て3月には日米独が利下げでそろい踏みした。4月にも日米協調で利下げに動き、11月の利下げ後には日米蔵相が為替安定のための共同声明を出した。翌1987年2月にはルーブル合意にあわせて利下げに踏み切る。

のちに日銀総裁となる白川方明氏は2000年の日銀企画室審議役時代、当時、金融研究所長の翁邦雄氏らとの共同論文で「円高による景気後退、国内経済の空洞化などの懸念から円高阻止がいわば『国論』となるような雰囲気の中で、金融政策の運営上、為替相場の安定確保、とりわけ円高抑制に大きなウエートがかけられた」と指摘し、1986年11月と1987年2月の2回の引き下げについて「為替相場と強くリンクした公定歩合の引き下げという性格は特に顕著であった」との見解を示している。

財政政策に関しては当初の財政再建路線のもと本格的な対応が出遅れ、金融政策に過度に依存する状況になり、過剰流動性の種をまいたとの見方が一般的だ。その一方で、半導体摩擦が深刻になるなか、当時の中曽根康弘政権が大蔵省（現財務省）の財政再建路線を覆して1987年5月にまとめた6兆円規模の緊急経済対策は「遅すぎた財政拡張」となり、景気の過熱を加速させたとの評価も聞かれる。

結果的に円高そのものは続くなかでも円高不況は短期間で終わり、景気は1986年末から拡大局面に入った。現在では「バブル景気」という通称がついている。1987年以降の金融・財政政策が経済に余計な刺激効果を与えた可能性は捨てきれない。すでに株価や地価などの資産価格の高騰といった副作用が目立ち始めていた。

それでも日銀は金融引き締めには動けなかった。「円高恐怖症」は根強く、貿易摩擦が激しいなか対外収支の不均衡是正も途上だったからだ。

1970年代前半の列島改造ブームも過剰流動性に基づく株や土地のバブルの様相を呈していた。日銀の金融引き締めは当時も「円高恐怖症」のせいで出遅れたものの、急激なインフレが引き締めを急ぐ大義名分を与えた。ところが1980年代後半のバブル当時は、市中に出回ったお金の量であるマネーサプライが伸びを高めた半面、モノやサービスの一般的な物価の上昇は目立たず、インフレ対応という大義名分が立ちにくかった。

さらに当時の関係者らがほぼ口をそろえるのが、1987年10月の米株式市場に端を発した世界的な株価急落劇「ブラックマンデー」によって政策転換を遅らせざるを得なかった、という点である。

日銀が利上げに踏み切ったのは1989年5月になってから。円高は1988年11月の1ドル＝120円程度をピークに収まり、ジャパンマネーが海外資産を買いあさるなか円安圧力が優勢となる。国内も住宅価格が一般の国民には手が届かない水準に高騰し、バブル潰しを期待する世論が強まり始める。株価は1990年初から急落を始めたが、地価の高騰はまだ続いていた。

大蔵省は1990年3月に金融機関に不動産向けの融資を制限する「総量規制」と呼ぶ行政指導を実施した。日銀では1989年12月、総裁が「円高恐怖症」と「外圧」のなか国際協調路線の名のもとに金融緩和を進めた澄田智氏（ただし1989年には2度の利上げを実行）から三重野康氏に交代し、就任直後から積極的に利上げを進め、「平成の鬼平」との異名で喝采を浴びた。

バブル潰しは、やがて猛烈な資産デフレとなって金融機関の不良債権問題へと飛び火する。地価下落のマグニチュードを読み誤った不良債権処理の先送り論が優勢となり、抜本的な解決に向けた公的資金の注入議論は複雑な政治問題となって暗礁に乗り上げた。日本は1990年代後半以降、金融不安の時代に突入する。

最初の「円高恐怖症」は長すぎる金融緩和を通じて1970年代に高インフレを生み、その反省から第2次石油危機では日銀は断固たる金融引き締めに動き、「狂乱物価」の再来を防いだ。だがプラザ合意後の次の「円高恐怖症」の局面ではその教訓は生かされず、再びの長期緩和が、こんどは「狂乱株価」「狂乱地価」を招いた。その破裂を経た資産デフレの先には、緩やかながらもしつこい一般物価のデフレが待っていたのである。

3 「円高・デフレ」の混沌の末に　黒田日銀の始動

金融危機を経てデフレ認定へ

バブル崩壊後、円高は収まるどころか加速した。円相場は1990年4月の1ドル＝160円台前半を底値に急激な上昇に転じる。1994年6月にはついに1ドル＝100円を突破し、1995年4月には当時の戦後最高値1ドル＝79円75銭を付ける。「超円高」と呼ばれたころだ(図4－3)。

バブルがはじけて内需拡大の「幻」から覚めた日本経済は再び輸出依存となり、経常黒字が膨らんでいった。自動車・同部品の分野を中心に日米貿易摩擦が激化するなか、当時のクリントン

図4-3　バブル崩壊後の円高が黒田日銀を生んだ

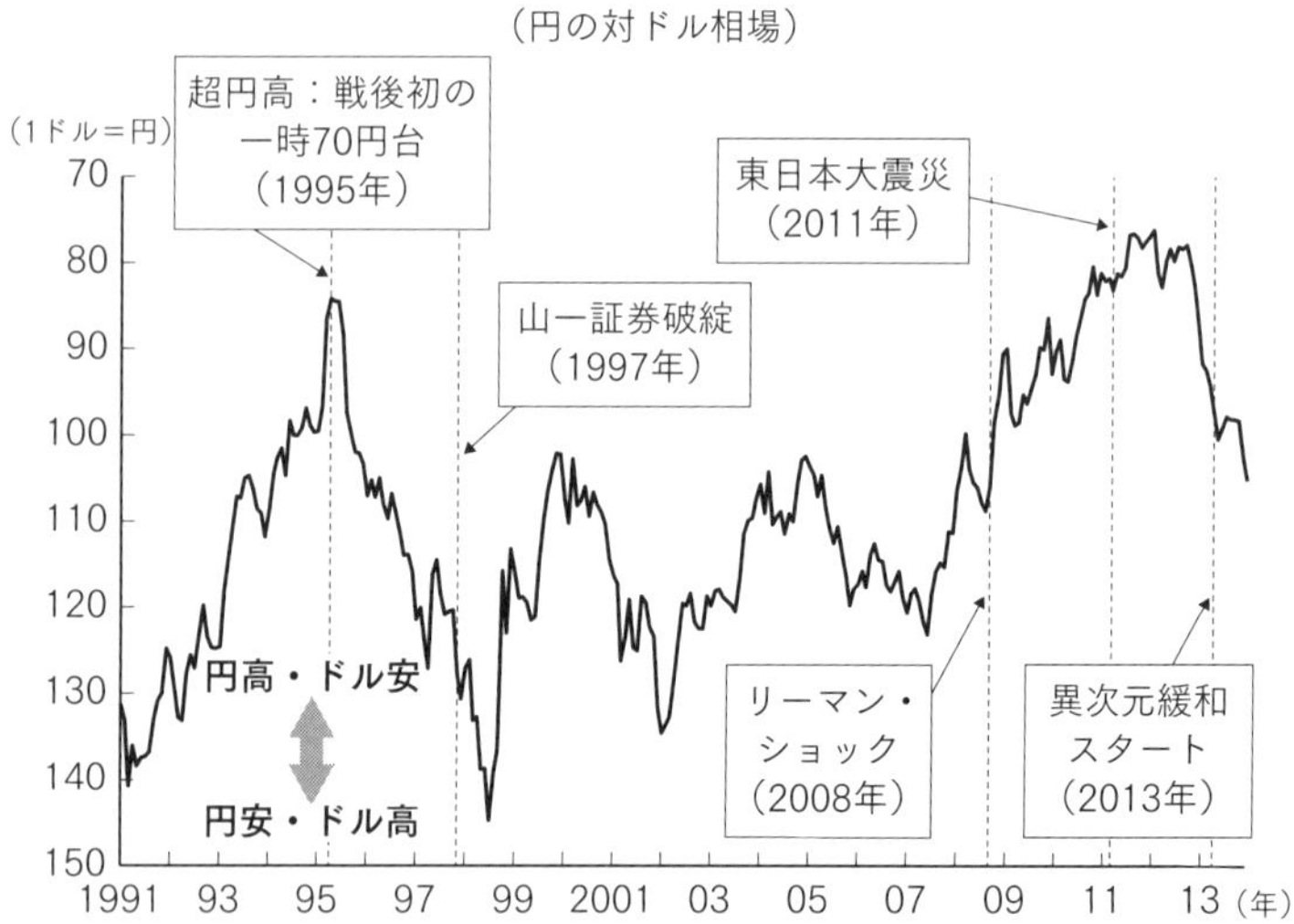

（出所）リフィニティブ

政権の高官らはあからさまに対日圧力を強め、市場の円買い・ドル売りを誘発した。FRBの予防的な金融引き締めの余波で1994年12月にメキシコ通貨危機が起きると、ドル不安も加わった。

1995年、日米欧7カ国（G7）の金融当局は過度なドル安阻止でまとまった。日本では旧大蔵省が大規模な円売り介入に動き、日銀は同年9月に公定歩合を当時史上最低の0・5%にまで下げ、円高圧力を鎮圧した。だが、その後の日本の焦点は前述のとおり、金融システム不安に移っていく。アジア金融危機も重なり、むしろ円安防止が大きなテーマになる時期が続いた。

金融危機下の円安が一巡すると、1998年夏を境に円相場は再び上昇に転じる。国内では物価下落の傾向も強まり、円高抑止とデフレ克服が日銀に課せられるようになる。すでに1990年代後半以降には主な物価指標である消費者物価や国内総生産（GDP）デフレーターの下落傾向が始まっていた。内閣府がデフレを「継続的な下落」と定義し、日本をデフレ状態だと認定したのは2001年3月である。

ゼロ金利解除を強行、深まる政府との溝

バブル崩壊後の度重なる金融緩和で利下げ余地が尽きかけていた日銀は1999年2月、未踏の領域だった「ゼロ金利政策」に踏み切る。公定歩合に代わる政策金利と位置付けていた市場金利の無担保コール翌日物が事実上ゼロ％になるよう誘導していく政策だ。

伝統的なセントラルバンカーにとって「金利ゼロ」は耐えられない状況だった。当時の速水優総裁もこの異例の策を一刻でも早くやめたがった。日銀は2000年8月、外需主導の景気の持ち直し傾向を捉えてゼロ金利政策の解除を強行する。政府の参加者は反対の意思を表示するため「議決延期請求権」を行使したが、日銀はこれを否決した。

日銀はゼロ金利政策を「デフレ懸念の払拭が展望できるような情勢になるまで続ける」と約束していた。将来の政策のあり方をあらかじめ縛るやり方は、当時の呼び方で「時間軸効果」、今で言う「フォワードガイダンス（先行き指針）」の性格を備えていたが、結果的に反故《ほご》になった。果たして解除の条件は満たしていたのか。「デフレ懸念の払拭が展望できるまで」という言葉の

定義があいまいだったこともあり、当時の評価でも微妙だった。物価の下落傾向が続くなか、日銀幹部らは技術革新などを理由に挙げ、「良い物価下落論」と呼ばれた主張を唱えた。内需の回復の鈍さにも、企業が利益をため込めば、いつかダムにたまった水を放流するように設備投資や賃上げにつながるとの「ダム論」を掲げた。なにより不良債権問題は抜本処理に至っておらず、日本経済はもろさを抱えたままであった。

海外景気の改善の実態は、米ＩＴ（情報技術）バブルによるものだった。バブル崩壊による景気下振れを受け、日銀はゼロ金利解除から半年ほどで金融緩和を迫られる。政府との溝は決定的となった。日銀ＯＢの間には当時の政策判断に誤りはなかったとの反論もあるが、少なくとも、ここでの信認の喪失は後々まで日銀の金融政策や独立性のあり方に禍根を残すことになる。

日銀は２００１年３月には金融政策の一大転換である「量的緩和」の導入へと追い込まれる。金融機関の手元資金の総量である「日銀当座預金」の残高水準を目標に据え、日銀が市場から国債を買うなどしてお金を大量に流す仕組みだ。その後の世界金融危機への対応では米欧も含めた「非伝統的」な金融政策のスタンダードとなった手法の先取りだが、当時の日銀は利下げという強力な手段を奪われたなか、資金供給量の拡大や長期国債の買い入れの増加といった緩和手段を逐次投入したものの、景気や物価の押し上げ役としては決定打を欠いた。

日銀の独立性と政策の透明性を高めた新日銀法が１９９８年４月に施行されたばかりだった。

国際的な議論では、中銀の独立性を高める狙いは高インフレの防止にあった。中銀が政府の「便利な財布」になって高インフレを起こしてきた歴史の反省に立つ。だが日本の場合、独立性を得た段階ですでにデフレに入りつつあった点が大きな不幸となった。

インフレへの対抗策には利上げという強力な武器があるが、利下げ余地をなくした日銀は伝統的な意味での金融緩和の手段を失い、暗中模索の時期に入った。金利がゼロになったあとの金融の「量的拡大」の決め手には長期国債の買い入れが挙げられるが、その急激な拡大には日銀内に「戦前戦後の高インフレを生んだ国債の直接引き受けと変わらなくなる」などとして、インフレ抑制と中銀の独立性という両方の観点から、強いアレルギー反応を生んだ。

「インフレ対応に必要なのは中銀の独立、デフレ対応に必要なのは政府との協調」とよくいわれる。後付けの理屈でいえば、政府からの独立を果たした「新生日銀」への強い気概が、「ゼロ金利後」の政策展開を縛るかたちとなり、さまざまな政治とのあつれきを生む遠因になった面は否定できないように思う。のちの日銀総裁、黒田氏は２００５年の著書で「政府から独立して以降は独立性を発揮することに汲々《きゅうきゅう》としてデフレ歓迎の姿勢すら示していた」と苛烈な批判を投げかけている。

それでも２００２年１月を底に景気は緩やかながら回復に転じる。速水日銀は「量」の効果には確信を持てぬまま、２００１年４月に発足した小泉純一郎政権の構造改革や不良債権の最終処理を側面支援する狙いから、長期国債の買い取りを伴う量的緩和の拡大を進めた。金融緩和策ではなく金融システム安定策として、銀行保有株の買い取りという思い切った措置にも出ていた。２００３年５月にはりそな銀行の実質国有化が決まり、不良債権処理も最終局面を迎えつつあった。

その直前、速水氏の後を継いで２００３年３月に総裁に就いた福井俊彦氏は、本音は別として量的緩和に効果があるように振る舞うことに秀でており、就任１年ほどは積極的な金融緩和姿勢をアピールした。その一方で、速水体制とは異なり、長期国債の買い取り増額を一貫して避けるなど、将来の量的縮小を容易にしやすくする工夫も忘れなかった。量的緩和の「出口」も周到に意識していたのである。

景気回復の長期化や物価の緩やかな上昇傾向を受け、福井氏をはじめ、日銀幹部らは「タカ派」の顔をみせる。２００６年３月には量的緩和政策の解除を決め、同年７月にはゼロ金利の解除（利上げ）も決めた。２００７年２月には追加利上げにも動いた。

ここで登場するのが、のちに黒田日銀を生み出すことになる安倍晋三氏だ。２００６年３月当時に官房長官だった安倍氏は、量的緩和の解除に最後まで反対姿勢を続けたことが知られている。ゼロ金利の解除と追加利上げにも官房長官、首相として日銀と向き合った。

安倍氏はとりわけ量的緩和の解除に際し、日銀への不信感を募らせた。実際、安倍氏はのちに国会で「(日銀は2006年)3月に量的緩和を解除した。その後、経済はよくなってはいくのだが、そのことが、やはりデフレからの脱却においては足を引っ張っていたのは事実」と答弁している(2013年4月)。

安倍氏は2007年に健康問題で首相を辞任したあと、2009年以降の自民党の野党時代にいわゆる「リフレ派」との邂逅《かいこう》を経て、金融緩和をテコにデフレ脱却を図る策を練る。2012年の自民党の総裁選で勝利すると、同年の総選挙では大胆な金融緩和を旗印に政権の奪還を果たし、2012年12月に首相の座に返り咲いた。2006年の量的緩和の解除は、政権の経済政策「アベノミクス」の柱である黒田日銀による異次元緩和へとつながる大きな伏線となった。

政治の混乱が生んだ白川日銀

2002年から2008年にかけて日本経済は緩やかながらも戦後最長の景気回復を経験する。世界的にも「大いなる安定」と呼ばれ、緩やかな経済成長と物価の低位安定を謳歌したが、その安定は米住宅バブルを中心に金融面にさまざまな不均衡が蓄積されるなかで成り立つものだった。高度な金融技術による「リスク分散」の名のもとに、返済能力の低い借り手のローンを束にした「サブプライムローン」が金融システムの端々にまで行き渡っていた。2007年にかけて米住宅バブルの破裂が明確になると、世界的な金融システム不安へと波及し、2008年9月の米投資銀行リーマン・ブラザーズの経営破綻を機に世界は金融危機へと突入する。

危機に日銀総裁として対処したのが2008年4月に就任した白川方明氏だ。野党の民主党が参院で第1党となる「ねじれ」状態のなか政府の指名した総裁候補が国会で相次いで否決され、同年3月に日銀プロパーの副総裁として就任した白川氏が総裁代行の立場となり、総裁としての指名を得た。政治の混乱が白川日銀を生み出した。

いわゆるリーマン・ショック後、世界の金融市場が機能不全に陥るなか、白川日銀は各国中銀と連携しつつ矢継ぎ早に危機対応策を打ったが、すぐに危機が生んだ急激な円高に手を焼くことになる。極端にリスクを避けるムードのもと、当時まだ「安全資産」とされていた円に資金が流れ込み、円相場は1ドル＝100円の節目を突破し、次いで90円をも割り込む水準にまで急伸した。

とくに2008年10月上旬に主要国が協調利下げに動いた際、日銀が参加しなかったことが円高の加速を招いたとの声も出て、「白川日銀は緩和に消極的」というレッテルを貼られるきっかけとなった。

白川氏は総裁退任後の著書で、「当時の内外金利差に関する単純な事実を無視した主張だと思う」と指摘している。安全資産とされた円への需要が急激に強まったうえ、長期金利はすでに主要国で最低レベルに下がっていた。各国が金融緩和に走る状況では長期金利でみた内外金利差の縮小は避けられなかったというわけだ。2022年の黒田日銀が置かれたのと正反対の状況だったことになる。

白川氏は著書で「円が安全通貨であることと、日本の金利水準がゼロ金利制約に直面する中で長期金利が世界で最低水準になっているという現実の持つ意味はほとんど理解されず、この後も日本銀行は、消極的な金融政策が円高を招いたという批判に悩まされ続けることになった」と振り返る。

白川日銀は金融危機の急性症状が収束したあと、景気停滞と物価の下落圧力という日本経済が抱える慢性症状に悩まされ、「脱デフレ」「脱円高」への対応を問う大合唱に直面する。2009年に自民党から民主党への政権交代が起きると、野党時代には日銀の独立性を尊重する声も多かった民主党は円高や物価下落のなか、経済政策の手詰まりと政策運営の稚拙さを露呈し、次第に「日銀頼み」の様相を強めていく。

民主党政権の意向のもと2009年11月には内閣府が改めて日本の現状を「緩やかなデフレ状態にある」と認定した。デフレという言葉を嫌ってきた日銀だが、不毛な定義論争は避けた白川氏は政府に足並みを合わせ、現状を「デフレ」だと認めた。それは結局、政治からさらなる緩和圧力を呼び込むことになった。

2010年8月には米景気不安とFRBによる米国債の購入拡大措置を受けてドル安が急速に進み、円相場は1ドル＝84円台と15年ぶりの円高・ドル安水準を付けた。欧米では金融危機後の景気回復が弱々しいなか、自国通貨安をテコに輸出に活路を見いだそうとする空気が広がっていく。日本の円には消去法的な買い圧力が集中した。

産業界では深刻な「円高恐怖症」が再発し、当時の菅直人政権は慌てて日銀に一段の圧力をかける。日本列島はさながら円高恐怖症による集団ヒステリーの状態に陥ったようだった。

筆者は当時、取材現場で金融政策や為替市場を担当するグループのキャップとして円高や日銀の金融政策の取材に右往左往していた。ほぼ同時期に、日銀サイドから「日銀の金融緩和が足りないと決めつけるのはおかしい」、別のところからは「日銀はなぜ自らの責任を全く果たそうとしないのか」と、正反対の内容を非常に強い口調で責められた記憶が残る。記者を責めても意味はないのだが、今思えば、それだけ円高と日銀を巡る緊張感が高まっていたということなのだろう。

各国の金融政策が景気浮揚に向けた通貨安競争の様相を呈するなか、日銀は当時のバーナンキFRB議長からも「攻撃」を受ける。2010年8月。白川氏も参加した毎年夏恒例のジャクソンホール会議でバーナンキ氏は「量的緩和第2弾」と呼ばれる追加緩和を予告し、市場は事実上のドル安誘導だと受け止めた。

同じころ、国内でも民主党政権は代表選を巡る混乱で経済政策の策定がままならず、菅首相は日銀から追加緩和を引き出そうと白川氏との直接会談を明言した。白川氏はジャクソンホール会議参加のための出張を急きょ切り上げて帰国し、日銀は臨時会合を開いて資金供給を拡充する追加緩和を決めた。だが、「小出し」「後手」という白川日銀への批判がやむことはなかった。

日銀は2010年10月、劣勢を覆す渾身《こんしん》の一手として「包括緩和」を打ち出す。中銀の金融政策としては極めて異例の措置である株価指数連動型の上場投資信託（ETF）や不動産投資信託（REIT）の直接買い取りの導入、政策金利の事実上のゼロ金利回帰、量的緩和に向けた国債買い取り用の基金創設と、考えられる措置をすべて盛り込んだ。ヒステリックなまでの日銀批判はいくぶん鎮まったものの、海外ではFRBの金融緩和路線が続き、欧州では債務危機が勃発した。円高の流れを完全に反転させるまでには至らなかった。

円高は2011年3月の東日本大震災によってピークを迎える。原子力発電所の事故も重なる国難に、市場は無情にも猛烈な円買いを浴びせる。日本の機関投資家が海外で運用している資金を国内に戻す、といった観測が広がり、円高に弾みがついた。同年10月には1ドル＝75円32銭を付け、これが現時点での戦後最高値となっている。

アベノミクスの先兵となった日銀

そして2012年の総選挙。前述のとおり、野党自民党の総裁に返り咲いた安倍氏は大胆な金融緩和を実現すべく政府・日銀の連携強化を掲げ、日銀法の改正も辞さない構えを示した。金融政策のあり方が争点になる異様な選挙で自民党は圧倒的な勝利を収め、安倍氏はのちに憲政史上最長となる長期政権の地歩を固める。白川日銀時代の最終盤の2013年1月、政府と日銀はデフレ克服に向けた共同声明をまとめ、政府・日銀の連携強化をうたい、日銀はここで初めて2％のインフレ目標を掲げた。

2013年2月、安倍氏は「大胆な金融政策」「機動的な財政政策」「成長戦略」からなる政権の経済政策であるアベノミクスの「3本の矢」の核となる金融緩和を任せる人物として当時アジア開発銀行総裁だった黒田氏を日銀総裁に指名し、黒田氏は議会の同意を得て同年3月に就任した。黒田日銀の誕生である。

第2次安倍政権の誕生後から金融政策の大転換を見越して円安が進み、株高を呼んだ。アベノミクスの起動は、ちょうど2012年末にかけて欧州債務危機が収束に向かい、安全資産としての円買い圧力が弱まったタイミングと重なった。

当時、日銀関係者からは「安倍氏が勝利しなくても円安にはなっていた。運が良かっただけ」との声も聞かれたが、実態がどうあれ、安倍氏の戦略がずばり当たったのは明らかだった。急激な円安・株高というこれ以上ない「政治資本」を得て、日本経済の復活に向けた経済政策が次々と推進される環境が整ったはずだった。その先兵を担ったのが黒田日銀である。

黒田氏は総裁候補としての国会の所信聴取で「デフレ脱却、物価安定の責任・責務は日本では日本銀行にある」と表明し、「現行日銀法は1997年に改正され1998年から施行されているなかで、物価の安定という責務を中央銀行として果たしてこられなかったことは事実であり、それは反省しなければならない」と言い切った。

2人の副総裁には反日銀を代表する「リフレ派」で日銀の天敵ともいわれた経済学者の岩田規久男氏、日銀プロパーの中曽宏氏を充て、組織運営上のバランスをとった。

黒田氏は日銀総裁に就任すると、職員向けに白川時代の金融政策をほぼ全否定する演説をぶち、政策の大転換を突貫工事で進めた。

就任からわずか2週間後、2013年4月4日には早くも「質的・量的金融緩和」、いわゆる「異次元緩和」を決定する。物価安定の目標は「2%」。達成期間は「2年」。マネタリーベース（資金供給量）は「2年」で「2倍」に。国債の保有額・平均残存期間は「2年」で「2倍以上」に。黒田氏は記者会見で視覚に訴える「2」という数字をずらりと配したパネルをテーブルの上に掲げ、自信たっぷりに説明した。「量的にみても、質的にみても、これまでとは全く次元の違う金融緩和を行う」「戦力の逐次投入をせずに、現時点で必要な政策をすべて講じた」

円安・株高はさらに進んだ。アベノミクスは前途洋々であった。

4　「2年で2％」の約束の挫折　黒田日銀の漂流

「円高ファイター」、クロダ

歴史をたどると、40年以上に及ぶ「円高恐怖症」に「デフレ脱却論」が重なったなか、日銀への批判が極限まで高まり、それを巧みに利用した安倍氏が第2次政権で圧倒的な政治権力を手中に収め、黒田日銀を生み出した経緯が鮮明に浮かび上がる。

金融政策を根本から変えることを自らの再起の中心テーマに据えた安倍氏にとって、日銀と浅からぬ因縁を持ち、バブル崩壊後の日銀の金融緩和に不満を強く抱いた黒田氏はこのうえない総裁候補であっただろう。

黒田氏は1999年から2003年まで財務省で為替政策の指揮を執る財務官の任にあった。「円高ファイター」として在任中に30回以上の円売り介入に動き、総額は13兆5000億円強にのぼった。その過程で日本経済をむしばむデフレ傾向に危機感を募らせ、円高とデフレの悪循環が起きつつあるとの懸念を抱くようになる。同時に日銀に対し、円高とデフレの両方に有効に対処できていないという不満を募らせていく。

内閣府の経済社会総合研究所がまとめた「バブル／デフレ期の日本経済と経済政策」のインタビュー編に証言者として登場した黒田氏は、２００９年のインタビュー時点で財務官時代を含む為替政策への取り組みを「振り返ってみると、やっぱり異常な円高をどう防止するかというのが一番大きかったような感じがします」と総括している。

「ちょっと調子良くなると円が大きく上がって、時期尚早な円高というような状況があり、景気を停滞させることが何度も何度もあるのですよね。だからそれをどうやって防止するかが課題でした」

そして金融政策の持つ力の強大さに思いを強くしていく。「為替政策が金融政策を動かすことはできないのですけれども、金融政策が為替を動かすことはできるのですよね。圧倒的に量が違いますからね」。さらに「為替はいくら介入してみても、金額的には日銀のマーケットオペレーションの足元にも及ばない」と為替政策の限界に言及し、「日銀のやれる範囲というのはものすごく大きいですね」と語った。

そのうえで「金融政策というのは当然為替にも影響が出てくるし、当然為替が動けば物価や景気にも影響するということです」と踏み込み、日銀の金融政策運営には「どうも時に必ずしも為替への影響を十分考慮していないのではないかと思われることがあります」と苦言を呈した。

ゼロ金利解除「全く理解を超える」

黒田氏が財務官を務めた期間は、前述のとおり日銀の金融政策がゼロ金利政策の解除、その後の量的緩和の導入・拡大と、激動していた時期と重なる。

ゼロ金利政策下の1999年9月は円高が進むなか、黒田氏は財務官としてのデビューとなるG7蔵相・中央銀行総裁会議を迎える。大蔵省はG7会議に先立ち「米国側が日米協調の円売り介入を認めるには、日銀による一段の金融緩和が条件」との見方を強め、日銀に対応を促した。市場も金融緩和を完全に織り込んだ。ところがフタを開けると、日銀は完全な「ゼロ回答」。はしごを外された市場は円高・株安で応じた。

当時総裁の速水氏は、金融緩和を拒否した決定会合で「為替相場そのものに金融政策を直接割り当てるのが適当でないことも、かつてのバブルの発生・崩壊の過程から得られた私どもの貴重な教訓だ」と発言していたことが議事録で判明している。

黒田氏はG7の共同声明で「円高懸念の共有」という文言を勝ち取ったものの、金融緩和の姿勢を巡って混乱し、円相場の振れ幅を大きくした日銀に対し、不信感を募らせた可能性は十分にある。

当時の日銀は、円売り介入の資金を金融市場に放置する、いわゆる「非不胎化介入」に慎重な姿勢をとり、市場の失望を招いていた。黒田氏は、先のインタビューで「理論的にはっきりしているのは、いろいろなスタディーでも不胎化介入が永続的な効果を持つということはなかなか検証できないなと」と話し、為替介入と一体となった金融緩和の必要性を強調している。

2000年8月のゼロ金利解除についても手厳しい。「デフレが続いて物価が下がっている中で、なぜそのときにゼロ金利政策の解除をやるのか、というのは全く理解を超えていましたから」と批判している。「デフレが続いているときに円高にしたら、またデフレになっていくので、あれはちょっと考えられない政策です」とも語っていた。

黒田氏の日銀に対する厳しい姿勢は財務官の現役当時から鮮明だった。たとえば、2002年9月。東京で開いた国際会議で「金融調節」「国債管理政策」「為替政策」という政府・日銀の相互関係を分析するやや技術的なテーマで講演し、デフレに対応した政策刷新の必要性を論じた。日銀を巡っては、ゼロ金利下で伝統的な金融調節の手段が尽きた状況のなか「結局、金融政策は物価デフレを止められないと主張するのである」と指摘し、「長期国債の加速度的購入やインフレターゲットのようなもっと非伝統的な手法を採用できよう」と語った。

そのうえで「もしそれが拒否され、可能でないとすれば」、国債管理政策で国債発行を短期債ばかりにして長期金利を下げる選択肢があると言及した。さらに「もしこれも難しいなら、為替当局は国際的に不人気な類の為替市場介入に追い込まれるかもしれないが、これはもっとも不幸なことであろう」との見解を示した。

通常のオープンな講演でなかったこともあり、当時の市場には「黒田財務官は日銀が追加の金融緩和を拒否するのなら、円売りの為替介入も辞さないと語った」といったかたちで伝わり、市場で円安が急激に進む場面があった。

退官後に出版された講演をまとめた書籍で内容を検証すれば、円安誘導を目的とした為替介入は国際的に大きな摩擦を生むとして否定的な見方を示していることがわかる。むしろ現実的な手段として、日銀にさらなる非伝統的な金融緩和に動くよう求めていた。

2002年12月には英紙フィナンシャル・タイムズ紙に、河合正弘副財務官（当時）と共同で「グローバル・リフレーションへの転換のときである」という刺激的なタイトルの小論を寄稿している。現役通貨マフィアの「中国がデフレを輸出している状況のなか、世界はデフレ対策に力を入れるべきだ」との提言には中国当局も含めて物議をかもしたが、中核的なメッセージは日銀に一段の金融緩和を求めたものだ。

日銀に対して「独創的かつ非伝統的な反デフレ対策を取るべきだ。こうした政策には、段階的に3％を達成する明示的なインフレターゲット政策（例えば1年以内に1％、それに引き続く2年間に2～3％を実現）を含むべきである」と要求したうえで「長期国債やその他の金融商品の購入を通じて市場に流動性を供給し、ベースマネー（マネタリーベースのこと）を継続的に増加させることが明らかに必要である」と具体的に提言した（収録した書籍より。数字の表記などを一部変更）。

すでに現役の財務官の時代から、日銀がインフレ目標を掲げて非伝統的な金融緩和を強力に推し進める「異次元緩和」のイメージができていたことに驚かされる。

「黒」と「白」の違いの本質

先の2009年時点のインタビューで黒田氏は、日銀はデフレを止めるまで何でもやるという姿勢が不可欠だとも強調している。

「どんどん金融を緩和していったときに、それは相当程度日銀への過剰準備で戻ってきてしまうと思いますが、一部は他の資産市場に流れていくし、それは為替にもいい影響があるし、円高防止になるし、株式にも影響が出てくるし、それから、一番はもちろん実物投資にも影響が出てくるということで、マイナスにはなりっこない」

「やっぱりそういう中央銀行総裁のコミットメントですよね。要するにこれより下げて、これだけ増やしたとか、ああしたとかいうことだけではなく、これで私はデフレを止める、止めるまで何でもやるぞということがあると、それは効くのですよ」

日銀総裁時代のコメントと見まごうばかりの内容である。その4年後、黒田氏の強い信念が現実の政策運営の場で試されることになる。

財務官時代、金融緩和の円相場への影響を強く意識していた黒田氏だが、もちろん日銀総裁就任後、日銀として為替相場を金融政策の直接の目的に据えたわけではない。あくまで異次元緩和は「デフレ脱却」が目的であり、円安は市場の期待を映した副産物にすぎない。円安誘導によって他国の輸出競争力を落とす近隣窮乏策など毛頭意図していない。日本経済の脱デフレが実現すれば、むしろ世界の経済成長に大きく貢献する。そんな「国際標準」の立場を保った。国際金融の世界で人脈が豊富な黒田氏も安倍政権の経済外交も、その論理で国際社会に訴え、目立った反発はなかった。

黒田氏は財務官時代の2002年1月、「日本政府がマクロ経済政策の道具として、弱い通貨を使用したことは一度もない」（英紙フィナンシャル・タイムズへの寄稿）として円安誘導を否定した。あくまで問題なのは「ファンダメンタルズとは矛盾」した「急激な円高」であり、「為替相場はファンダメンタルズを反映することが重要」としている。

2013年の総裁候補としての国会での所信聴取でも「金融政策を緩和にもっていったときにその国の為替レートが下落する傾向があるということはそのとおり」としながらも、あくまで狙いは金融緩和によるデフレ脱却だと強調している。

ただし黒田氏が「金融政策は結果的に介入政策よりもはるかに為替相場に大きな影響を与える」という「持論」を捨てたわけではないだろう。異次元緩和は「人々へのデフレ期待を変える」ことを目指した。日本の積年の「円高恐怖症」に照らせば、人々の期待を変える現実的なルートとしては円高是正とそれに伴う株高が最も有力だったし、序盤戦は現実にそうした経路をたどった。日銀総裁としては口をつぐんだものの、黒田氏もそのようにみていた可能性が極めて高い。

その関連で、黒田氏の前任である白川氏は著書で興味深い指摘をしている。欧米中銀の金融緩和に関して「最終的な目的が国内経済の安定であるという説明は概念的にはそのとおりであったと思うが、自国通貨の上昇抑制もしくは下落誘導なしに所期の国内経済安定の効果が発揮されるとは思えない」として「建前と本音は明らかに乖離《かいり》していた」との見方を示していた。

以下の指摘は、FRB議長時代のバーナンキ氏らへの批判のようにも受け取れ、とくに生々しい。「各国は為替レート下落の目的には言及せずに、しかし実態としてはそのことを期待して金融政策運営を行っているように私には見えた。言い換えると、欧米の中央銀行は一方で為替市場介入を否定し、他方で金融緩和政策によって事実上それと同等の効果を追求しているように思えた」

白川氏は長期金利がゼロ％に近く内外金利差を縮小できない以上、日銀には欧米中銀のような「自由度はなかった」と円高との戦いの難しさを振り返った。後任の黒田氏はまさに、「量」の追求と「強い決意表明」によって、その限界を打破し、欧米流の為替レートの下落追求を試みたのだと解釈することが可能だ。「量」や「決意」の効果をどうみるかが、「黒」と「白」の大きな違い、そしてその効果の有無が、金融政策の大転換の成否を分けるポイントだとみることができる。

図4-4　黒田日銀は終盤に急激な円安に直面

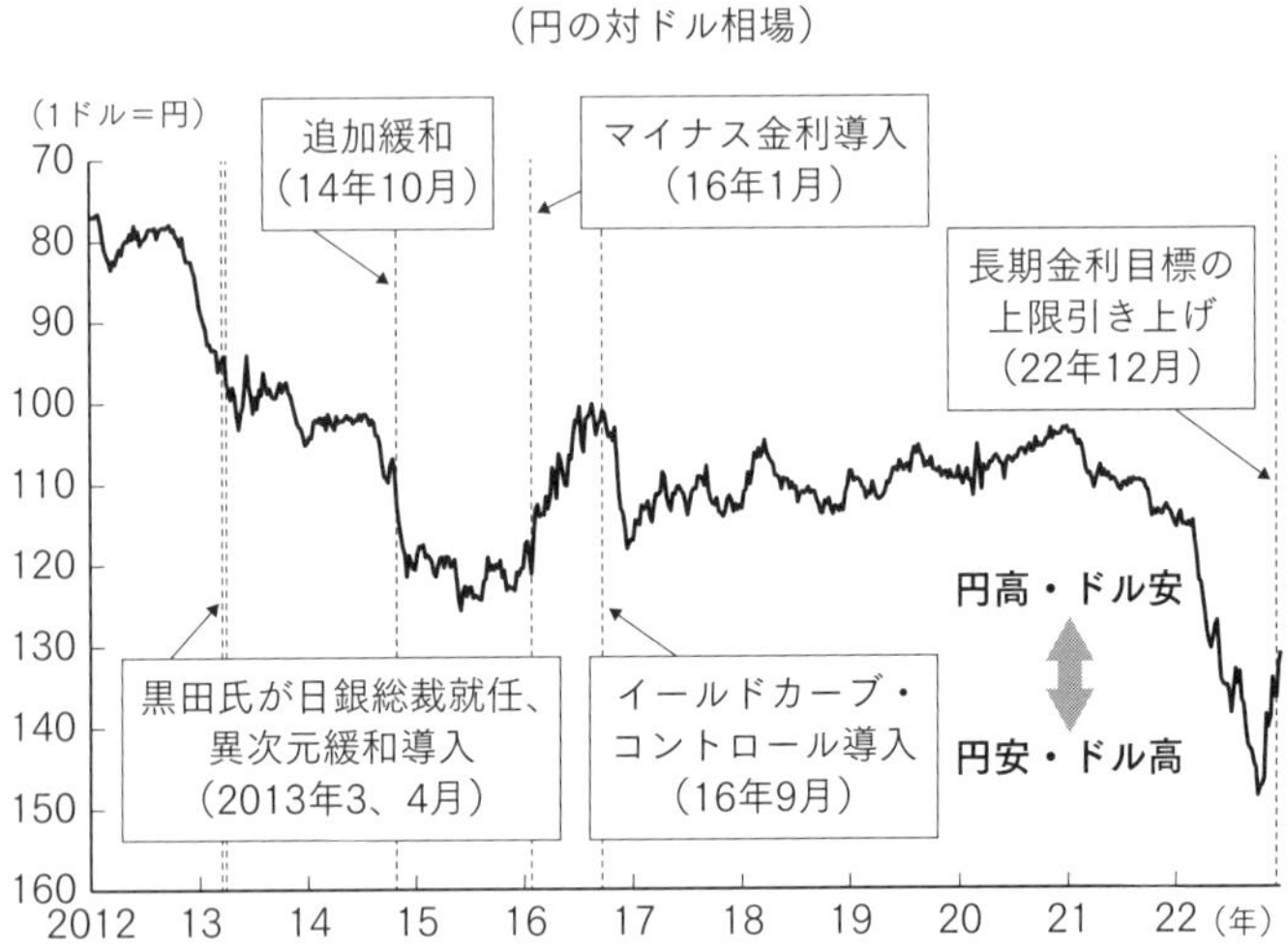

（出所）リフィニティブ

果たして黒田日銀による「欧米流」ともいえる異次元緩和は導入当初、強烈な円安のなかで順調なスタートを切った（図4－4）。円安は株高を生み、企業収益を押し上げ、雇用情勢の改善につながった。円安と景気改善の効果で物価も2014年にかけて1％を超える上昇率となり、もはやデフレとはいえない状況にまで持ち込んだ。

異次元緩和の導入時には「戦力の逐次投入」はしないと断言した黒田氏だが、2014年4月の消費増税後の景気停滞や石油価格の下落などから物価の上昇傾向に鈍りがみえてきたことを「正念場」と位置付け、2014年10月末には「量」の一段の拡大を柱とする電撃的な追加緩和、いわゆる「ハロウィーン緩和」に踏み切った。

「アベノミクス円安」に内部から疑義の声

ところが結局、「2年で2％の物価上昇」という約束は果たせなかった。黒田日銀の金融政策運営は、次第に長期持久戦に耐える枠組みづくりが目的になっていく。

2年間の2％インフレが達成できなかった理由について、いわゆるリフレ派には2014年4月の消費税率の引き上げが元凶との見方が強い。だが財務省出身らしく財政規律を重視する黒田氏自身は消費増税を強く推していた。黒田氏の消費税への思いは強い。1979年、大平正芳内閣が最初の消費税構想である「一般消費税」を閣議決定したあと、衆院選の選挙期間中に導入を断念し、結局は大敗したドラマを大蔵省主税局で体験している。

アベノミクスは2本目の柱に「機動的な財政政策」を掲げ、安倍政権は補正予算に裏打ちされた経済対策を次々と打ち出した。均衡財政の第一歩となる基礎的財政収支（プライマリーバランス）の黒字化時期をたびたび先送りするなど、財政政策の柔軟性も確保した。

その一方で度重なる経済政策では補正予算の使い残しが継続的に発生し、決算データなどからみると結果的に必ずしも拡張的な財政運営にはなっていないことが知られている。安倍氏は消費増税の延期や使途変更を衆院解散の政治的なカードとして巧みに利用しつつ、かなりの政治的なエネルギーを費やして2度にわたる消費増税の最終判断を下した稀有《けう》な政権でもある。

安倍政権としては消費増税の悪影響を和らげる緩衝材として金融緩和を利用したフシもうかがえるし、2013年1月の共同声明で日銀と合意した財政の持続可能性について最低限のラインで配慮したようにもみえる。いずれにせよ財政と金融の政策協調は、当初想定されたほどに明確なものにはならなかった。これが黒田日銀の成否を巡る議論を複雑にしている面もある。

やがて円安も曲がり角を迎える。筆者の記憶にあるのは、日銀内部から発せられた「アベノミクス円安」に対する疑義の声である。

2014年7月、当時の日銀名古屋支店長が記者会見で「さらなる円安を望む声は聞かれない」と語り、大きな話題となった。驚くべきことに、当時の円相場はまだ1ドル＝101〜102円という水準だった。支店長は「現状程度が原料・製品それぞれに心地よい」との地元企業の声を紹介し、「これ以上の円安は燃料などの価格を一段と引き上げかねないとの懸念が強い」との見方を示した。

日本を代表する製造業の集積地からの視点では、すでに当時、どんどん円安にすればプラス効果が積み上がる、という単純な世界ではなくなりつつあったということになる。

円相場は2015年の初めには1ドル＝120円を下回り、同年5月には約12年半ぶりの水準に下落する。くしくも黒田氏が財務官時代に積極的に円売り介入を実施し、「過度な円高」を食い止めていたころの最安値圏に入っていた。

アベノミクスの初期に意識された、円安効果が時を経て家計や中小企業へと染みわたっていく「トリクルダウン」はなかなか起きず、1人当たりの賃金上昇は不十分なままだった。当時は原油安の局面にあったため、輸入インフレに絡む「悪い円安論」が盛り上がる状況にはなかった。それでも、日本経済は産業の空洞化が進んだほか東日本大震災をきっかけに化石燃料の輸入に頼るエネルギー構造に変わり、少しずつ円安による痛みが出やすい体質に変貌しつつあった。

進みゆく円安に対し、ついに国会議員らからも中小企業や家計への悪影響を懸念する声がくすぶり始める。当時の菅義偉官房長官は2015年5月の記者会見で「円安によって厳しくなる方もいれば、そうでない方もいる。両面あるため、為替の変動は常に注視していく」と円安のマイナスの側面にも配慮する発言をした。

黒田氏自身も前後して「過度な円高水準は修正された」と述べ、軌道修正を図る。1ドル＝124円台だった2015年6月には、「実質実効為替レート」についての質疑で「さらに円安に振れていくことはありそうにない」と語ると、125円近辺が円安の歯止めとなる「黒田ライン」として市場に意識されるようになる。

黒田氏が「円高ファイター」の財務官として活躍した2002年にかけての円の底値は1ドル＝135円台。そのころには邦銀の国債の格下げなども絡んだ「日本売り」の危うさが垣間みえるようになっていた。2002年2月、黒田氏は「これ以上の円安が進む可能性は低い」として円安の「幕引き」を図っている。

2015年当時はそのかなり手前の125円台の円安で幕引きを図らざるを得なかったと考えることもできる。苦しい不良債権処理と再編の時代を経て、金融システムは鉄壁の安定度を誇っており、「日本売り」を誘発する心配は小さかった。むしろ、すでに「円安の痛み」を感じやすい経済体質の片鱗をみせていた点が大きな背景として横たわっていた。「円高是正」「円安追求」というアベノミクスの一側面の限界はすでにそのころからみえていたのである。

「戦力の逐次投入」と「転戦」

その後は、中国株の急落や突然の人民元切り下げが中国経済の不安を招いた「チャイナ・ショック」が発生し、円相場はいったん円高方向に振れる。日銀が買いあさった結果、債券市場の国債残高も減りつつあった。「2年で2%のインフレ達成」という短期決戦を前提に組まれた大量の国債購入の持続性に疑問がもたれるようになると、日銀の内外から異次元緩和の限界論が台頭し始める。

黒田日銀は2015年12月、長期国債買い取りの限界論を突破するため、保有国債の残存期間をさらに長くするなどの調整を施した。設備投資や賃上げに積極的な企業の株式を組み込んだ上場投資信託（ETF）を新たに購入するなどの策とあわせ「補完策」と称したが、もはや黒田氏が何よりも嫌った「戦力の逐次投入」にしか映らなかった。

そんな閉塞状態を打破するため、日銀は2016年1月に「次の一手」としてマイナス金利政策に「転戦」する。黒田氏がそれ以前に慎重姿勢を示していた、短期金利の誘導目標をマイナス水準に置く策だ。近づく「量」の限界到達を「金利」のマイナス方面への限界突破によってカバーしようという戦略だといえた。

するとこんどは金融業界の収益悪化などの副作用が騒がれるなど市場に混乱を生み、かえって円高に振れる場面すら出てきた。2016年9月には現在の長期金利をゼロ%程度に保つ施策を追加して枠組みを再び刷新した。短期のマイナス金利は維持し、「量」の拡大継続も約束したが、長期金利を操作目標として前面に据えることで、「量」の政策的な位置付けを低くし、金融政策の持続性を高めた。これが現在のイールドカーブ・コントロール（長短金利操作＝YCC）と呼ぶ仕組みの基本である。

「量」も「短期のマイナス金利」も追求が難しいのなら、新たな政策の地平を「ゼロ%」の長期金利に求めるという戦略だといえる。「2年で2%のインフレ到達」という短期決戦の失敗、ついで訪れた「量」の限界を巡る思惑、そしてマイナス金利導入を巡る混乱というさらなる失敗。それらを一気に挽回するための壮大な弥縫《びほう》策がYCCともいえる。これによって異次元緩和は長期の継続にメドをつけ、2%インフレの達成まで「待ちに徹する」政策へと変化を遂げた。

黒田氏は2018年4月に再任され、異例の2期目に入る。その後も緩和の長期化を目的とした微調整に取り組む。長期金利の変動をある程度認めるなどの柔軟対応や、マイナス金利の対象となる銀行の手元資金残高を絞るなどの実質的な「マイナス金利制度の骨抜き」を進めた。円相場は１１０円近辺での安定した推移が続いた。

２０２０年に入ると、新型コロナウイルス禍を受けた危機対応に動き、２０２１年3月には長期金利の変動幅を明確に上下0・25％の幅で変動することを許容する措置に動く。だが２０１５年当時の「黒田ライン」も簡単に突破した急激な円安を経て、長期金利を固定しようというＹＣＣの硬直的な枠組みは、政府・日銀の政策強調のあり方を大きく揺さぶることになった。

第3章で詳しくみたとおり、２０２２年12月には長期金利の変動幅の上限を0・5％に引き上げ、市場に「事実上の利上げ」との反応を広げた。退任を迎えた黒田氏の意図はどうあれ、ＹＣＣの解体は「ポスト黒田」の最優先課題の１つとなる。流転の末、「円高恐怖症」を克服する最終兵器としての黒田緩和は名実とともにその役割を終えようとしている。

5／円高の歴史は終わったか　横たわる日本経済のもろさ

遅すぎた円高克服策

２０２２年秋を境に反転上昇に転じた円相場はどこに向かうのか。当面は米国の物価動向とＦＲＢの金融引き締めという米国の要因が大きなドライバーとなるが、この点は次章で詳しくみる。日本側の要因に目を転じると、今回の円安はコロナ禍のインフレ圧力によって日本経済の構造的な弱さを極端なかたちで浮かび上がらせたと捉えることも可能だ。

構造要因として語られるのは、貿易黒字の縮小・赤字化や経常黒字の縮小に代表される「エネルギーの輸入依存の強まり」と「産業の海外移転に伴う輸出産業の弱体化」である。２０１１年の東日本大震災と原子力発電所の相次ぐ稼働停止を機に、日本はエネルギーの調達構造の脆弱さというカントリーリスクを抱えることがはっきりした。国内産業にとってもエネルギー調達の不安定さと割高さは国内生産の維持にマイナスに働いたに違いない。

２０１１年以降、貿易黒字が急速に細り、経常収支の黒字は海外子会社からの配当や海外株や債券への投資から得られる配当・利息からなる「第一次所得収支」によって支えられる姿が定着した。コロナ禍では貿易収支の赤字が定着し、国際収支の発展段階でみた「成熟した債権国」に移行しつつある。経常赤字になる月もみられることからその段階もすでに末期に入ったとの指摘も出ている。

日本の製造業の海外移転が進むなか、その「果実」である配当や利息を多く含む所得収支の黒字は、円安効果の大きな柱とされた。ところが海外で上がった利益は、経済停滞が続き人口面で市場縮小が避けられない日本に還流するよりも、海外に再投資することが多くなっているのが現実だ。円買い・外貨売り需要を生まないケースも多い。

巨額な対外純資産を背景に、円は長く「安全通貨」として買われてきたが、対外収支の構造変化の兆しを背景に、そうした買いも目立たなくなった。

積年の「円高恐怖症」は日本経済の中核を担う輸出企業のマインド悪化を通じ、景気に下押し圧力をかけてきた。そんな構図を前提にした「円高→株安」のルートも無視できなかった。1970年代以降の日本の経済政策といえば、いかに円高の悪影響を和らげるか、もしくはいかに円高そのものを阻止するか、という点に主眼が置かれてきたことは上述したとおりである。

黒田氏は、そこにデフレと円高の悪循環をみた。そして安倍氏と黒田氏の「日銀悪玉論」は、異次元緩和という究極の円安追求策、もっといえば「円高恐怖症」を克服する特効薬を生み出した。円安を起点にしたさまざまな経済への効果をみれば、特効薬は少なくとも当初はかなり効いたとみることもできる。

ところが、アベノミクスへの期待で弾みがついた2012年末以降の強烈な円安は、すでに指摘した欧州債務危機の一巡という「裏の要因」のほか、東日本大震災後の構造的な円売り需要の増大という「もう1つの裏の要因」が水面上に浮かび始めていたがゆえ、との見方もできる。震災後の海外資金の国内回帰を巡る思惑が落ち着くにつれ、本当の円の需給変化が少しずつ姿を表していたというわけである。

極端な言い方をすれば、黒田日銀が放った渾身の金融緩和は、「円高恐怖症」の再発リスクが低下していたなかでの「遅すぎた円安促進策」、さらにいえば構造的な円安の流れを後押ししてしまう「危険な円安誘導策」だったとの解釈すら可能だ。2015年ごろに浮上した円安警戒論は、その早期の警告サインだったのかもしれない。

そう考えると、アベノミクスの主眼は暗黙の「円安志向」から脱し、エネルギー調達の構造見直しや日本の産業構造の高度化などに力を注ぐべきであったことになる。このことはアベノミクスの第3の柱である成長戦略が不発に終わり、働く人々の賃金が十分に伸びなかったこととも絡んでいる。ポストアベノミクスを考える際にも重要な視点であり、岸田政権とポスト黒田体制の日銀が背負う大きな課題である。

もし、黒田総裁と白川総裁の順番が逆だったら

やや余談になるが、筆者は、異次元緩和を柱とするアベノミクスが、もし「円高恐怖症」がクライマックスを迎えていた2008年からの世界金融危機やその後の欧州債務危機のころに発動されていたら日本経済は変わっていたのだろうか、と空想することがある。もちろん当時の「円高・デフレ狂騒曲」や民主党政権の経済運営の稚拙さを含む政治の混乱を経なければ、アベノミクスは誕生しなかっただろうから、想像しても意味のない「たられば」の話にすぎないだろう。

ただし黒田氏は2008年当時も、福井俊彦氏の後任の日銀総裁候補の1人に擬せられていた。国会では野党・民主党が参院第1党になるなか政府が提示した財務省出身者の候補が相次いで否決された。黒田氏でも同意は難しかったかもしれないが、民主党は2013年には黒田氏に同意している。

上記の「遅すぎた金融緩和」という見立てと裏表ではあるが、後付けの理屈でいえば、黒田日銀の異次元緩和は2013年よりも2008年当時のほうが、はるかに時代に求められていた。もしかしたら最後の「円高恐怖症」だったかもしれないからである。

そして白川日銀は、黒田日銀のあとのほうが機能したのではないだろうか。金融緩和の限界に挑んだ黒田日銀を継ぎ、金融政策の効果と限界について国民や政治の理解が進んだあとなら、金融政策の限界も含めて語るけれん味のないコミュニケーションが実を結びやすくなっていただろうし、収拾が極めて難しくなった金融政策の枠組み整理に手腕も発揮できたのではないか、と勝

手に想像することもある。

もちろん今後、円高局面が再来する可能性もゼロではない。そうなれば産業界に「円高恐怖症」が再発し、「ポスト黒田」の日銀は円高対応の金融緩和に再び追われることになるかもしれない。「為替は予想すると外れる」という黒田氏の口癖のとおり、今後の円相場がどう動くのかを予想するのはプロでも極めて難しく、一記者の手に負える問題ではない。もっとも日本の構造的な弱さが円の上値を抑える構図が続けば、かつてほどの急激な円高局面の到来はあまり心配しないでもよいという予想が一応は成り立つ。

日本経済の構造的なもろさは名目の円相場よりも「実質実効為替レート」と呼ぶ指標でみるほうが適している。対ドルだけではなく幅広い国の通貨に対する円の総合的な強さをみた指標が、円の名目実効為替レート。ここからさらに、日本と海外とのインフレ格差を調整したものが、実質実効為替レートだ。

実質実効レートは名目相場だけではみえにくい、円という通貨が持つ海外のモノを買う際の真の実力を示す。円の実質実効レートが下がるほど海外のモノやサービスが割高になり、海外との取引の際の「円の正味の購買力」が弱まることを意味する。国際決済銀行（ＢＩＳ）や日銀のデータによると、新興国も含む幅広い通貨に対する円の実質実効レートは２０２２年10月時点で

図4-5　円の正味の価値は半世紀ぶりの低水準に沈む

（円の実効為替レート、2020年＝100）

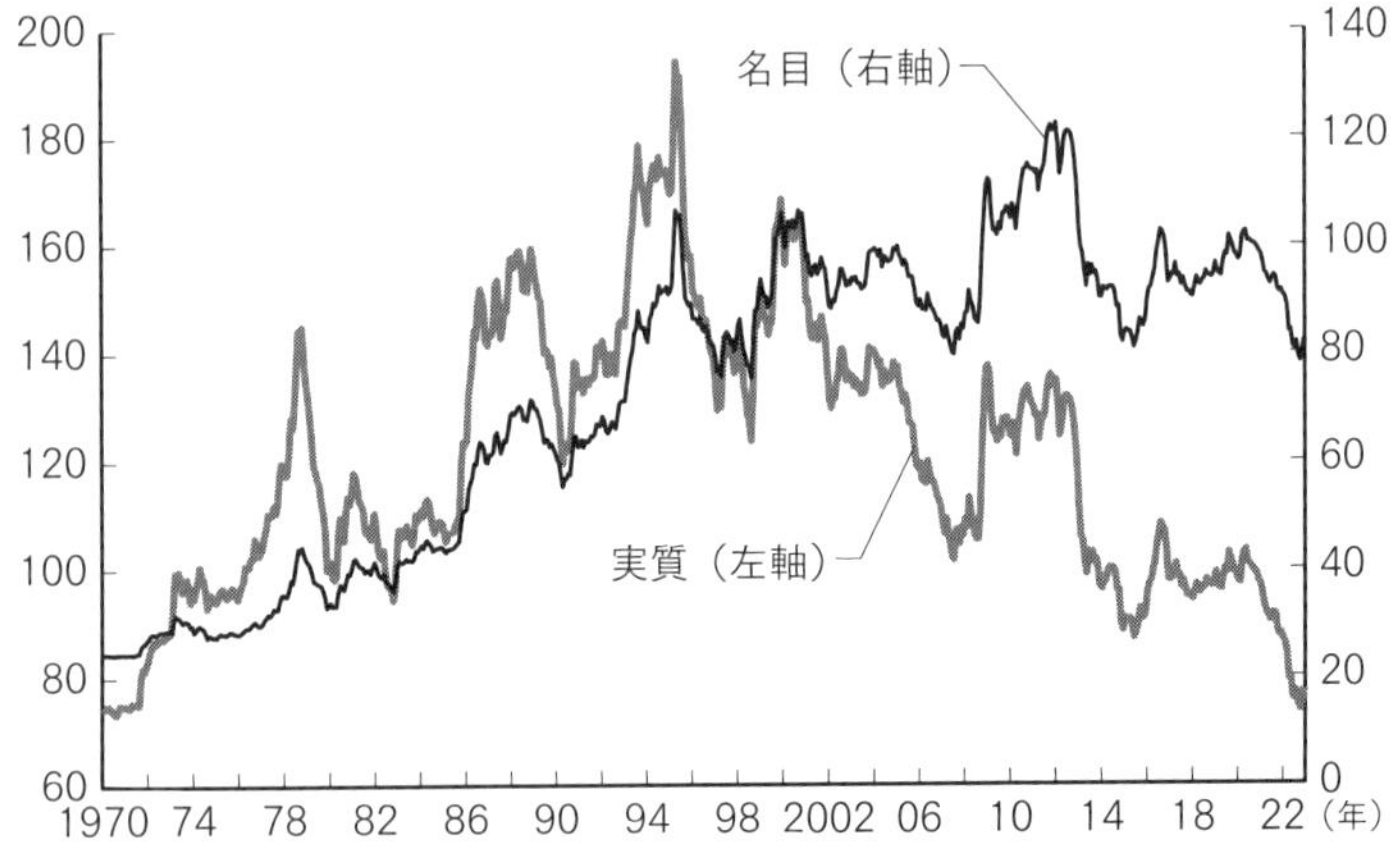

（出所）日銀、BISのデータから作成

73・7（2020年＝100）と、1970年8月以来、52年ぶりの低水準となった（図4―5）。つまり、実質的な円の価値は過去半世紀で最も低い。ニクソン・ショック前の1ドル＝360円の固定レート時代の安価に匹敵するという衝撃的な結果だ。12月時点では77・7まで持ち直したが、半世紀ぶりの低水準の近辺に沈んだままなのは変わらない。

実質実効レートは、もともと名目の対ドルの円相場が急落を始める前の2022年1月の時点で2015年の安値を下回り、1972年5月以来、約50年ぶりの低水準に落ち込んでいた。名目の実効レートはそれを追いかけるように下げ足を早め、2022年9月の水準は1998年8月以来、24年ぶりの安値を付けた。

実質実効レートの急落を直感的に理解するのは難しいが、基本的な枠組みでいえば、名目の為替レートが安いほど、そして海外よりもインフレ率が低いほど、実質レートは押し下げられる関係にある。円の実力がここ半世紀で最低の水準に落ち込んだのは、「長年の物価上昇の弱さ」を反映した長期的な内外のインフレ格差の蓄積に、２０２２年以降の「国内外の金融政策の違い」などを反映した最近の名目レートの円安が重なったためだ。

日本の物価が下がると、本来ならその分だけ円の通貨価値は高まるはず。同じお金でより多くのモノやサービスが買えるようになるからだ。ただ、これは日本国内に限った話。異なる通貨間の取引では、名目為替相場の動きが絡んでくるので話はややこしくなる。

円の実質実効レートは対ドルの名目相場が初めて1ドル＝80円台を突破した１９９５年4月当時がピークで、そこから一時6割ほど低下した。円と海外通貨の購買力が釣り合うためには、インフレ率で日本が海外に劣後してきた分だけ名目レートが上昇して補う必要があったが、そうはならなかった。

実質実効為替レートと交易条件

問題の本質は、日本の物価が海外との対比で大きく下落したのに、なぜ名目の円相場にはそれを埋め合わせるかたちで上昇する反応をみせず、むしろ最近は下落したのか、ということになる。

これも難問だ。結局のところ、円買い需要が減ってきた構造問題に立ち戻ることになる。１つには、内外価格差が広がって価格競争力が大きく高まったはずなのに輸出が増えなかったことが挙げられる。円が1970年代以来の割安な水準に逆戻りしたのであれば、輸出が急増してもおかしくはなかった。輸出が大きく増えれば、稼いだ外貨を円に戻す需要が高まるはずなので、自然に円高方向に調整されるはずである。

そうした調整が起きにくかったのは、日本企業の生産拠点が海外に移転したから、という推測が成り立ちそうだ。「それは過去の円高のせい」という反応が出るだろう。もちろん円高が海外移転を後押しした面もあろうが、基本的な背景としては内需に頼れない状況で活路を海外市場に見いだした日本企業の生き残り策や、グローバル化のもと最適なサプライチェーン（供給網）を築く過程での経営判断は無視できないように思われる。

海外移転に付随した問題として、海外拠点からの配当を日本に還流する動きが出にくく、経常黒字にもかかわらず円買いの実需が発生しにくい状況があるとしたら、それもある部分は日本の低成長に原因を求めることができそうだ。

資源・エネルギーを輸入に頼る海外頼みの経済構造が円売り需要の増大を招いたことは、ここでも原因として指摘できる。積年のインフレ格差で、ただでさえ日本のモノと海外のモノを交換する際の条件は日本に不利になった。そこに資源高・エネルギー高が追い打ちをかけ、輸入金額がかさみ、実需では円売りが膨らみやすくなっている。

ここで多くの読者は気づくだろう。第2章でみた「交易条件」の話と同じではないか、と。紙幅の関係上、また筆者の能力からいって詳述する余裕はないが、実際、実質実効為替レートと交易条件は切っても切れない関係にある。

かの小宮隆太郎氏は1995年、現在の経済産業研究所所長の森川正之氏（一橋大学教授）と共同で執筆した論文「為替レートはどう決まるか」で、長期では「一般物価と輸出物価とが同様の動きをするという単純化の仮定を前提とすると、実質為替レートは交易条件に等しい」と指摘している。

交易条件の悪化は輸出入品の価格の動きだけを考えると、実質実効為替レートを押し下げる影響が出ていると考えていい。では交易条件を改善するにはどうすればよいか。端的にいえば、輸出の競争力を高める工夫すべて、そしてエネルギー調達構造の改善に向けた努力すべて、である。この辺りは「インフレ」「円安」時代を乗り越えて日本経済の成長に向けた施策を考える最終章で改めて振り返りたい。

一方、実質実効為替レートの急落が日本の経済構造のもろさを意味するというのなら、解決策は簡単。デフレを克服すればよい、という見方も成り立つ。デフレ脱却を目指す異次元緩和は日本経済の復活のためにこそある。黒田日銀に異論を唱えるなどもってのほか――。そんな声もあるかもしれない。日本の長年のデフレ・低インフレが日本経済の弱さを象徴するのは確かだし、それが内外インフレ格差でみた日本の劣後を招き、実質実効レートの急落の大きな要因になったのは上記でみたとおりである。

しかし異次元緩和の脱デフレの奥義は「人々の予想を根本から変える」だったはずだが、体験的に判断する限り、確からしい経路は円安によるもろもろの効果が最も有望だといえた。そうなると議論は最初に戻る。日本の輸出の弱体化と化石燃料の輸入頼みという構造変化を映し、以前よりも円安の痛みを感じやすい経済体質に変わっているのなら、円安を追求するよりも、上記の交易条件を改善するあらゆる工夫をすることが重要だという結論になる。

この先、円の実質実効為替レートは反転上昇が続く可能性もある。当面、日本の「輸入インフレ」「企業間インフレ」の「消費者インフレ」への転嫁はまだ途上だ。政府のガス・電気の負担軽減策がしばらく物価の押し下げ圧力として作用するものの、米欧のインフレ率がピークアウトしたあとも日本の「消費者インフレ」はしばらく上昇トレンドを描くかもしれない。内外インフレ格差は拡大が止まるか、あるいは縮小に向かう可能性もある。さらに円の名目レートも、FRBの金融引き締め一巡を意識するなか、反発基調が続く可能性は十分にある。

それでも「半世紀ぶり」と形容される安値圏から上放れするほどの瞬発的な勢いと持続力があるかは不透明だといえるだろう。円の実質実効為替レートは、この先も日本経済の構造問題の根深さを照らし続ける可能性が高い。

6　外圧の歴史と「狂騒曲」　もう1つの円高収束論

米国の政策に振り回された歴史

章の締めくくりとして、今後の円相場を展望するうえで過去の「外圧」についても簡単にまとめておきたい。これまで「円高恐怖症」を軸に日本の金融政策の変遷を描いたが、もう1つ重要なポイントが、海外、とくに米国からの圧力であった。

繰り返しになるが、円の実質実効レートの圧倒的なピークは1995年である。円の対ドル相場、そして円の名目実効レートはその後、2011年の東日本大震災後に円の戦後最高値を付けているが、実質ベースでみると、このときは下落局面における小さな反発局面にすぎない。

白川日銀が「円高狂騒曲」に直面していた2010～2011年ごろ、実は輸出産業の競争力はそれほど落ちていなかったことになる。白川氏は著書で「実質為替レートの動きに言及すると、円高を容認しているという無用の批判を招きかねないことから、総裁在任中、私は意識的に言及を避けていた」と明かしている。

いずれにせよ、実質実効レートでみると1995年当時の円高のすさまじさがわかる。前述のとおり、自動車・同部品の分野を中心に日米貿易摩擦が激しくなり、当時のクリントン政権の高官らが対日圧力を強めていたころである。

それ以前にも円高には2つの山が認められる。1978年前後と1986～88年である。すでにみたとおり、前者は日独に内需拡大による世界経済のけん引役を迫った「機関車論」が台頭したなかでの円高局面、後者は日独の対外収支の不均衡についてドル高是正を通じて解決しようとした「プラザ合意」後の急激な円高局面である。どちらも日本の経常黒字が問題になっていた。日本の輸出競争力があまりに強いので日本の対米貿易黒字がたまり、貿易摩擦が起きる。すると米国は為替相場の変動によって不均衡を解消しようと、円高圧力をかける。円高を容認しなければ、輸入制限をかけるという「脅し」である。一段の円高要求をカードとしてちらつかせ、日本の市場開放を勝ち取るようなこともしてきた。「円高恐怖症」は「外圧」と裏表であった。

その後、米国の日本に対する関心の中心は不良債権処理やデフレ克服などに移っていく。日米構造協議は続き、日米間でさまざまな通商面での対立はあったが、米国にとっての対外摩擦の相手役は、急成長を遂げる中国になっていくのである。米国発の円高圧力が和らいでいくなか、日本のデフレ進展が円の実質実効レートのピークアウトを形成していく。

前出の内閣府経済社会総合研究所の証言集によると、元財務官の行天豊雄氏は米国の経済外交について、ブレトンウッズ体制当時は「オープンなマーケットと、それから、価値の安定したドルという、この2本の柱で世界経済というのはもっていくのだ」という信念があったとする。それがブレトンウッズ体制の崩壊後は「2本の武器が、保護主義とドル安の脅しというふうになっちゃった」と振り返っている。

具体的には、ドル安政策、市場開放の要求、マクロの経済政策、ミクロの構造政策の4つの要求を「時によって使い分けていた」。「結構行き当たりばったりに、これをやってみてうまくいけばいいし、いかなかったら『じゃあ今度はこっち』」という具合に「かなり迷走していった」とみる。1985年のプラザ合意も「確かに円高は現実したけども、不均衡は是正されなかった」との評価だ。

黒田氏も2005年の著書で、プラザ合意以降、「市場はますますアメリカ当局の意向に配慮して動く」ようになったとの見解を示した。「アメリカの通貨当局は時に応じてインフレ対策や景気対策のために為替レートを動かそうとするのに対し、日本の通貨当局はそうした意図的な為替政策に慎重な態度」をとったと指摘し、日本は揺れ動く米国の通貨政策に振り回される状況が続いたとしている。

購買力平価から考える

ここで当然、「米国との貿易摩擦を解消するため、円は実力以上の高い水準を余儀なくされたのではないか」という問題意識が出てくる。そうだとすれば、1995年までの「円高恐怖症」も、やむを得ない反応だったといえなくもない（もちろん、それによって金融政策・財政政策の誤りが正当化できるわけではないが）。

これまで実質実効為替レートと交易条件に触れたが、もう1つ重要な指標である購買力平価を取り上げよう。これら3つの指標は相互に複雑に関係している。実質実効レートの急落のくだりで海外に比べて物価が下がった分、通貨の価値は高まるべきだ、という話をした。この考え方こそが購買力平価説に基づいている。

ごく大ざっぱな言い方をすれば、たとえば円の対ドルレートなら、日本と米国のモノやサービスの値段が等しくなるように決まるはず、という考え方だ。有名な英エコノミスト誌の「ビッグマック指数」に照らせば、2023年1月時点で米国のビッグマックは5・36ドル。日本は410円。日米のビッグマックの価格が釣り合うような円の対ドル相場は1ドル＝76円49銭。エコノミスト誌は1月の円相場を1ドル＝130円10銭としており、円は4割ほど割安ということになる。

内外の物価変動の違いを常に打ち消すように名目の為替相場が動けば、実質実効レートは動かず、ならして考えると購買力平価が成り立つことになる。長い目でみれば、為替レートは購買力平価を中心に上下動するというのが購買力平価説の考え方であり、実質実効レートの変動は、名目レートが購買力平価からどれくらい離れているかを表す指標と捉えることもできる。

ここからは日本と幅広い貿易相手国・地域という「実効」ベースではなく日本と米国の２国間の話になる。円とドルの間の購買力平価をある種の「円の対ドル相場の実力」とみなせば、その水準との乖離具合から、実力以上の円高を強いられてきたかどうかを推し量ることができる。

国際通貨研究所によると、１９７３年の日米消費者物価指数を基準に計算した購買力平価は２０２２年12月時点で１ドル＝１０８円95銭。１９７０年代後半から、ずっと緩やかな上昇軌道を描いてきた。長年、米国のインフレ率が日本を上回ってきたため、両国の物価が釣り合う為替の均衡水準は円高に向かってきた。同じ月の月間平均の円相場は１３４円85銭。購買力平価の１０９円程度よりも26円ほど割安となっている。円が急落した２０２２年10月時点では購買力平価との差が38円に広がり、１９７３年２月の変動相場制移行後で最大になっていた。そこからは縮小したが、なお乖離は大きい（図４－６）。

過去を振り返ると、円の実勢相場はプラザ合意を大きな契機として一貫して購買力平価を上回って推移するようになる。その後、円が購買力平価との比較で最も割高になった瞬間、つまり上方の乖離幅がピークを迎えたのは、やはり１９９５年４月であった。ここから実勢相場はじりじりと購買力平価の水準へと戻っていく。「平価回帰」こそが、円相場がここ30年近くたどってきた道のりだったといってもよい。円相場が購買力平価の水準にようやく到達したのが２０２１年秋ごろ。その後の急激な円安によって一気に平価水準を割り込んだ。円相場は購買力平価対比でほ

図4-6　購買力平価を割り込んだ円相場はどこに向かう

（円の対ドル相場と円・ドルの購買力平価）

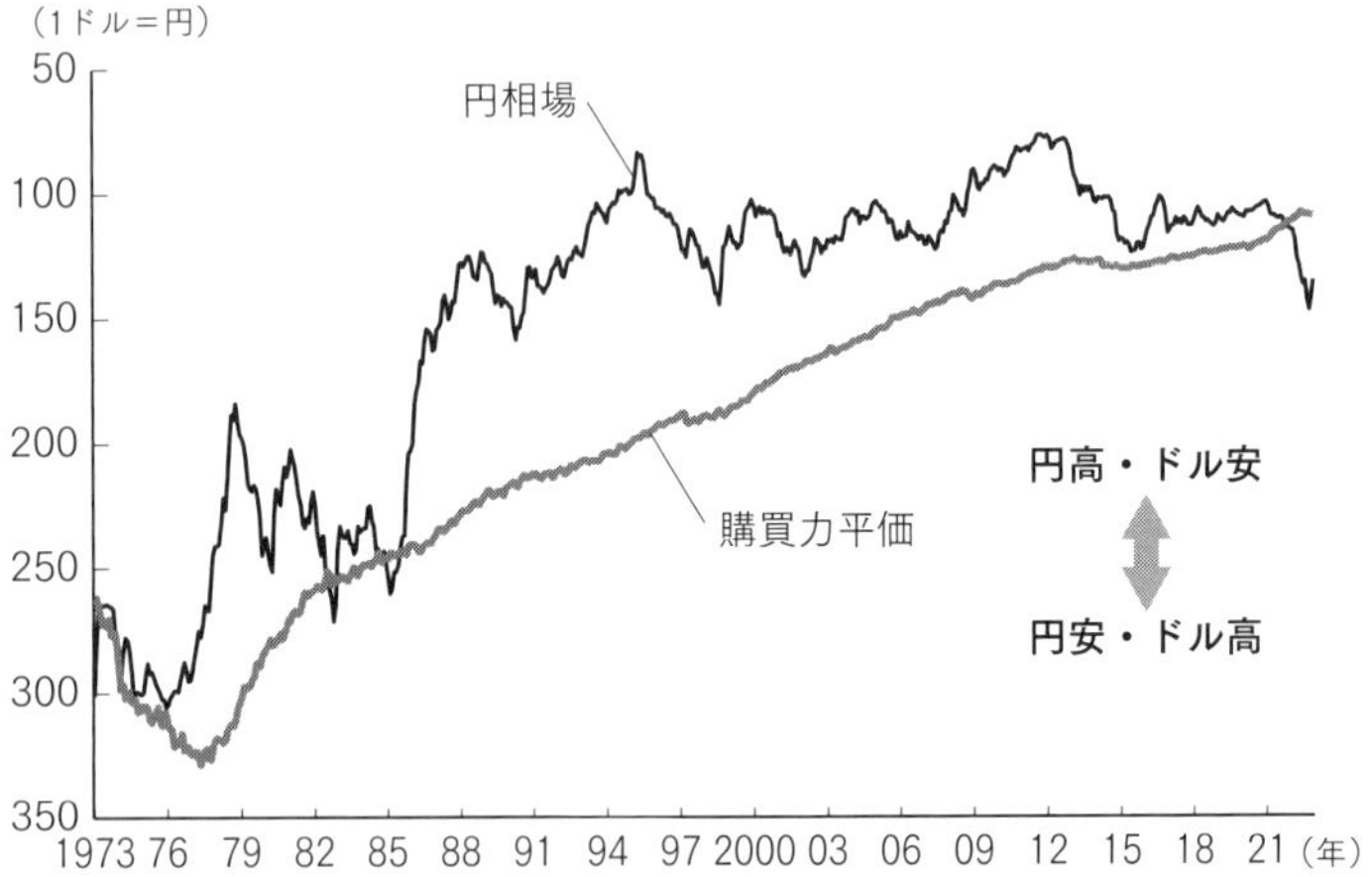

（出所）国際通貨研究所算出、1973年の日米消費者物価指数を基準に計算

ぼ初めて割安な状態が定着することになった。

過去の円高の歴史から離れて考えられるか

問題はここからどう動くかだ。購買力平価からの下方乖離がオーバーシュート（行き過ぎ）だとみなせば、この先は平価水準である1ドル＝110円近辺までの急激な円高圧力があってもおかしくはない。これとは逆に、円相場を数十年単位で購買力平価の軌道を周回する「衛星」のようなものだと見立てれば、円相場は1980年代から続いた平価水準を上回る「実力以上の高値」の長い局面がようやく終わったばかりなので、このまま数十年は平価割れの推移が続くとみることもできなくはない。

少なくとも、さまざまな分野で米中対立が先鋭化するなかで、かつてのように米政府が日本を狙い撃ちにして円高への調整圧力をかけてくることは想定しにくいのも確かだろう。購買力平価を大きく下回ったからといって、急激な円高がすぐに到来すると考える必要は必ずしもないようにも思える。

もし米国の次の大統領選でトランプ前大統領が勝利・復活すれば、2017～2021年の政権時代のように、円安が続いた場合には日本がやり玉に上がることはあるかもしれない。そうだとしても米政権にとって最大の競合相手が中国であることは変わらない。トランプ政権当時も、実際には日本が本格的な為替調整を強いられるようなことはなかった。

かつて日本は国防や安全保障を米国に頼る弱みから、円高や市場開放に向けた米国側の要求を完全に跳ね返すことはできなかった。今はむしろ、米中対立下で経済安全保障が重視されるなか、米国との同盟関係にある強みを生かせる状況にある。米国を軸とする多国間のサプライチェーンのなかで日本国内の生産体制を再拡充する糸口を見いだすことも不可能ではないと思われる。実際、日本の製造業の間で、国内生産回帰のニュースは相次いでいる。

2000年代半ば、リーマン危機前の円安局面では製造業の間で生産拠点の国内回帰が盛んになったが、結局、その後の円高もあって国際競争力を保てず、撤退する例も相次いだ。今回も国内生産で採算をとるためには冷徹な経営戦略は欠かせないのは当然だ。

それでも「安全通貨」としての円買い需要が細りつつあるなか、「外圧」に端を発した円高圧力が再燃するリスクが小さいとすれば、過去の円高の歴史からいったん離れ、自然体で日本の産業のあり方を考え直すこともできるのではないか。「円高恐怖症」の完治は、日本の産業競争力の低下を映す半面、財政・金融政策の健全な姿を描く好機にもなるはずだ。

第5章

パウエルFRBの正念場
名議長か黒歴史か

金利の引き上げは当面続くか（新華社／共同通信イメージズ提供）

1　2023年末までゼロ金利？　出遅れ招いた深い事情

わずか2年で激変した金融政策の姿

ここまで日本の物価動向と円相場の動き、そして日銀の金融政策について歴史的な経緯や日本経済の構造論も交えつつ詳しくみてきた。ここでは米国を中心に海外の物価情勢や中央銀行のインフレとの戦いを検証する。

米欧の「消費者インフレ」が日本とは比べものにならないほどのスピードで進んだことはすでに確認してきた。高インフレに対応するため、米連邦準備理事会（FRB）をはじめとする各国・地域の中銀は金融引き締めを急ぎ、世界の金融資本市場を揺さぶった。

2022年にわたしたちが経験した歴史的な円安も、その余波だといえる。円安の裏側では基軸通貨のドルが歴史的な上昇相場を演じた。同年秋以降、米欧はFRBなど中銀が高インフレを鎮圧できるかどうかの正念場に差し掛かった。その成否は円相場にも決定的な影響を及ぼし、日本の金融政策や物価にも深く関係してくる。

図5-1　FRBの利上げシナリオは上振れが続いた

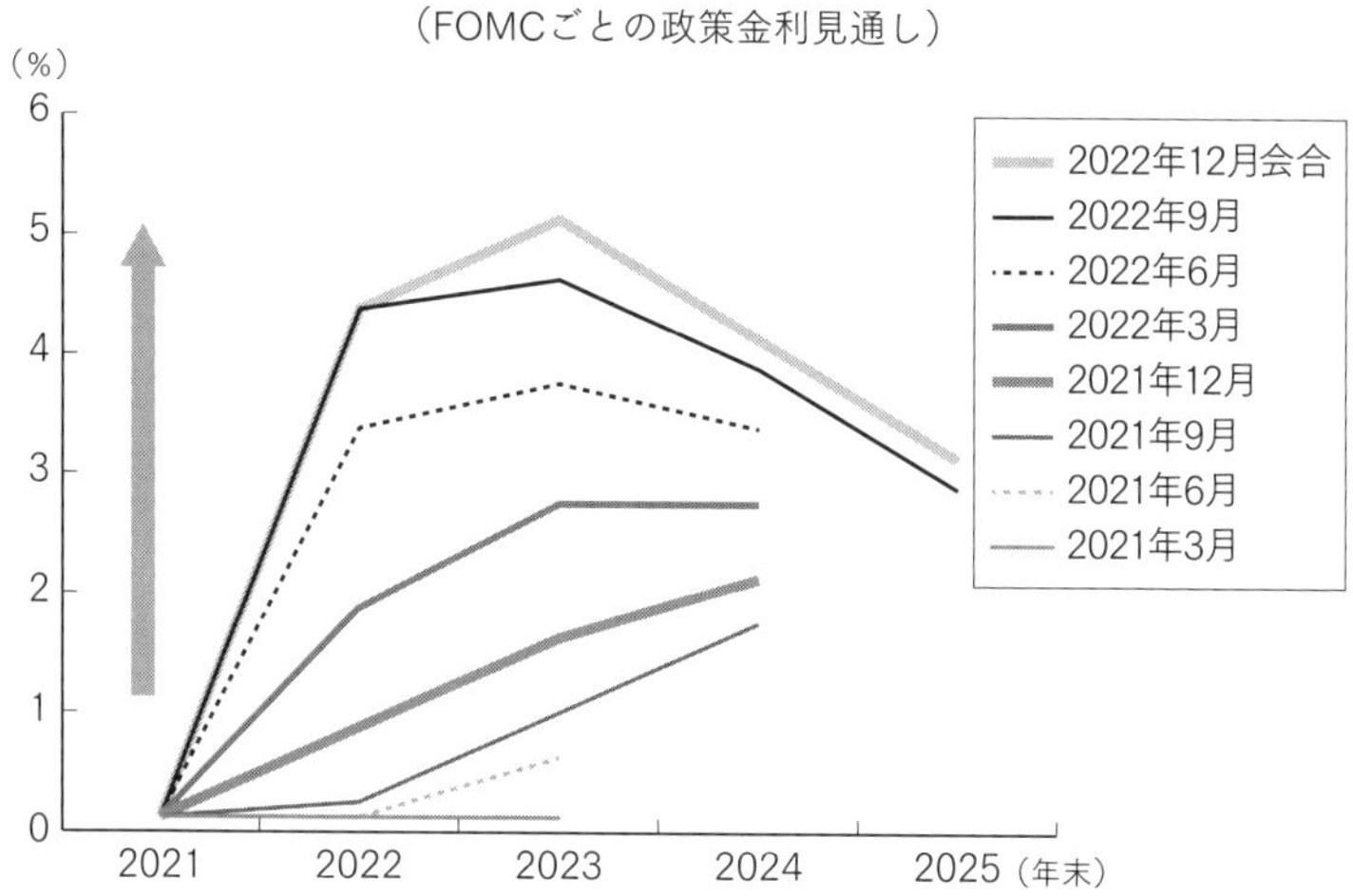

（注）FOMCメンバー予測の中央値

２０２１年３月。世界が新型コロナウイルス禍に突入してからおよそ１年が経過していた。ＦＲＢがこのとき先行きの利上げシナリオをどう描いていたのか、ご記憶の読者はどれくらいいるだろうか。答えは２０２３年いっぱいのゼロ金利の維持だ。四半期に１度公表する経済・金利見通しのなかで、米連邦公開市場委員会（ＦＯＭＣ）メンバーによる予測の真ん中の値（中央値）のかたちで「利上げの開始は２０２４年になってから」というシナリオを堂々と掲げていた。

　ＦＯＭＣメンバーの政策金利シナリオはその後、インフレ圧力の強まりを受けて予想を更新するたびに急激に上振れしていった（図５−１）。２０２２年12月の段階で、政策金利であるフェデラル・ファンド

（ＦＦ）金利の実際の誘導目標はすでに４％台に乗せている。ＦＯＭＣメンバー予測の中央値は、２０２３年末までという時間軸では５％台への利上げを指し示す。

この状況から振り返れば、「２０２３年末までゼロ金利」というシナリオは冗談にしか聞こえない。わずか2年足らず前の想定では、今（２０２２年末）も、その先1年も、米国は「ゼロ金利」のまっただ中にあったはずなのだ。

わずか2年足らずの間にここまで金融政策の姿が劇的に変わった事実は、いかに世界を襲ったインフレが強烈なものだったのか、そして中銀の見通しがいかに大きく外れたか、ということを端的に物語っている。

一気にインフレ封じ込めへ

コロナ危機を受け、ＦＲＢは２０２０年3月中に2度にわたって一気に計１・５％もの大幅な利下げに踏み切り、政策金利を２０１５年12月以来4年3カ月ぶりにゼロ％とした。社債の買い取りをはじめ、緊急の流動性・信用供給の手段も次々に繰り出した。国債や住宅ローン担保証券（ＭＢＳ）の大量購入も再開し、金融危機後をはるかにしのぐ規模で量的緩和を展開した。ＦＲＢの総資産の規模は２０２０年2月時点の約４・２兆ドルから急膨張し、２０２２年4月には9兆ドル規模に達する。未知のウイルスによって経済や金融市場が崩落する可能性を真剣に受け止め、危機を封じようと必死だったことが伝わる。

金融市場の動揺といった危機の急性症状が収まっていった２０２０年末にかけ、危機対応策の多くは撤収した。だがゼロ金利・量的緩和という本丸の金融緩和策の正常化に着手するのは大きく遅れた。

ＦＲＢの政策金利のシナリオには２０２１年６月のＦＯＭＣの時点で「利上げ」がようやく顔を出す。２０２３年末までに０・６％に引き上げる見通しを打ち出した。２０２２年いっぱいはゼロ金利を続け、２０２３年中に通常の幅（０・25％）で２回分の利上げを実施する内容だ。２０２２年中の利上げ開始シナリオに踏み込んだのは、さらに先、２０２１年９月会合になってからだった。

金融政策の正常化に向けた具体的なアクションの第１弾は、２０２１年11月初旬。国債やＭＢＳの毎月の購入額を縮小していくことで量的緩和のスピードを緩める「テーパリング（量的緩和の縮小）」の開始を決めた。金融政策の正常化に向けた重要な一歩ではあったが、緩和のアクセルを緩める段階にとどまり、ブレーキを踏むステップにまでは至っていなかった。

利上げにこぎ着けたのは、インフレ率がすでに相当高まっていた２０２２年3月のことだ。このときの利上げ幅は通常どおりの０・25％にとどめたが、次の5月会合では通常の「2倍速」である０・5％の幅に広げた。さらに6月から11月まで4会合連続で「3倍速」に当たる０・75％の幅で利上げを継続し、目の色を変えて金融引き締めに突き進んだ。

2022年秋になると、金融引き締め一辺倒の姿勢に変化が出始める。インフレにピークアウトの兆しが出てきた同年11月になって、FRBはFOMC後の声明で「金利の引き上げペース減速」の方針を打ち出した。12月には利上げ幅を0・5％に縮小し、2022年中の猛烈な金融引き締め劇の幕を閉じた。1年間の利上げ幅は実に4・25％に及んだ。

それらに先立つ2022年6月には、保有する国債やMBSの保有削減を意味する「量的引き締め（QT）」にも着手した。9月からは米国債の削減上限を従来の月300億ドルから同600億ドル（MBSを含めると475億ドルから950億ドル）に引き上げ、QTのペースも「2倍速」にした。QTも考慮すると、金融引き締めの勢いは、悪性インフレの退治で急激な金融引き締めに動いた1980年代前半にかけてのボルカー議長時代とそう遜色ない勢いだったといえるかもしれない。

ドタバタ感の拭えない引き締め劇の原因は、やはりFRBのインフレ判断の誤りに求めざるをえない。背後には、コロナ禍前からの根深い問題が横たわる。

ここからはコロナ禍以降の3年間に開かれた「ジャクソンホール会議」でのパウエル氏の講演内容に沿って話を深掘りしていこう。毎年夏にワイオミング州の山岳リゾート地にFRB首脳や世界の中銀関係者、経済学者らが集まって金融政策の最前線や世界経済の今後について議論するこの経済会議は、これまで国際金融の歴史に刻まれるような数々のドラマを生んできた。第4章でも2010年当時のバーナンキFRB議長による「緩和予告劇」に少し触れた。

コロナ禍のもとでの会議も例外ではなかった。2020年と2021年はオンライン方式での開催を強いられ、2022年に3年ぶりの対面方式に戻った。これら3回の会議はFRBのインフレを巡る戦いにおいても大きな節目となった。最初の物語の舞台は2020年8月、オンライン方式で開いた会議である。

2／渾身の「低インフレ打破策」が裏目に　格差是正の呪縛

物価の「上振れ」容認

2020年8月のジャクソンホール会議。「金融政策を運営するに当たり、我々は可能な限り強固な労働市場を育成することに引き続き強く焦点を当てる。そして長期にわたり2％のインフレ率を達成することを断固として追求していく」。パウエル氏は講演で新しい政策の枠組みを公表し、こう高らかにうたい上げた。

パウエル氏が発表した政策の見直しの柱は、長い期間をならしてインフレ率が2％程度を保つのが望ましいとする「平均インフレ目標」の導入である。具体的には、それ以前にインフレ率が2%を下回ってきた現実を踏まえ、過去の下振れ分を埋め合わせるため、しばらくの間、2%超のインフレを許容することをうたった。要は物価の「上振れ」容認である。

「物価の安定」と並ぶFRBの責務である「雇用の最大化」に関しては、最大化を測るモノサシとして、従来のように「最大水準からの乖離幅」を見極めるのではなく、「最大水準からの不足分」だけを評価するよう改めた。ごく単純にいうと「インフレのリスクは高くないので、当分は雇用をめいっぱい増やすことに集中して政策運営を続けられる」という姿勢に転じたことを意味する。

さらに注目すべきは「雇用の最大化」を「広範かつ包括的な目標」と位置付け、格差問題の是正に前向きな姿勢を示したことだ。この変化については、のちほど詳しく論じたい。

新たな枠組みは当初、コロナ禍という未知の下方ショックがあったなか、危機と闘う備えが整ったという意味で時宜にかなうとの評価もみられた。ところが、その後の推移をみると、結果的に最悪のタイミングでの見直しだったという評価のほうが適切なようにも思える。第1章でみたように、コロナ禍が最初「デフレ」の顔をみせていたはずが、突如、鋭い「インフレ」の牙をむいたことが影響している。

政策の見直し議論自体は、コロナ禍前から用意周到に積み上げられたものだった。パウエル氏は２０１８年11月、金融政策の枠組みを２０１９年に1年間かけて総点検する方針を表明した。２０１９～20年には「Ｆｅｄリッスンズ」という名で全米各地の幅広い立場の人たちと話し合う会議を15回も開いた。中小企業や労働組合だけでなく、低所得者や少数民族の人たちのグループも招き、金融政策と地域社会との関わりについて議論した。

一連の会合を1つのきっかけに、ＦＲＢは「長期の経済拡大やそれを支える金融緩和は、弱い立場の人にまで雇用拡大の恩恵をもたらす力を持つ」との思いを強めていく。

金融政策を研究する世界的な学者らを一堂に集めるアカデミックな会議も開き、望ましい政策のあり方を専門的に突っ込んで議論した。ＦＲＢのスタッフらも一斉に問題と処方箋の研究を急いだ。そのうえでＦＯＭＣの場で２０１９年7月の会合から5回にわたり、具体的な見直しの議論を進めた。

枠組み見直しの背景には、米経済が持つ成長の地力が低下し、景気をふかしも冷ましもしない「中立金利」がじりじり下がってきているのではないか、という切実な問題意識があった。中立金利とは、いわば米経済の実力にとってちょうどよい政策金利の水準を指す。この金利水準が下がってしまうと、通常の経済状態であれば政策金利の「天井」も低くなる。不況時に通常の利下げで対応する余地はそれだけ乏しくなり、政策金利は結果的にゼロ％に陥りやすくなってしまう。名目の政策金利をゼロ％以下に下げていくことは難しいため、望ましい金利の水位低下は、中銀にとって金融政策の不況対応力を弱めてしまうという非常にやっかいな状態をもたらす。これが「ゼロ金利制約」と呼ばれていた問題だ。

厳密には、欧州や日本などが小幅なマイナス金利政策を導入した。それでも名目金利を大幅なマイナス水準に押し下げるのは難しいので、この問題は「ゼロ金利制約」の代わりに「金利の実効下限制約」と呼ばれるようになった。見直し作業の過程で、ＦＲＢスタッフらの研究では「今後10年、金利の実効下限制約に直面する確率は20～50％にのぼる」との分析結果を得た。

ＦＯＭＣメンバーが推定する中立金利に似た概念の「政策金利の長期見通し」の中央値をみても、最初に数値を出した２０１２年１月時点で４・25％だったが、２０１８年になると３％を割り込んだ。その後も低下傾向が続き、２０２２年12月の時点では２・５％の水準に沈んでいる。

中立金利の低下に対応するにはどうすればよいのか。ＦＲＢは最終的に、できるだけ長い期間、金融緩和を続けて経済を温める必要があるという結論に至った。つまり少しだけ過熱気味の経済状態を許容することで経済の基礎体力の底上げを図り、中立金利の引き上げにつなげるという考え方だ。

インフレが迫るなか「デフレへの恐怖」に対応

中立金利の低迷への警戒は、「デフレへの恐怖」とも言い換えられる。ＦＲＢは２０００年ごろから１９９０年代以降の日本が直面したデフレやゼロ金利の問題について深く研究し、とりわけ政策金利が実効下限に直面した際に中銀がいかに困難な状況に直面するかを丹念に調べた。

バーナンキ議長の時代、金融危機やその後の経済停滞の対応策として導入・強化した国債・MBSを大量に買う量的緩和策や、先行きの政策を約束する「フォワードガイダンス（先行き指針）」、2％を目指すインフレ目標などの政策ツールは、こうした研究を土台に整ったという見方もできる。

2020年の政策見直しは、こうしたあらゆる政策ツールを一度、すべて棚卸しし、「日本化」を防ぐために改めて磨き上げる狙いがあったと解釈できる。つまり、このとき潜在的に求められていた「インフレを防ぐ」目的とは正反対に、もっぱら「デフレを防ぐ」観点から金融政策の枠組みを見直したということである。

FRBは当初、2019年末には新しい枠組みを決めたいと考えていたが、コロナ対応で検証作業は中断を余儀なくされた。詰めの作業は遅れ、パウエル氏は発表の場を2020年8月のジャクソンホール会議に選ぶ。会合にあわせてわざわざ持ち回りの臨時FOMCまで開いて新方針を機関決定した。具体的な決定内容は2012年1月にFRBが公表した「長期目標と金融政策の戦略に関する声明」の改定である。

パウエル氏は講演で「経済は常に進化しており、FOMCの目標達成のための戦略は新たに発生する課題に対処できるよう適応しなければならない」と表明した。FRBが過去の節目で直面してきた課題に言及し「40年前、米経済が直面した最大の問題は高騰するインフレだった」としてインフレを過去のことだと位置付けた。代わりに今、直面しているのは「金利が実効下限に近づいていることがもたらす課題」だと明確にうたった。

新方針決定の公表文では、新たな枠組みはＦＲＢが今回到達した２つの「評価」を反映していると明記した。１つは「とりわけ低・中所得層にとって強い労働市場がもたらす恩恵」である。つまり金融緩和を長く続けるほど、低・中所得層にとっての恩恵が広く行き渡り、深刻になっている格差問題への改善にもつながるという見解だ。

もう１つが「インフレ率の好ましくない上昇を引き起こすことなく、強い雇用市場が維持されうる」という近年の経験である。格差是正にもつながる強い雇用市場を目指して長期にわたり金融緩和を続けても、高インフレのリスクを冒すことにはならない、という立場にほかならない。

だからこそ、新しい方針では雇用の最大化を「広範かつ包括的な目標」だと位置付けた。とくに「包括的（inclusive）」という言葉には、格差問題の改善を狙うニュアンスを強く伴う。平均インフレ目標を通じ、当面は２％超のインフレを許容することにした狙いの１つは、ここにあった。

その後のインフレの復活を経験してしまったわたしたちにとって違和感を拭えないのが、インフレリスクの軽視である。ただそれ以上に問題だったのは、格差是正という本来、政治が解決すべき分野にＦＲＢが踏み込もうとした点ではないか。あまりに野心的なこの方針転換が、結果的にインフレリスクの軽視につながってしまったようにも思われる。

格差是正に自ら踏み込んだFRB

格差問題は政治や社会情勢と切り離して考えることはできない。米国社会の深い分断や、その分断が生み出した「異形」の大統領候補ともいえるトランプ氏の当選。そしてトランプ氏によるFRBの独立性を踏みにじるような利下げ要求などの「蛮行」。さまざまな要因が深く絡む。

民主党のバイデン氏が共和党の現職であるトランプ氏に勝利した2020年11月の大統領選では、民主党が政策綱領で「FRBの使命に人種の平等を加えることを支持」と明記したことが市場や有識者らの間で騒ぎになった。

税金の徴収や補助金の支給など資源の再配分は選挙で選ばれた政治家の役割であるはずだ。あくまで景気や物価の全体像のコントロールを任された中銀がこの領域に踏み込めば、正当性やその権限が問われかねない。これが常識だった。ところがFRBは抵抗することもなく、自ら格差問題に積極的に関わろうとした。

FRBは2020年8月に新たな枠組みを打ち出した際、そのための理論武装ともいえるスタッフらによる論文を10本あまり公表した。その1つ、「金融政策戦略の分配に関する考察」と題する論文では、平均インフレ目標の導入が低所得層に特に大きな恩恵を及ぼすとの分析結果を明らかにした。

専門家の間でも、格差問題と金融政策の関係を調べる研究が活発になってはいた。格差問題をいっさい無視した景気の分析や最適な金融政策の処方箋づくりは困難になっていたためだ。

このときの論文も、格差拡大で金融政策運営は難しくなると主張した。貯蓄にお金を回すことの多い高所得層に富が集中すると「過剰貯蓄」の傾向が強まって金利を押し下げる。ゼロ金利環境になりやすく、中銀の手足を縛る。一方、貯蓄の「のりしろ」が乏しい低所得層が増えると、失業が消費の急減に直結し、景気後退が深刻になる。2020年11月のFOMCでの議論でも、中低所得層の資金繰り悪化や消費急減を懸念する声が出た。


かつては金融政策の効果を測る際、無数の家計を同じ性質の「金太郎あめ」のように扱うことが多かった。これだと所得や富の格差はないという前提になる。代わりに近年では所得や資産の水準や構成が違うさまざまな家計を前提に置く「HANK（異質な主体を扱うニューケインジアン）モデル」と呼ぶ手法が発展し、金融政策と格差を詳しく分析できるようになった。

ゼロ金利の環境下で起きる深刻な景気後退をHANKモデルはどう描くのか。論文では、通常の金利操作の場合、失業率は平時の6％から14％近くに高まるとはじいた。平均インフレ目標でゼロ金利の長期化を約束した場合は12％前後。両者の差はわずか2ポイントだが、黒人男性や高卒資格のない男性に限れば、ざっと2倍の「効果」がみられる分析結果もあるという。

一部の識者からはFRBが演出した長引く低金利環境こそが資産価格の高騰を呼び、富める者をより豊かにしてきたとの批判が出ていた。格差是正が世界的な関心を呼ぶなか、「FRBは格差問題の敵」という印象が強まりかねない。新たな枠組みのもとで失業率の低下を最優先にして金融緩和を続ければ、その恩恵は低所得者により多く向かう。新しい分析手法を持ち出して「長期緩和こそ格差問題に有効」という論陣を張ったかたちだ。

労働市場の過熱をテコに経済を刺激する手法は、労働経済学者でもあるイエレンFRB前議長が言及したことのある「高圧経済（High-pressure economy）論」の考え方そのものだ。バイデン政権の財務長官には、そのイエレン氏が就任した。

2021年3月、イエレン氏は「Go Big（大きく行こう）」を合言葉に、1・9兆ドル、円換算にして200兆円をはるかに上回る追加の経済対策を成立させ、「2022年には完全雇用に回復する」と唱えた。これに続くインフラ投資の計画は「米国雇用計画」と銘打った。一方のFRBはこのころ2023年末までゼロ金利を続ける姿勢を崩さず、パウエル氏は「雇用改善を追求する」と意気込んだ。

トランプ政権期の大規模経済対策にさらに上乗せするイエレン氏の財政拡張策に、パウエル氏が緩和的な金融緩和で足並みをそろえる「イエレン・パウエル・ドクトリン（原理）」。2人はやがて、インフレの荒波に飲み込まれていくことになる。

3　高圧経済論の敗北　高インフレ「一時的」の看板を撤回

「オークン理論」とウォーリック

イエレン氏やパウエル氏に共通した「高圧経済論」とは、巡航速度を超える経済成長率や均衡水準を下回る失業率、つまり過熱気味の経済状態をしばらく容認し、格差問題の改善を含め、質・量ともに雇用の本格改善を目指す考え方だ。

イエレン氏がFRB議長時代の2016年の講演で具体的に言及し、世界的な注目を浴びたが、実はこの議論の歴史は長い。なかでも、ある2名の「先達」の思想をたどると、重い教訓が浮かび上がる。

まず1人が、経済成長率が高まると失業率が下がる現象に一定の関係を見いだした「オークンの法則」で有名な米経済学者のアーサー・オークン（1928～80年）。1973年の論文で、高圧経済は労働市場で弱い立場にある10代や女性を中心に恩恵をもたらし、経済全体の生産性も高まるとした。

過熱気味の経済のもとでは、企業は賃金上昇を抑えつつ、人手不足に対応しなければならない。

採用基準を少し緩め、高学歴・高技能の男性以外にも門戸を開くようになる。そうなれば10代や女性が技能を磨く機会も増える。

こうした考えが半世紀後のイエレン氏やＦＲＢに影響を与えたのは間違いない。イエレン氏は先述した２０１６年の講演資料でオークンの論文を参照し、先駆者への敬意をみせた。ＦＲＢはその後の２０１９年の論文で「オークンの分析は今も妥当」とした。題名は、ずばり「オークン再訪」。この論文は、その後、パウエル氏が主導した２０２０年の政策見直しの理論的支柱の１つにもなった。

もともとオークン理論は長い間、忘れ去られていた。論文を公表した１９７３年は、くしくも第１次石油危機と重なる。急激なインフレに見舞われると、過去の遺物として扱われるようになった。

ここで、もう１人の人物が登場する。経済学者でＦＲＢ理事を長く務めたヘンリー・ウォーリック（１９１４〜88年）。米エール大教授時代の１９５６年、「経済学者は経済の高圧運営と低圧運営の提唱者に分類できる」と言及し、高圧経済という言葉が広まるきっかけをつくった。

高圧経済の提唱者として歴史に刻まれているわけではない。むしろ逆だ。１９７４年にＦＲＢ理事に就くと、しばしば執行部の方針に逆らってまでインフレ抑制を強硬に主張した。ドイツから移住したユダヤ系。幼いころに第１次世界大戦後のハイパーインフレーションを経験し、その後のナチス台頭下のユダヤ迫害で肉親を失う。ＦＲＢ議長時代、インフレ鎮圧で名をはせたボルカー氏をして、「何よりもまず、インフレファイターだった」と言わしめた。

オークンの高圧経済論を「インフレリスクを過小評価した」と批判したウォーリック。「インフレか失業かの選択ではない。（高インフレを避けるために）短期的にやや高めの失業を受け入れるか、長期的に、はるかに高い失業に耐えるかだ」。高インフレの回避こそ雇用安定につながると信じた。


高インフレ時代の終わりとともにウォーリックの警鐘もいったん時代遅れになったが、オークン理論の再評価と同時に、ウォーリックの懸念も現代によみがえる。

「第2次大戦時に近い規模の経済刺激が、長い間経験しなかった種類のインフレ圧力を引き起こす可能性がある」。元米財務長官のローレンス・サマーズ氏は２０２１年2月、現代版の高圧経済政策に警鐘を鳴らし、インフレのリスクを巡る大論争の引き金を引く。これに対し、パウエル氏もイエレン氏も、物価上昇は局所的で一時的だと突っぱねた。

その後の状況を踏まえると、正しかったのはオークンではなくウォーリック、そしてパウエル・イエレン両氏ではなくサマーズ氏ら、ということにはなるだろう。

だが、実は当のオークンも自らの高圧経済論を「突撃の進軍ラッパではない」と表現し、闇雲な景気過熱には反対していた。具体的には４％の失業率（１９７２年の平均は５・６％）を目指

図5-2　コロナ禍のジャクソンホール会議が大きな節目に

（米インフレ率・政策金利とパウエルFRB議長の講演内容）

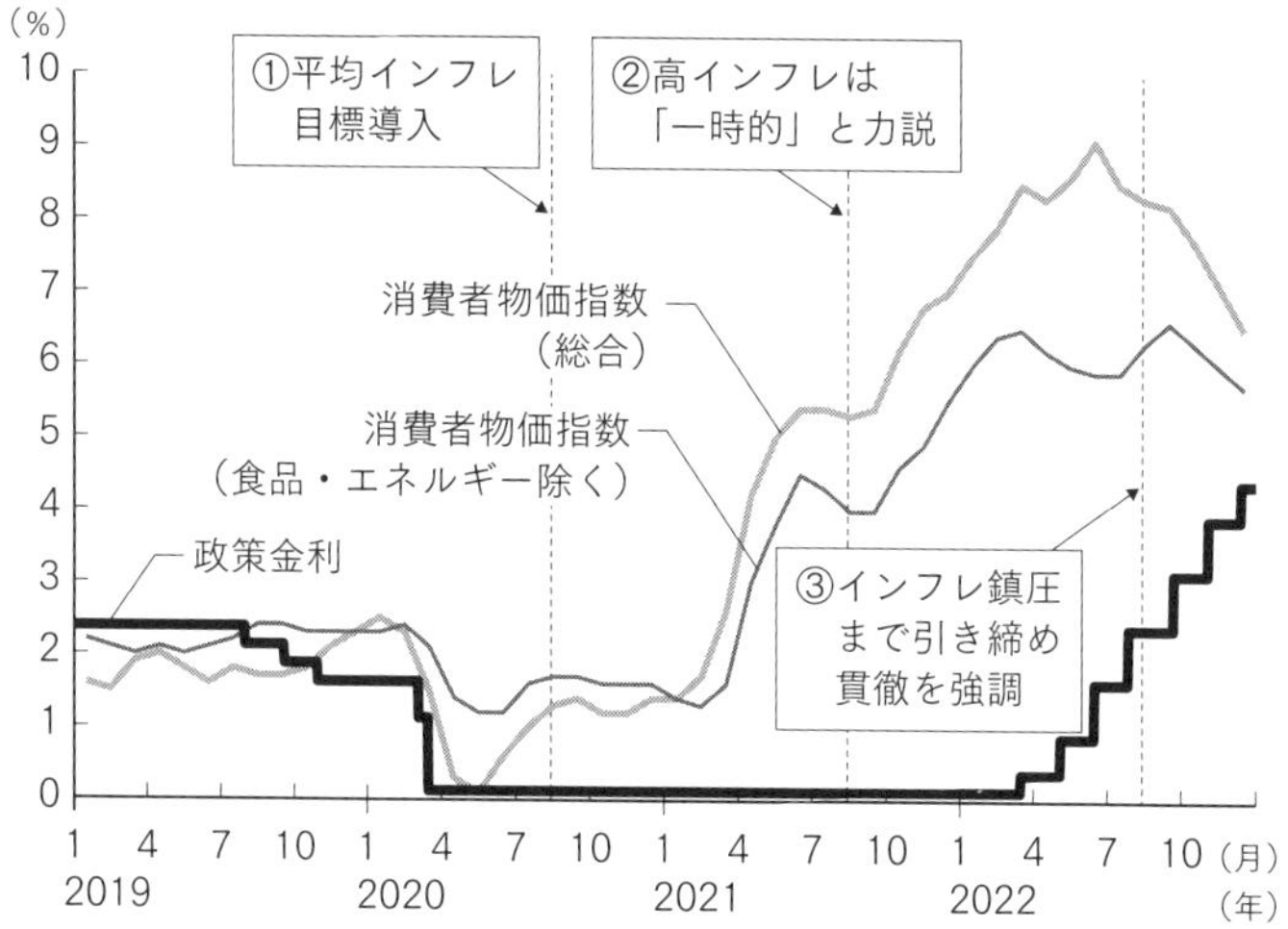

（注）消費者物価指数は前年同月比、政策金利はレンジの中間値
（出所）米労働省、FRB

し、職業訓練や賃金抑制策などとセットで人々が少しずつ質の高い仕事に移る姿を描いた。これに対し「イエレン・パウエル・ドクトリン」には、本家が主張したような行き過ぎた景気過熱を防ぐ手立てが欠けていた。

ここで舞台は2021年8月のジャクソンホール会議に移る。パウエル氏が同じ会議で渾身の金融政策の見直しを打ち出してちょうど1年。インフレ率がみるみる高まるなど状況は一変し、パウエル氏はインフレ対応の出遅れに対する批判にさらされていた（図5－2）。パウエル氏は、ここで「高圧経済路線」の擁護を試みる。それはインフレを「一時的」とする説の最後のヤマ場となった。高圧経済路線という世紀の一大実験も終わりが近づいていた。

「ジャクソン5」の中身

パウエル氏は講演の3分の1以上を割いて、「いかに高インフレが一時的な現象にとどまる可能性が高いのか」の理由を多方面から説明した。その論拠は5つ。「ジャクソンホール会議で掲げた5つの理由」ということで、金融市場ではそれらを若き日のマイケル・ジャクソンを擁したジャクソン兄弟のグループ名になぞらえ「ジャクソン5」と揶揄《やゆ》する声もあった。すでにパウエル氏の主張を額面どおりに信じる市場参加者は少なくなっていた。

ジャクソン5の「メンバー」は以下のとおりだ。

①幅広い範囲でのインフレ圧力の不在

インフレ圧力が幅広い分野に広がってしまっているわけではない。高インフレ率を記録しているのは、耐久財やエネルギー、ホテル宿泊料や航空チケットなど新型コロナのパンデミック（感染大流行）とその後の経済再開の影響を直接受けた比較的狭いモノやサービスに限られる。

②高インフレ品目の上昇の緩和

値上がりの激しかった品目の上昇の勢いは和らぎつつある。中古車価格などの急騰した品目は供給不足が解消されるにつれ、価格が安定してきた。こうした動きは耐久消費財全般にも当てはまるはずだ。

③インフレ目標に見合う賃金上昇率

賃金上昇は２％のインフレ目標と整合的なペースにある。現在、過度なインフレをもたらすような賃金上昇の兆候はほとんどみられない。広義の賃金指標を今後も注意深く監視し続ける。

④長期インフレ予想の固定

長期的なインフレ期待を示すさまざまな指標は今日、２％の目標とほぼ一致する水準にある。２０１４年ごろから全般に低下したあと、最近は反転上昇して２％目標とより整合的な水準にあり、歓迎すべき動きだ。

⑤グローバルなディスインフレ圧力

過去四半世紀にわたり世界ではディスインフレ（インフレ率の低下）圧力が広がってきた。世界ではテクノロジー、グローバリゼーション、人口動態といった要因が持続的なディスインフレにつながってきた。これらが突然反転したり弱まったりすると考える理由はほとんどない。

それぞれに後付けの批判をすれば、以下のようになるだろう。①は、中銀は「供給制約」がもたらすインフレ圧力には対応する必要はない、という伝統的なFRB執行部の姿勢が残っていたことを示す。②は、そうした供給要因によるインフレ圧力はすでに後退しつつあるとの半ば「願望」が混じっていた。③④は非常に重要な論点ではあるが、賃金や人々のインフレ予想の高まりが自己実現的にインフレを深刻にする「真性インフレ」もしくは「悪性インフレ」を防ごうという切迫感に欠けていた。⑤は長期の物価動向に影響を与える構造問題を持ち出し、短期や中期のインフレの流れを過小評価していた。

当時、消費者物価の上昇率はすでに総合指数の前年同月比で5％を超えていた。パウエル氏はこれらの主張にどのくらい自信を持っていたのだろうか。講演では1970年代の大インフレを例に「歴史はまた、中銀が一時的な要因によるインフレが弱まっていくことを当たり前に思ってはいけないと教えている」とも言及していた。「中銀は一時的なインフレ率の急騰と、もっと厄介な動きとを区別するという問題に常に直面しており、リアルタイムで確信をもっておこなうことが難しい場合もある」とも語っている。

上記の5人の「メンバー」の1人でもグループを脱退すれば、もはやインフレは一時的とはいえなくなる状況になりつつあった。このときの講演は、自説の撤回も意識した、パウエル氏流の地ならしの意味もあったのかもしれない。

実際、ジャクソンホール会議からわずか3カ月ほどあとの2021年11月末、パウエル氏は議会証言で「『一時的』という言葉は人によって異なる意味を持つ。使うのをやめるべきだと考えている」と語り、ついに「インフレは一時的」との自説を撤回した。一転、「物価上昇のリスクは高まっている」と語り、金融引き締め路線に本格的にカジを切ることになる。

恒常的なインフレに

パウエル氏の方針転換を後押ししたのは、2021年10月末から3週連続で経済指標が上振れしたことだった。「決定的なインフレ率の高まりと労働市場の（改善の）より急速な進展が判明した」。12月のFOMC後の記者会見で、本人が突っ込んで語っている。

まず「一時的」との判断が大きく揺らいだのが、2021年11月2〜3日に開いたFOMCの直前。10月29日に発表された2021年7〜9月の雇用コスト指数が賃金の急上昇を示し、11月の会合で急きょテーパリングのペースを予定よりも引き上げることも「一瞬考えた」が、結局は市場に織り込まれていないため断念したのだという。

さらにFOMC直後の5日に発表された10月分の雇用統計も強い内容となり、コロナ禍で働くのをやめた人たちが仕事に戻らないなか、労働市場の過熱ぶりを示した。

その翌週の10日に出た10月分の消費者物価指数がとどめを刺した。上昇率は総合指数で前年同月比6・2％。前月から0・8ポイントの幅で急拡大し、31年ぶりに6％台に乗せた。夏場にいったん伸び率が鈍ったようにみえたインフレ率の再加速。「ほかの2つの統計と呼応するような消費者物価の数字をみて、私はその週末にテーパリングを加速させる必要があると考え、そのための作業に着手した」。12月会合では1カ月前に始めたばかりのテーパリングの加速を決めた。

やはりジャクソン5は「早期解散」の憂き目に遭った。①や②で挙げた供給制約による物価上昇の要因が新型コロナの変異型「オミクロン」の流行などから簡単には消えないことがはっきりしてきた。③や④といった賃金やインフレ予想の上振れによる本格的なインフレのリスクも意識せざるを得ない事態になったということだろう。

パウエル氏が会見でこれだけ細かく判断を翻した理由を説明したのには理由があった。ちょうどこの間、バイデン大統領がパウエル氏のＦＲＢ議長の再任指名をしている。米メディアの報道によると、バイデン氏との面会は２０２１年11月４日だったという。議長候補にも名前が挙がっていたブレイナード理事の副議長昇格とあわせ、再任の指名を発表したのは同22日だった。

インフレ対応に本腰を入れるよう政治の働きかけはあったのか。パウエル氏は12月の会見で、テーパリングの加速を決めたのは「大統領が私の再任を決めた10日前のこと。正直言って全く関係ない。わたしたちがやるべきことだと私自身が考えた」と明確に否定したが、額面どおりに受け止めるのは難しい。高インフレはすでに政治問題となっていたからだ。

米モーニング・コンサルトとポリティコの２０２１年11月中旬時点での調査では「インフレ率

が高まったのはバイデン政権の政策の責任」とみる有権者が、民主党支持者でも計46％と半数近くに及んだ。その比率は7月調査の41％から高まっていた。

バイデン氏がパウエル氏の再任とブレイナード氏の昇格に際し、両者に「雇用の最大化はもちろんだが、まずはインフレ抑制を重視してほしい」との意向を伝えた可能性は捨てきれないだろう。

方針大転換、「雇用改善のためにこそインフレを鎮圧」

2021年11月22日。バイデン氏はホワイトハウスでパウエル氏とブレイナード氏を従えて両者の指名を発表し、パウエル氏の再任を決めた理由を「雇用の最大化」という目的の共有と同時に、「わたしたちの家庭や経済にもたらすインフレの脅威にも対処し、その努力をやり遂げるのにはジェイ（・パウエル氏）が適任であると信じる」と語り、インフレ対応に強い期待感を示した。

これに対し、パウエル氏は「前例のない規模での経済の再開に加え、パンデミックの影響が続き、供給と需要のバランスが崩れ、ボトルネックが生まれ、そしてインフレの爆発を招いた」と踏み込んだ現状認識を示し、「経済と力強い労働市場を支え、高インフレが定着してしまうのを防ぐため、さまざまな手段を用いるつもりだ」と応じた。まだ「一時的」の主張を撤回する前ではあったが、事実上、ここで「インフレファイター」に転じることを宣言した。

金融緩和に前向きな「ハト派」の代表格とされてきたブレイナード氏は指名受諾に際し、もっと大胆な転身ぶりを演出した。「私は仕事を進めるうえで働く米国の人々を中心に据えることを約束する。人々が仕事や給料の行方に集中しているときだからこそ、インフレを低く抑えるという意味だ」。こう端的に語ったのだ。

バイデン氏からの指名を機に、パウエル氏とブレイナード氏は「インフレを気にせず雇用の改善を」という今までの戦略の失敗を認め、「雇用改善のためにこそインフレの鎮圧を」という方針に180度、転換した。悪くいえば、論理のすり替えである。FRBの首脳人事を機に「引き締めこそ正義」を旨とする「パウエル・ブレイナード・ドクトリン」が生まれた。

実際、インフレ問題は格差を広げかねない深刻さを伴い始めていた。パウエル氏は指名に際し「高インフレは、とりわけ食料、住宅、交通などの必需品のコスト上昇に対応する余裕に乏しい家庭に打撃を与えることを承知している」とも述べている。ガソリンや食料品などの生活必需品を中心に値上がりが進み、低所得層ほど購買力が落ちていたからだ。

平均インフレ目標の導入がインフレ対応の出遅れを生み、インフレに拍車をかけたのだとすれば、格差を改善するための新たな金融政策の枠組みが裏目に出て、むしろ格差を広げていたということになる。

フィラデルフィア連銀の前総裁、プロッサー氏は当時、「FRBはインフレを一時的だと主張するが、そうした政策スタンスこそが状況を悪化させ、より持続的なものにしている」と断じていた。高インフレを放置するかのようなＦＲＢの姿勢が人々のインフレ予想を刺激してしまったというわけだ。

イエレン氏との共闘による高圧経済路線は、もろくも崩壊する。２０２１年当時、インフレ加速のリスクに対するサマーズ氏らの批判をものともせず、大規模な財政拡張に突き進んだイエレン氏。２０２２年5月になって米テレビのインタビューで「私は当時、インフレがたどるであろう道筋を見誤っていた」と告白した。パウエル氏と同様、インフレの脅威を過小評価していた。

２０２２年11月の中間選挙で高インフレは民主党とバイデン政権の逆風となったはずである。実際には民主党は上院で多数派を保ち、下院でも予想ほど負けなかったが、トランプ氏が擁立した極端な候補者たちが激戦州で苦戦した影響が大きい。共和党の「トランプ氏頼み」の戦略の失敗という「敵失」に助けられたわけだ。

ＦＲＢは当初、世間的に、また政治的に、インフレ放置という批判が集まってもおかしくないような隙をみせていた。その後、世論が嫌う急激な利上げで景気押し下げに突き進むという「危ない橋」も渡った。それでも政治的なスケープゴートにならずにすんだことは幸運だったというほかはない。だが、インフレとの勝利までが確約されたわけではなかった。

4 後世の評価は「ボルカー2世」か「バーンズ2世」か

わずか9分足らず、異例の講演

ジャクソンホール会議の最後の舞台は2022年8月である。このときのパウエル氏の講演もメッセージのシンプルさにおいて歴史に残る講演といえるかもしれない。講演は予定時間の30分に対し、直前になって急きょ、わずか9分足らずという異例の短時間の内容に絞られた。そのメッセージとは「家計や企業に痛みをもたらしてでも、物価安定のために大幅な金融引き締めに専念する必要がある」というものだ。

2021年秋の方針転換を機に、パウエル氏のFRBは金融引き締めを急いだ。2022年のジャクソンホール会議に先立ち、6、7月のFOMCでは通常の「3倍速」となる0・75％利上げを連発した。ところが市場にはFRBが景気に配慮してそのうち金融引き締めの手綱を緩めるだろうとの期待が根強く、夏場から米株価の上昇傾向が目立っていた。FOMCの議事要旨などではメンバーらが「引き締めが足りないリスク」を強調すると同時に、「引き締めをやり過ぎるリスク」にも言及していた。

そこでパウエル氏は講演内容から、金融引き締めの打ち止めが近いとの印象を与えるような「ハト派」的な表現を一掃し、「タカ派」一辺倒のメッセージに聞こえるよう単純で直接的なものに絞った。タカ派的な色彩の濃い講演を受け、市場では米金利は上昇、株価は急落し、パウエル氏の思惑どおりの反応を示した。

パウエル氏が景気悪化を覚悟してまで金融引き締めにまい進する覚悟があったかは微妙だ。市場や国民にインフレ鎮圧に向けたFRBの覚悟が信頼されないようだと、そのこと自体が人々のインフレ心理を解き放ち、一段の高インフレの原因になりかねない。あえて細かい理屈をこね回すのをやめたというのが実態に近いだろう。

講演ではバーナンキ氏、グリーンスパン氏、ボルカー氏という歴代議長の認識や言葉を引用しながら、①供給制約が中心の高インフレであってもFRBはコントロールできる②将来のインフレ予想の安定を保つためにも、現在の高インフレを放置するわけにはいかない③インフレの鎮圧に向けた作業はやり遂げるまで継続しなければならない――という3つの決意を並べた。

バーナンキ氏とグリーンスパン氏の言葉は、引用しなければ講演が成り立たないというほどの重要な役回りを担ったわけではなかった。パウエル氏が意識したのは、やはり悪性インフレの鎮圧をなし遂げたボルカー氏であっただろう。

とりわけ重要なのは「1980年代前半のボルカー・ディスインフレーションの成功は、それ以前の15年間にインフレ抑制の試みに何度も失敗した末にもたらされたものだった」という箇所である。ボルカー・ディスインフレーションとは、ボルカー氏主導の金融引き締めによる高いインフレ率の低下という意味だ。

パウエル氏は講演を「我々はこの仕事を完了したと確信するまで諦めずに続ける（will keep at it）」と締めくくり、ボルカー氏の回顧録『Keeping At It』を意識したとの見方が広がった。

具体的にボルカー氏並みの激しい金融引き締めを目指そうとしたわけではない。むしろ、パウエル氏は講演で「今決意をもって行動する」ことによって、ボルカー氏時代のような異常なまでの金融引き締めを迫られ、深刻な景気後退をもたらすという「結果を避けることが目的」だと強調している。つまり、ボルカー時代の再来を防ぐためにも、「インフレ抑制の試みに何度も失敗した」ボルカー以前の「15年間」の轍《てつ》を踏まないことが重要だと認識していることがわかる。

バーンズ、ミラー両氏からの教訓

このときの講演では、パウエル氏が名前を言及しなかった過去のＦＲＢ議長こそが本当の主役だったといえる。前任の議長だったイエレン氏への言及を避けたのは、イエレン氏から引き継ぎ、コロナ禍初期に財政・金融で共闘した高圧経済路線の失敗が念頭にあったのかもしれない。重要な役回りを影で担ったのは、ボルカー氏によるインフレ鎮圧以前の期間、ＦＲＢを率いたバーンズ氏（議長在任期間１９７０年２月～１９７８年１月）とミラー氏（１９７８年３月～１９７９

年8月）だったはずだ。

バーンズ、ミラー両氏の議長在任期間は合計で9年あまり。パウエル氏はバーンズ氏以前にインフレ対応に出遅れた数年間と、ボルカー氏が鎮圧前にインフレと苦闘した時期を含め、「15年間」と表現したのだろう。

とりわけ、のちの評価でインフレ高進の「戦犯」扱いされているのがバーンズ氏だ。景気循環論の権威として高名な経済学者であったが、インフレ対応には詰めの甘さが目立った。インフレの勢いが少し衰えたり、失業率の高止まりなど弱い景気指標が相次いだりした時点で金融引き締めの手を緩める運営手法を繰り返し、早すぎる引き締め減速がインフレ圧力を温存し、育んだ。いわゆる「ストップ・アンド・ゴー政策」である。ニクソン氏など当時の大統領らから、雇用拡大を重視するよう圧力を受け続けていたことが背景だといわれている。

パウエル氏は講演で「過去の記録は、早まった政策の緩和を強く戒めている」と述べており、バーンズ時代の金融政策を反面教師として強く意識していることがわかる。

バーンズ氏が退任間近のころ、いったん収まったようにみえたインフレに再燃の兆しが出ていた。ミラー氏への議長交代直後からインフレ率は2ケタに向けて急激に拡大し、雇用拡大を優先したい政治もさすがにインフレ鎮圧に本気になり始める。1978年にはカーター政権がインフレ対策を相次いで導入し、FRBもミラー氏のもと利上げを急いだが、悪性インフレのマグマはもはや通常の金融引き締めでは手に負えなくなっていた。

1979年8月にボルカー氏が議長に就くと、10月には金融政策の操作目標を金利から金融機関が保有するお金の量（準備預金）の一部に変更し、市場の資金量を一気に絞る挙に出た。金利を目標とせずに市場にあるおカネの量を操作することで事後的に金利の急騰を容認するという構図をつくり、金利目標を引き上げる手法では到底、実現できないような規模での「利上げ」を可能にしたのである。

短期金利は1981年に一時20%を超える水準まで高まった。その後、失業の急増を伴う深刻な景気後退を代償に、つまり本格的なスタグフレーション（景気の停滞とインフレの併存）を経て、ようやくインフレは鎮まった。


ボルカー氏による高インフレの鎮圧後、後任のグリーンスパン議長時代以降、FRBは市場の期待をうまくコントロールし、混乱時には素早く金融政策を緩和し、経済の安定につなげてきた。市場にはやがてリスク資産を支える「優しいFRB」のイメージが定着した。FRBによる市場重視の金融政策や実際の「助け舟」は、株価下落による損失を限定するためのオプション取引の「プット（売る権利）」になぞらえ「グリーンスパン・プット」「パウエル・プット」などと呼ばれるようになった。

本当のところは、グリーンスパン期以降の金融政策運営はバブルの生成と崩壊というサイクルを放置または増幅させる重い副作用があり、「優しいＦＲＢ」はまやかしでしかないのだが、ＦＲＢと市場の共依存関係はそれほど解きがたくなっている。

仮にパウエル氏が根強いインフレ圧力のなかで、引き続き「優しいＦＲＢ」として振る舞おうとすると、バーンズ時代のストップ・アンド・ゴー政策を繰り返してしまうことになる。市場がそう思うだけで、お金がリスク投資に流れ続けて経済を刺激し、金融引き締めの効果がそがれるかもしれない。バーンズ期の失敗を繰り返さず、ボルカー期ほどの金融引き締めにも追い込まれないようにするため、パウエル氏は「タカ派」の演出に専念したのである。

インフレはピークを迎えたか

２０２２年秋以降はインフレ率に明確なピークアウトのサインが出始め、ＦＲＢは従来の金融引き締め一辺倒の姿勢を変化させ始めた。２０２２年８月のジャクソンホール会議は「タカ派」ＦＲＢとしてのピークだったといえる。ＦＲＢは同年12月のＦＯＭＣには利上げ幅を通常の「３倍速」の０・75％から０・５％に縮小し、利上げの減速に着手した。

２０２３年２月初めのＦＯＭＣでは利上げ幅を平時の０・25％に戻した。異例の引き締め局面は終わりが近づきつつある。紆余曲折《うよきょくせつ》を経ながらも、インフレ鎮圧という勝利に向け、パウエル氏のＦＲＢは歩を進めているようにみえる。

それでも２０２２年末時点では、ＦＲＢはまだ金融引き締めの「旗」を降ろしたわけではない。

2023年もなおしばらくは利上げを続ける方針を示しつつ、過去の急激な金融引き締めの効果が経済や市場に与える影響をにらみながら「どこまで金利を引き上げるか」「引き上げた金利をいつまで続けるか」という2点について慎重に探っていく姿勢をとっている。

2022年12月に公表したFOMCメンバーの経済・金利見通し（中央値）では、2023年中に政策金利を5・1％まで引き上げ、同年末まで利下げに転じないとのシナリオを提示した。強い引き締め効果を生む「制限的な政策金利の水準」をしばらく継続しない限りは、しつこいインフレ圧力を鎮めることはできないとみているからである。

先行きは不透明感が強い。パウエル氏が2023年2月に「ディスインフレーションの過程」に入ったと宣言した直後、雇用統計など強い指標が相次ぎ、一転、利上げの再加速が焦点となった。すると3月にはテック系ベンチャーとの取引で知られるシリコンバレーバンク（SVB）が破綻し、急激な金融引き締めの負の側面があらわになり、今度は利上げの休止説が一時広がる事態となった。

もちろんインフレ圧力が簡単に鎮まらない未来像が完全に消えたわけではない。とくに問題なのは、賃金と物価が共振しながら勢いよく上がっていく「賃金・物価の悪循環」のリスクだ。1970〜80年代の苦難の高インフレ時代、元凶となったのがこの悪循環の存在であった。FRBのほか、欧州中央銀行（ECB）や英イングランド銀行（BOE）が遮二無二金融引き締めに突き進んだのも、その悪魔を現代によみがえらせたくない一心からだったのである。

ＦＲＢが金融引き締めの手綱を緩めてしまうと、悪循環を呼び覚まし、インフレ圧力がもっと深刻なかたちで再燃するのを許してしまうかもしれない。これが最悪のシナリオだ。そのリスクはまだ完全には消えてはいない。

パウエル氏はインフレを鎮火させた名議長としてその名を刻むのか、それともインフレを退治しきれなかった議長として不名誉な評価がつきまとうことになるのか。後者であれば、平均インフレ目標の導入を含めた初動の遅れとあわせ、ＦＲＢの「黒歴史」として語り継がれることにもなりかねない。「ボルカー2世」か「バーンズ2世」か。パウエル氏の評価が定まるのは、もうしばらく先のことになるはずだ。

5 歴史的なドル高の行方　消えぬ「不況下の通貨高」の影

ドルから外国為替を見てみる

ＦＲＢ議長は２０２２年春以降、猛烈な勢いで金融引き締めを進め、外国為替市場に歴史的なドル高をもたらした。同年秋にかけての円の急落劇の裏側でドル高が強く作用していたことは、繰り返し指摘したとおりである。

米長期金利の指標である10年物の国債利回りは急上昇し、2022年10月には一時4・3％台と2007年11月以来の高水準を付けた。もともと使い勝手のよい基軸通貨ドルに金利面での魅力も加わり、世界のマネーが米国に集まった。ドルは円に対してだけではなく、大半の通貨に対して上昇する「全面高」の様相を呈した。

FRBの利上げの減速が現実となり、市場が利上げの停止や利下げへの転換も意識するようになると、ドル高の勢いは失速する。円相場も2022年秋以降、上昇に転じた。この先はどうなるのか。日銀以上に迷いながら道を探るFRBの姿を描いてきた本章のまとめとして、ドルの側から外為市場を眺め、先行きを占ううえでのポイントをみていきたい。


国際決済銀行（BIS）によると、先進国のほか新興国も含めた幅広い通貨に対するドルの強さを示す名目実効レートは2022年10月、1994年のデータ公表開始後の最高水準を付けた。それ以前の推移を先進国中心の指標を使って試算すると、1985年の高値を上抜けしていた可能性もある結果となった。米国がドル高に耐えられず、日米欧が協調して是正に動いたプラザ合意前の水準である。2022年12月の数値は10月の高値からは4％ほど低下したものの、依然として歴史的な高値圏にあることに変わりはない（図5－3）。

対外インフレ格差を考慮して名目実効レートの値を調整し、ドルが持つ正味の購買力を計算し

図5-3　ドルはプラザ合意前後以来の歴史的な水準に上昇

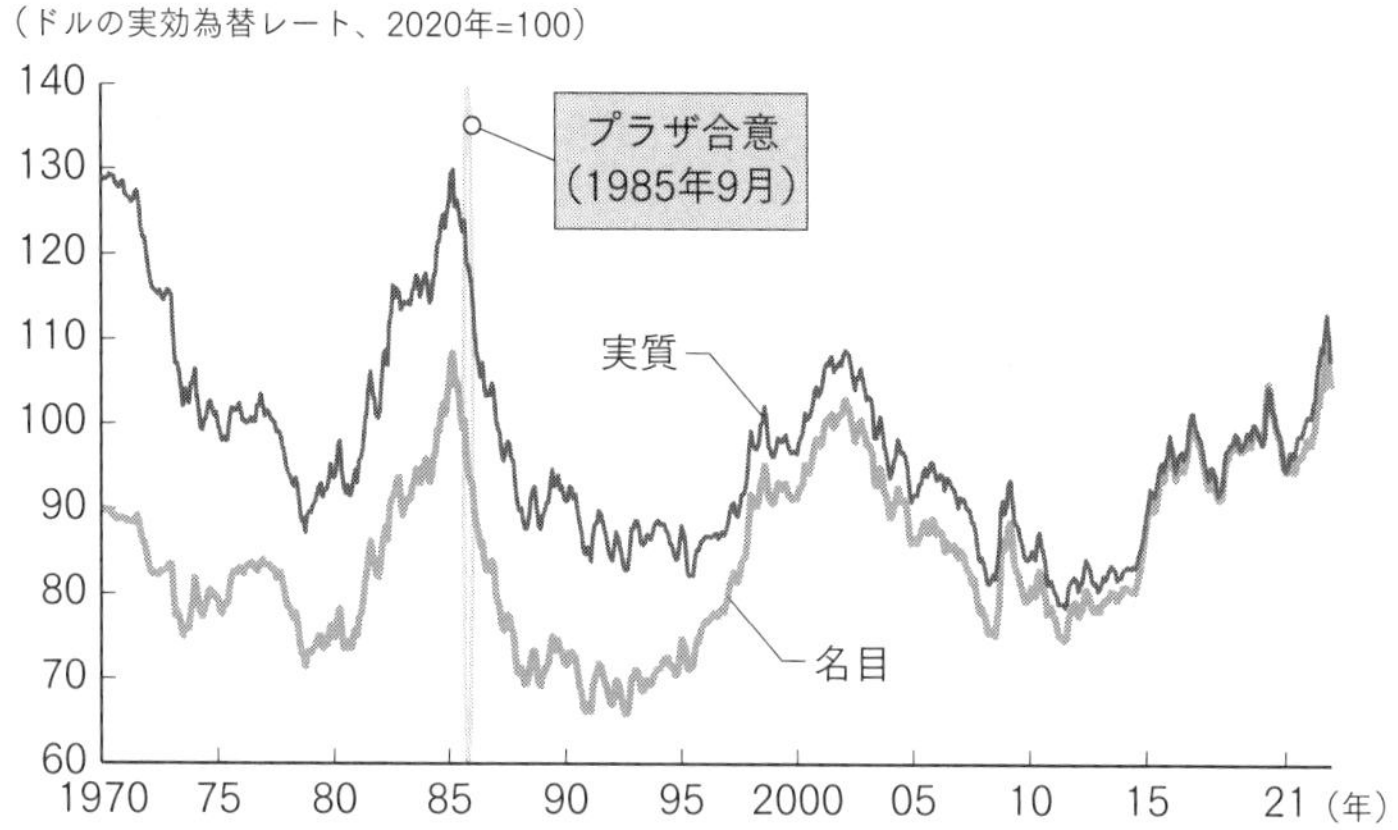

（注）BISのデータから計算。対象通貨は原則新興国も含めたベース、1993年以前は先進国中心の指標データを接続した試算値

た実質実効レートでみても、プラザ合意直後以来の高値を一時付けていた。

基軸通貨ドルをつかさどる米金融当局は国際金融市場で圧倒的な影響力を有する。常に世界的な視野が必要とされるが、2021年秋以降のパウエル氏のFRBは国内のインフレをどう制御するかにかかりきりとなり、海外にどんな影響が及ぶかになど構っていられないのが実情だった。米国の引き締めにあおられて世界で起きたのは、金融危機後のような通貨安競争とは正反対の「通貨高競争」「金融引き締め競争」である。

ドルへの資金回帰は新興国などにとって自国からの資金流出にほかならない。放置するとドルに対して自国通貨が下落し、インフレが加速するリスクがある。さらに対外債務に頼っている国にとっては、ドルの金利上昇と自国通貨の下落によるドル建て債務の返済負担の増大がダブルパンチになる。

実際、ドル高の歴史は新興国の危機と表裏一体だった。前回、高インフレが米国を襲った１９８０年代。景気後退もいとわぬボルカーＦＲＢ議長の激しい金融引き締めがドル高・米金利高を生み、中南米の累積債務危機を誘発した。

当時、石油危機で産油国にたまったドル資金「オイルダラー」が米大手銀行などに還流し、シンジケートローンを通じて投資需要が旺盛だった中南米の途上国に流れ込んでいた。急激なドル高と米金利高で途上国のドル建て債務の返済負担が重くなり、景気後退や資源価格の下落も相まって返済に窮する国が続出した。銀行の資本問題にも波及し、１９８０年代を通じて国際金融を揺るがし続けた。

グリーンスパン時代の１９９０年代半ばにはインフレ予防の米利上げがメキシコ通貨危機を呼び込んだ。１９９７年からのアジア通貨危機も、ドルペッグ（連動）の通貨が多いなか、米国の「強いドル政策」が伏線となった。

日本だけではない、通貨安に見舞われた国々

今回のドル高はこうした大混乱は招かなかったが、金融の不安定さを告げる「さざ波」はそこかしこで立っていた。英国では当時のトラス政権の減税策を巡って市場が大混乱となった「トラ

ス・ショック」が起き、欧州では金融大手クレディ・スイスの財務不安が報じられた。個別の理由はさまざまだが、底流にはFRBの金融引き締めがもたらす過剰流動性の引き揚げが絡み合っていた。中国も一時、海外マネーの大規模な資金流出に見舞われた。

通貨高競争では、ドル高が一段と進んだ2022年の夏から秋にかけてトラス・ショックに見舞われた英ポンドに加え、韓国ウォン、いくつかの資源国通貨、そして円がドルに対して大きく下げ、「負け組」通貨として並んだ。

とくに韓国はインフレ懸念を受けて早めに利上げに動きながらも、利上げを続けられるだけの耐久力に疑問符がついた。景気不安がくすぶるなか、金利上昇は過熱した住宅市場の急収縮をもたらしかねない。8月に利上げ幅をいったん縮小すると、金融引き締め競争からの脱落懸念を呼び込み、通貨ウォン売りが加速した。通貨防衛の介入にも動いた結果、外貨準備の目減りに対する懸念も呼んだ。9月には対ドルで一時13年ぶりの安値を付けた。

当時、ノルウェークローネなど資源国通貨の一角は景気不安から資源高が一服し、売りがかさんだ。ニュージーランドドルの下落は中銀が積極的な利上げを続けるなか、住宅市場をはじめ経済の耐性を市場が疑問視した。

第3章でみたように、日銀の黒田東彦総裁（当時）は円安が急速に進んだ際、原因は「ドル高」だとして日銀の金融緩和の影響を否定した。間違ってはいない。それでも、ドルに対する「売られ具合」には通貨間で差が出ており、金融政策の姿勢の違いは通貨選別の大きな軸であり続けた。

米国は労働市場の過熱が止まらないなど経済の足腰はなお強く、金利面の魅力が増せばマネーが半ば自動的に吸い寄せられていく基軸通貨国である。かつての通貨安競争ならいざ知らず、通貨高競争で勝つのは難しい。とくに成長の巡航速度が緩い先進国では米国に負けない利上げ耐性を保つのは並大抵のことではなかった。

メキシコなどはかなり先行して積極的な利上げを続けてきたことも奏功し、対米の金利差を保ち、対ドルでみた通貨の堅調な値動きにつなげたが、例外といえるだろう。

これに対し、インフレ率が低いために利上げの必要のない通貨、あるいは経済が弱くて利上げをしたくてもできないような国の通貨は、そもそも金融引き締め競争や通貨高競争の参加も許されず、ほぼ漏れなく売りの対象となった。その代表格が日本円だった。

第2の「プラザ合意」の現実味

ドル高是正に向けた第2の「プラザ合意」と呼ぶべき国際協調があるのではないか。ドル高がピークを迎えたころ、そんな臆測が市場で広がった。

たしかに2022年10月にワシントンで開いた日米欧の主要7カ国（G7）財務相・中銀総裁会議は、共同声明で「経済活動への影響や国を越えた波及効果の抑制に配慮しつつ、引き続き、金融政策の引き締めのペースを適切に調整する」と明記した。続く新興国を含む20カ国・地域（G20）会議では共同声明は出せなかったものの、議長が示した文書で同じように「引き締めペースの適切な調整」に言及した。普段はどちらかというと対立構造にあるG7とG20がそれぞれ同じ問題意識を共有して外部に示すのは珍しい。先進国か新興国かを問わず、海外にどんな影響が及ぶかにお構いなしに金融引き締めに突き進んだ米国に対する不満がいかに強かったかを示唆する。

もちろん、米国の自国優先主義はそんなことでは崩れない。イエレン米財務長官は「市場で決定される為替レートがドルにとって最良の体制」と語ってドル高批判に反論し、インフレ鎮圧に集中する強い姿勢を示した。ただしFRBは国際調整の場を経て、この先、物価上昇率にピークアウトの兆しがみえれば、適切に市場にメッセージを送ろうという心理に傾いた可能性は考えられる。ドル高が世界的な金融の混乱をもたらせば、インフレ退治どころではなくなるかもしれないからだ。

さすがにプラザ合意のようなドル高是正への本格的な国際協調の機運があったとは考えにくい。だが市場の一部には、2016年の上海でのG20会議で取り沙汰された幻の「上海合意」説をほうふつとさせる非公式のやり取りはあったのではないか、との思惑がくすぶった。当時の上海G20では、ドル高も一因に中国で人民元安や株式市場の動揺が続くなか、各国がドル安容認で一致したとの臆測が広まった。当事者らは合意の存在を認めなかったものの、実際にその後、当時のイエレンFRB議長は追加利上げを凍結した。

そのイエレン氏は2022年11月、米財務長官として「ドルがこれほど強い環境において、多くの国が米国の政策が自国通貨に波及する影響を懸念している」とやや姿勢を軟化させ、ドル高が新興国などに与える影響に配慮する姿勢をにじませた。

真相はやぶの中だが、一連の国際会議のあと、タイミングよく米インフレ率のピークアウトの兆しが出たことで流れに変化が生じたのは確かだ。ドル高は一服し、世界を巻き込んだ通貨高競争は終わりを告げた。円だけでなく、英ポンド、韓国ウォン、中国元、ニュージーランドドルなど、対ドルで売られた通貨は2023年1月にかけて軒並み反発基調に転じ、皆そっくりなチャートを描いた（このうち英ポンドなどは自国通貨を1単位として表記するので上下逆の形状だが）。

ユーロの対ドルでの復調も目立つ。食品やエネルギーを除いたベースで米国ほど明確にはインフレ率のピークアウトが表れていない。暖冬でエネルギー危機を回避できたことから、景気に前向きなムードも広がりつつある。ECBはFRB以上に金融引き締めの手綱を緩められない状況にある。

もしFRBによるインフレ抑制が順調にはかどり、利上げ停止やその後の利下げがみえてくるのであれば、ドルの下落基調は変わらないとみられる。インフレの流れがなお続く日本にとってドル安（円高）基調の定着は輸入コスト増大の抑制につながり、少なくとも内需型の中小企業や家計には福音となる。

ドル高再燃のシナリオはあるか

仮にドル高の再燃があるとすれば、これまでみたようにFRBが金融緩和に軸足を移すことがインフレ圧力の温存につながり、パウエル氏が結果的にバーンズ氏らの二の舞いを演じてしまうシナリオが1つ考えられる。とりわけ景気停滞と物価高が併存するスタグフレーションに陥った場合には「不況下のドル高」局面が到来する可能性も残る。

1970～1980年代の米国のスタグフレーション期を振り返ろう。まず1970年代を通してドルは低位で推移した。金とドルの交換停止を表明した1971年のニクソン・ショックの余韻もあった。バーンズ体制下のストップ・アンド・ゴー政策がインフレの根治につながらなかったことも影響した。

局面を変えたのは、ボルカー体制下での1979年以降の急激な金融引き締めだ。主要通貨のみを算出対象とした「ドル指数」と呼ぶ一種の名目実効為替レートは反転し、1980年と1981～1982年に景気後退を経験しつつも上昇を続けた。前年同月比でみると、ドル指数の上昇率と短期金利はピークがほぼ重なる。

米ゴールドマン・サックスによると、伝統的な理論では「高インフレは通貨価値を下げる」というのが定説だが、市場が中央銀行のインフレ制御能力を信じる場合、短期的には利上げ予想がインフレ率と通貨に正の相関を生むのだという。ボルカー時代の米国はまさにこのケースに当てはまる。ドル高はインフレ鎮圧後も「強いアメリカ」を掲げたレーガノミクス下で続き、やがて「プラザ合意」へとつながっていく。

今回、ここまでの極端なケースに陥る可能性は低いといえるだろう。もっとも、パウエル氏がはっきりとインフレに対する勝利宣言をするその日まで、ＦＲＢの金融引き締めが終わりを告げ、ひいてはドル高が完全に収束したと確信することはできないのである。

第6章

賃金は上がるか
「失われた30年」打開への道

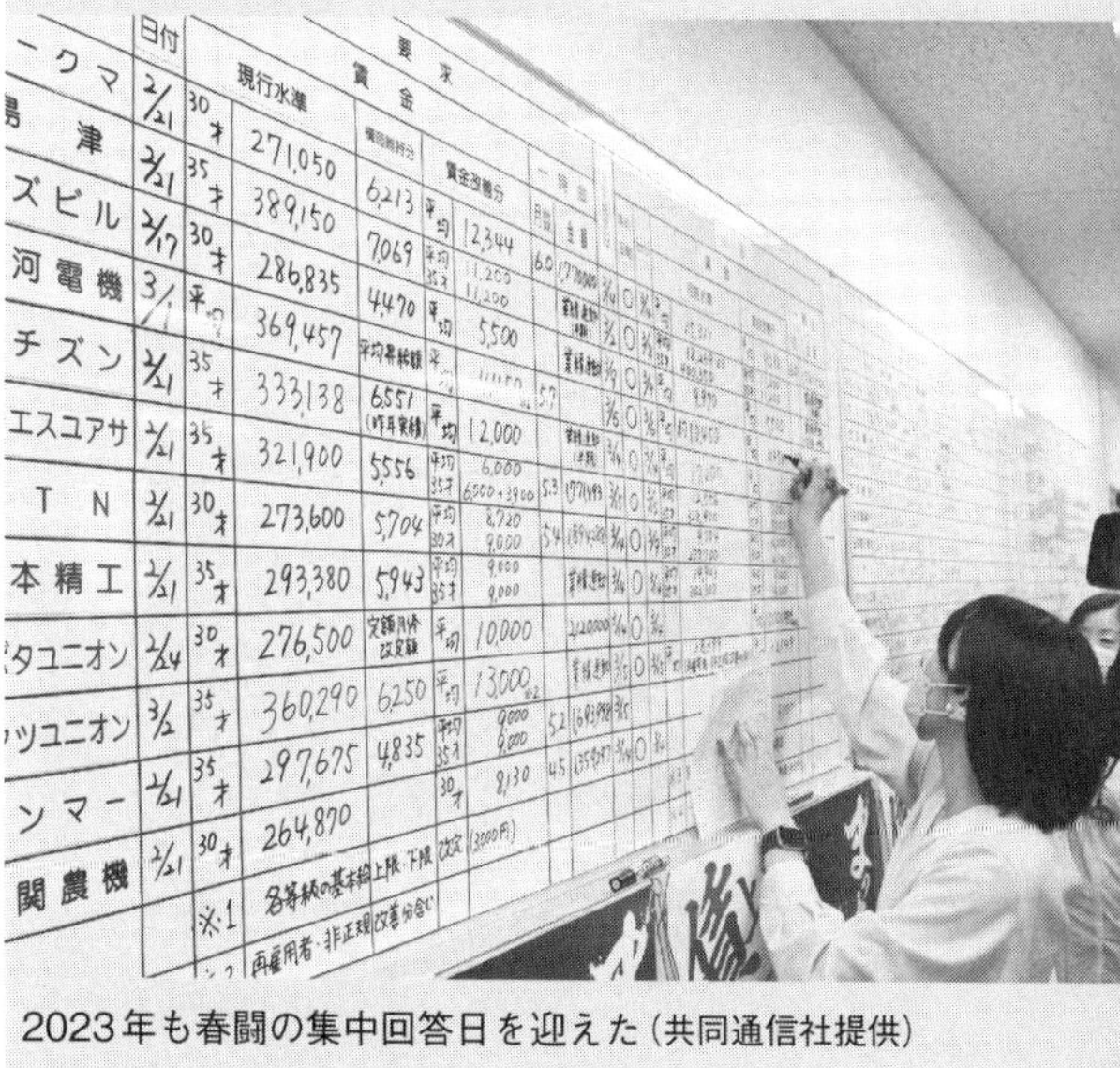

2023年も春闘の集中回答日を迎えた（共同通信社提供）

1 30年上がらぬ賃金　日本型雇用システムの末路

主要国で「1人負け」続く

ここまで日本の物価上昇や金融政策の問題をさまざまな角度から追ってきた。結局のところ根本的な解決策は、それなりの賃金上昇が当たり前のように続く国に変えていく、という点に尽きる。では日本の賃金はなぜ上がらなかったのか。賃金を上げるにはどうすればよいのか。極めて月並みなテーマではあるが、ここを避けて通るわけにはいかない。

希望がないわけではない。2023年の春季労使交渉（春闘）では大企業を中心に賃金に物価上昇を反映させる流れが広がり、経済全体でみて賃金の底上げにつながるベア（ベースアップ）復活の動きも目立った。日本が物価や円相場、金融政策だけでなく、賃金動向でも大きな岐路に立っているのは確かだ。

日本の賃金は1990年代以降、ほとんど上がっておらず、国際的にみても主要国で「1人負け」といっていい状況が続いてきた。読者の多くはさまざまなメディアなどで、こうした状況を

図6-1　日本の賃金は30年間横ばいが続いた

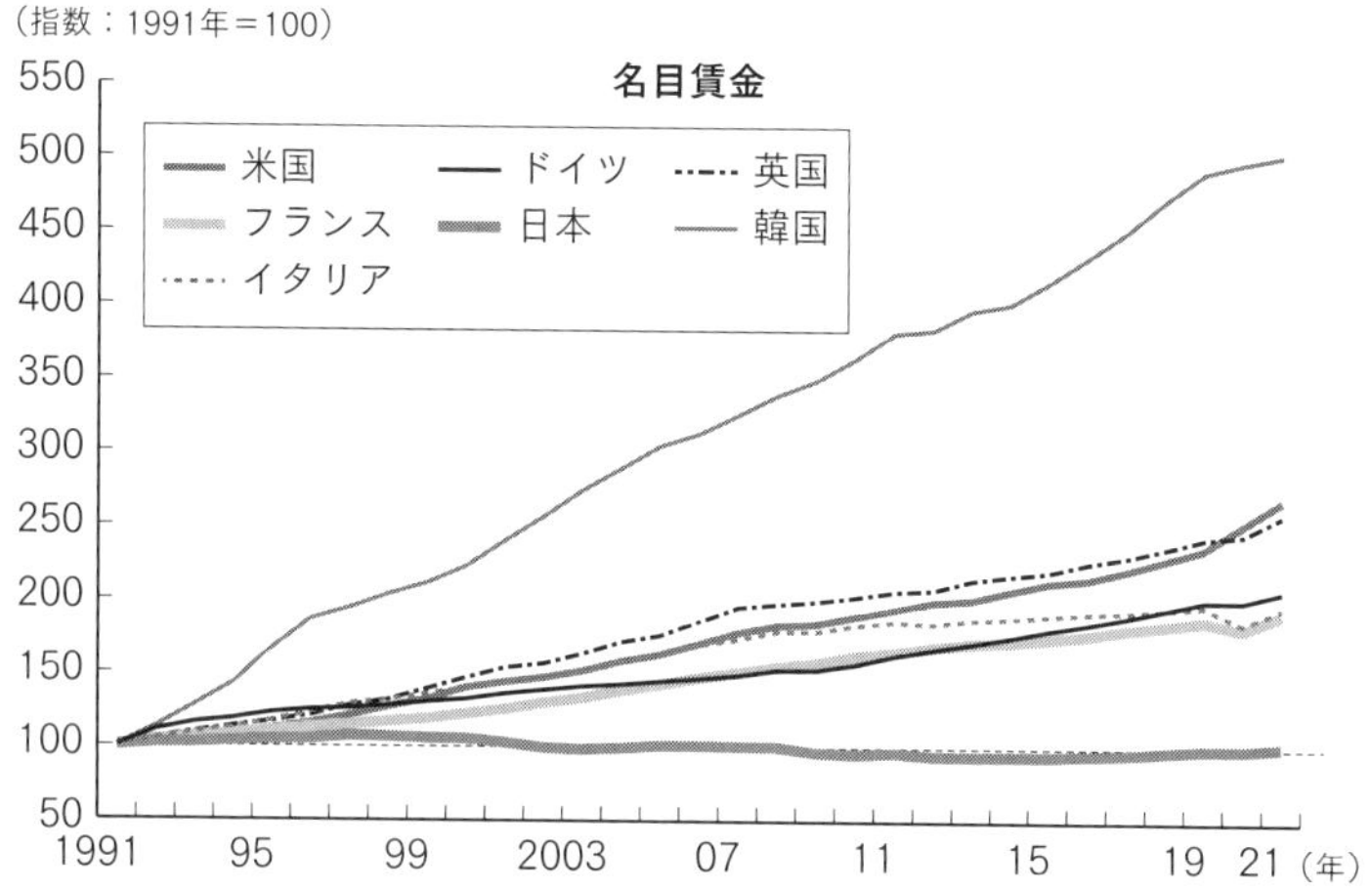

（注）OECDのデータから算出

示す経済協力開発機構（ＯＥＣＤ）などのデータを使ったグラフを何度もみてきたことだろう（図６－１）。

１９９０年代初頭のバブル経済崩壊以降、日本経済の長期低迷は「失われたX年」という表現で語られてきた。銀行の不良債権処理に費やした苦しい歳月を考えれば、２０００年代初頭までは「失われた10年」と呼んでも差し支えないだろう。２０００年代前半に緩やかながらも息の長い景気回復を経験したあと、２００８年のリーマン・ショックを機に、日本経済は再び苦境に陥る。「失われた20年」といわれることも多くなった。

日本復活の切り札との期待も集めたアベノミクスを経ても長期停滞からは抜け出せなかったという問題意識のもと、いつのまにか「失われた30年」という呼び名も市民権を得つつあるようにみえる。さすがに30年となると、この間の日本経済が何も生み出さなかったかのような「諦め」のトーンがにじむが、30年間賃金が伸びてこなかったデータを踏まえれば、その不名誉な称号を完全に否定することもできない。

賃上げゼロ社会の発端は石油危機にあり

とはいえ「賃上げゼロ社会」の成り立ちを理解するためには、30年前にさかのぼるだけでは不十分だ。その発端はバブル経済の崩壊よりもっと前、1970~1980年代の2度の石油危機に行きつく。1960年代の高度成長期のもとで完成した終身雇用・年功序列型賃金といった「日本型雇用システム」は石油危機を経ても粘り強く残った。むしろ危機を経て成熟したといってもよいかもしれない。

第1次石油危機時の春季労使交渉では高インフレを受けて労働組合が大幅な賃上げ要求に動き、1974年の賃上げ率は平均で30%を超えて「狂乱物価」に拍車をかけた。売り上げ減・コスト増に人件費増まで重なった企業は耐えきれずに「減量経営」と称して人員削減に動き、失業者が増える結果となった。

この反省から、組合側は前年対比での積み上げを最重要の課題とする「前年実績+α」の交渉方式をやめ、マクロ経済の成長率に見合った賃上げ率を目指す「経済整合性」路線と呼ぶ協調モードに転じ、なによりもまずは「雇用維持」を優先するようになる。企業側も従業員の協力を得るために、雇用をなるべく維持したうえで経営の効率化や業態の転換に取り組む道を選んだ。翌1975年の春季交渉での賃上げ率は13％台に抑えられ、第2次危機が日本を襲った翌年の1979年以降も、6〜7％台で安定した。

大幅な賃上げをきっかけに賃金と物価がいたちごっこで上がっていく「インフレの悪循環」に苦しんだ米欧の主要国を尻目に、日本は高インフレの抑え込みに成功した。日本の産業界にとっては大きな成功体験となった。

石油危機をきっかけに日本経済は高成長から安定成長への移行が明確になったものの、労使協調で危機を乗り越えた日本の産業界は「省エネ」を含めた業態転換を支えに国際競争力を高めた。日本型の企業経営はその独特な雇用システムを軸に、貿易摩擦を背景にした敵対心や警戒感が入り交じりつつも海外からの評価を高めた。絶頂時には、長期の視点からの人材教育といった利点が指摘され、ＯＥＣＤなどは「西欧の進む方向を先取りしている」とまで称賛した。

労働政策研究・研修機構は2018年発行の報告書で「石油危機後は経済成長率が低下したものの、労使の雇用維持に係る協力によって石油危機を乗り越えた経験から『日本的雇用システム』への社会的信頼が高まり、判例や政策もこうしたシステムを法・制度面から支えたことによって『雇用の維持・安定』は社会の規範にまで高められた」と指摘している。要するに、日本型の雇用システムは法・社会の規範にも影響を及ぼしながら、「社員を解雇しにくい」経済・社会を形成していったのである。

雇用維持のために賃金が犠牲に

日本型雇用システムの成功と成熟はバブル経済の崩壊を経て、やがて賃金上昇の足かせとなっていく。そもそも人口が増え続ける高度成長下で経済・社会を円滑に運営するのに適したシステムであったのに、石油危機での労使協調を通じてより強固になり、低成長の時代でも結果的に延命したことは、日本の産業構造の柔軟化・高度化を進める観点からは不幸だったかもしれない。

新卒時点から定年まで企業が従業員を抱える古い雇用システムは、一企業内（もしくはグループ内）での異動や昇給を通じ、それぞれの企業が内部で労働市場を抱え込むような状況となった。そうした「内部労働市場」は企業の外部に健全な労働市場が育つのを阻み、企業間や産業間で人が移動するのを妨げて経済構造の転換を遅らせた。

「経済成長と整合的な賃上げ率」と「雇用維持の優先」という鉄則は、バブル経済の崩壊後の厳しい経済調整を経て、日本型雇用システムの「守備範囲」を狭めていく。やがて日本型雇用システムは「正社員の雇用だけを守る仕組み」という閉ざされたものを指す言葉に変わっていった。

経済の調節圧力が強いなか、正社員の雇用維持の名のもとに犠牲になったのは直接には正社員たちの賃金であり、間接的にはシステムに入れなかった多くの人たちの雇用と収入である。

「賃上げ」、とりわけ賃金水準の底上げを意味するベアは長い間、経済の表舞台から消え去ることになった。1997年には三井金属がベア廃止を打ち出し、時代を象徴するニュースとなった。2000年代前半、経団連と日経連が統合した日本経団連は労使交渉の対応方針でベアに対し「論外」「ありえない」と厳しい態度を貫いた。2002年、日本を代表する企業であるトヨタ自動車は連結最高益の更新が予想されるなか「ベアゼロ」を回答し、流れを決定付けた。

正社員を減らしにくい分、企業は業績変動の影響をならす「調整弁」として非正規社員を積極的に活用するようになった。それは労働市場の二重構造をもたらし、日本型雇用システムの外側に不安定な市場が膨らむのを許した。

就職氷河期の新卒者にとって日本型雇用システムは「狭き門」となり、思うような待遇の職を得られず、スキル蓄積の停滞が指摘されるようになった。非正規社員の主体となった女性や高齢者も、旧来型システムの守備範囲から漏れ、雇い止めのリスクやいっこうに増えない時給といった問題に長くさらされることになった。

安倍政権による「官製賃上げ」

そうした厳しい状況に挑んだのがアベノミクスである。3本の矢には明記しなかったが、もともと「賃金上昇」は政策の目指す方向性の本丸に据えており、政権が企業に賃上げを強く促す「官製賃上げ」「官製春闘」がうたわれた。そののち「1億総活躍社会」と銘打ち、はっきりと女性・高齢者を含めた働く人たち全体の待遇改善にも力を入れた。

２０１３年11月には内閣府に設けた有識者の集まりである専門チームが中間報告を発表し、バブル崩壊後、賃金が減少してきた理由を２つ挙げた。まずは「国際競争力の維持のため、賃金の抑制も含めたコストカット」を進めたこと。もう１つは、企業による「内部留保の蓄積」だ。「過剰雇用や過剰債務を抱えていた日本企業は、１９９０年代後半の金融危機を契機に、その後２０００年代半ばにかけて、内部留保を蓄積して資本を厚くするとともに、債務を圧縮し、財務体質を強化」したと指摘した。

そのうえで中間報告は「当面の対応」として、「逆所得政策」と銘打ち、物価高騰時に政府が賃金抑制に向けて制限をかける「所得政策」とは正反対の、政府による賃上げ促進をうたった。中長期の対応では生産性の向上や非正規労働者の処遇改善を挙げた。

それに先立つ２０１３年９月には賃上げを目指す政労使の会議が立ち上がり、賃上げ機運を醸成すべく３者が膝をつきあわせて協議を続けた。

「官製賃上げ」の結果はどうだったのか。春季労使交渉での賃上げ率（ベアと定期昇給の合計）はそれまでの２％弱から２０１４年以降は２％強へといくぶん高まった。ベアも１％未満とごく小幅ながら復活した。完全雇用と呼ばれるような状況への雇用情勢の改善とあわせ、一定の成果はあったとも考えられる。

それでも国際比較でもみたように、賃金がはっきりとした上昇軌道を描くまでには至らなかった。働き手が増えた中心は非正規社員であり、マクロ経済でみると1人当たりの賃金が上がりにくい悩ましさを抱えたことが一因だ。

その意味では労働市場をより柔軟にして、旧来型の日本型の雇用システムから漏れた人たちでも待遇が高まりやすくなる工夫が次の一手として求められた。安倍政権は「働き方改革」の名のもと、労働法制の改正方針を矢継ぎ早に打ち出す。産業界にも柔軟な働き方を認める動きが広がるなどの成果が出た。もっとも専門家の間では、労働市場の流動化や「同一労働同一賃金」の徹底など構造問題にメスを入れる政策面の取り組みは途上に終わったとの評価が多い。

こうしたなかで「アベノミクス下でも本格的な賃金上昇に至らないのはなぜか」という問題意識が高まっていく。2017年には東京大学の玄田有史教授が編者となって労働経済学者を中心にさまざまな専門家が賃金低迷の理由を分析した書籍『人手不足なのになぜ賃金が上がらないのか』が刊行され、話題となった。

分析の視点は多岐にわたる。上述したように、賃金水準が相対的に低い女性・高齢者を中心とした非正規社員の割合が高まったことによる「構成比率の変化」が大きな論点の1つとなった。さらには「名目賃金には下方硬直性があるからこそ上方硬直性がある」という問題、つまり将来が不透明ななか、賃金には一度上げたら下げにくい性質があるゆえに、賃上げに及び腰になる企業経営者の心理も取り上げた。人材教育の実態をはじめ、さまざまな制度面の問題にも踏み込み、賃金上昇の鈍さに気をもむ日銀関係者も関心を寄せた。

なかでも非正規労働の有力な供給源である女性や高齢者の追加的な労働参加が頭打ちになりつつあるとの分析は、将来の賃金上昇に向けた胎動を予感させ、その後、当時の黒田東彦日銀総裁らの講演や記者会見、各種分析などに登場するようになる。

女性や高齢者の市場参入が細っていくとの将来展望は、現代日本の「ルイスの転換点」と呼ばれた。発展途上国の工業化が進む過程で農村部から都市部への労働移動が一巡すると、経済発展は曲がり角を迎え、成長鈍化や賃金上昇、インフレなどが起きやすくなる。これが本来のルイスの転換点であり、中国経済の構造変化を巡る議論で有名になった。日本ははるか昔に通過したはずだが、姿を変えた「転換点」が再び意識されるようになった。

転換点の到来を告げる兆しは強まっていく。働く人たち全体に占める非正規の割合は頭打ち傾向が強まり、パートタイマー労働者の時給の上昇率は新型コロナウイルス禍前までは3％台に向けてじりじりと高まっていた。

こうしたなか、コロナ禍のもとでの物価高が、日本の賃金決定のあり方に一石を投じることになる。２０２３年の春季労使交渉である。

2 「インフレ超えの賃上げ」へ政労使足並み　期待と不安

「インフレ超えの賃上げを」

2023年の年明け、政労使は物価上昇を踏まえた賃上げに向け、そろって前向きな姿勢を打ち出した。合言葉は「インフレ超えの賃上げ率」だ。

岸田文雄首相は1月4日の年頭記者会見で、企業に対し春季労使交渉では「ぜひインフレ率を超える賃上げの実現をお願いしたい」と訴えた。「この30年間、企業収益が伸びても期待されたほどに賃金は伸びず、想定されたトリクルダウンは起きなかった」としたうえで、「この問題に終止符を打ち、賃金が毎年伸びる構造をつくる」と語り、アベノミクスの効果と限界を意識したような表現もあった。

円安でたまった企業収益の恩恵が、いつしか賃金増を通じて家計にしたたり落ちる。アベノミクスが想定した波及経路、ひいてはその限界を指摘する際、よく使われた「トリクルダウン」という言葉にわざわざ言及したのは、岸田氏の「アベノミクス超え」に向けた決意といってよいのかもしれない。

経済界も呼応する。経団連の十倉雅和会長は5日、会員企業に対して「ベアを中心に物価高に負けない賃上げをしてほしい」と呼びかけ、岸田首相の主張と足並みをそろえてみせた。

大手企業にはベア復活の動きが広がる。キヤノンが20年ぶりにベアを実施したほか、サントリーホールディングスはベアを含めて7％の賃上げで妥結した。「ユニクロ」を運営するファーストリテイリングが国内従業員の年収を最大4割引き上げ、国内の人件費を約15％増やすニュースは、「海外との賃金格差」を狙いにした措置とあって「安いニッポン」の是正という重要な視点を賃上げ交渉にもたらすことになった。

労働組合側も当然、鼻息が荒い。連合の芳野友子会長は5日、「ターニングポイントの年。実質賃金を上げ、経済に回すことが重要だ」と強調した。実質賃金の上昇とは、インフレ超えの賃上げの実現にほかならない。そのうえで5％程度の賃上げ実現を目指すことを重ねて訴えた。

こうした動きに日銀も期待を寄せる。2022年12月26日。黒田氏は経団連での講演に臨み、「来春の労使交渉では、労働需給の引き締まりに加え、物価がどの程度賃金に反映されるのかが注目される」としたうえで、「どの程度のベアが実現するのか注目している」と踏み込んだ。「バブル崩壊以降、長きにわたる低インフレ・低成長の流れを転換できるかという重要な岐路に差し掛かっている」とまで語り、「企業の前向きな取り組みが進展していくことを期待する」と締めくくった。「物価の動向を最も重視して検討すべきである」との経団連の十倉会長の言葉を引用し、物価上昇を反映したベア実現への強い期待をにじませた。
2023年1月に公表した黒田体制最後の「経済・物価情勢の展望（展望リポート）」は、「BOX」と称した補論で上述の現代日本の「ルイスの転換点」と正規・非正規の労働市場の「二重構造」を巡る現状分析を改めて取り上げ、労働需給の引き締まりによる賃金上昇に期待感を示した。2022年11月に開いたコロナ禍の物価動向を巡る第3回のワークショップで経済学者らと議論を重ねた成果も盛り込んだ。

黒田日銀の影の目標？「賃金上昇3％」

日銀はどの程度の賃上げを期待するのか。黒田氏は2021年12月の記者会見で、最終的に目指す物価上昇の理想像として「賃金の3％上昇目標」とでもいうべき構想に言及していた。インフレ目標の2％を安定して達成したと判断するには「賃金は3％程度上がっていかないといけない」と明言し、仮に輸入インフレに由来する「コストプッシュ型」の物価高で2％のインフレ率が達成したとしても、金融政策の正常化には直結しないとの見解を示していた。
具体的には「2％の物価安定目標が実現され、日本経済の成長率というか労働生産性の上昇率が1％強あるとすれば、賃金が3％程度上がっていかないといけない」というものだ。2％の物価上昇のもとでの賃金上昇は最低限、名目ベースで物価上昇分に見合う2％の伸びが必要になる。それでようやく「実質賃金」は横ばいだ。そのうえで労働生産性の伸び率を1％と考えると、その1%分を賃上げに回しても企業は自らの懐を痛めることなく従業員の待遇を高められる。マクロ経済でみても、企業収益の悪化やインフレの加速といったリスクを排除できる。名目で計3%の賃金上昇率が理想的というわけだ。

その後、黒田氏が「賃金上昇3%目標」を具体的に唱えることは少なくなった。黒田氏退任後の金融政策まで縛るとの見方に配慮したのだろう。上記以上の詳細な説明も聞かれないが、3%の賃金上昇とは、労働者1人当たりの所定内給与、いわゆる「基本給」が毎年3%ほど上がっていく姿を描いていると仮定してみよう。

2000年以降の所定内給与の前年比増減率は2022年までの平均でマイナス0・2%だった。ここに来て上向いており、直近の2022年に限るとプラス1・1%と盛り返したが、まだ「3%目標」のたった3分の1だ。最後に3%を超えたのは1992年（3・6%）。まさに「失われた30年」に挑む戦いになる。

3%の賃金上昇は、春季労働交渉でどれくらいの賃上げが実現すれば到達するのか。1990年代以降の春季労使交渉での賃上げ率と厚生労働省の統計の所定内給与の増減率の関係からごく大ざっぱにメドをつけると、所定内給与が年3%上昇するには、毎年4%を超える賃上げが必要になる計算となる。所定内に残業代などを足した定期給与、そこからさらに賞与なども加えた現金給与総額について、1970年代以降など、より長く期間をとったケースを含めて計算をしても、必要な賃上げ率は4％台前半から5％台前半の範囲に収まる。

だとすれば、連合が今回示した5％の賃上げ要求は、黒田氏のいう3％の賃上げ目標、ひいては理想的な2％のインフレ目標達成の姿とおおよそ合致する。賃上げを構成するベアと定期昇給のうち、定期昇給は半ば自動的な昇給のこと。1人ひとりの労働者はその会社での経験を1年重ねる分、あらかじめ決められた年齢（経験年数）ごとの給与水準を定めた「賃金表」に沿って賃金が上昇する。これが定期昇給だ。賃金の低い新入社員が入って賃金の高いシニア層が退職すれば、企業が支払う人件費は変わらない。

ベアは賃金表に記す給与水準を丸ごと書き換えて底上げする措置を意味する。1人ひとりが実感しやすいだけでなく、経済全体にとって重要な意味を持つ賃金上昇の「本丸」だ。連合は5％の賃上げ要求のうちベアで3％押し上げる意欲的な目標を掲げる。相当に粗っぽい前提のうえで判断すると、望ましい2％のインフレ目標の実現には、「基本給」でも「ベア」でも、確実に3％の上昇は必要だということがいえそうだ。

政労使と日銀。インフレ超えの賃上げに向けた足並みがこれだけそろえば、ここ30年ほとんど止まったままだった本格的な賃上げの歯車が再起動し、本当の意味でのデフレ脱却につながる「物価と賃金の好循環」が実現してもおかしくはないように思える。

問題は、ベア復活に踏み出せるような一部の大企業を除き、多くの中小企業に大胆な賃上げに動く余力があるのか、という点である。第2章でみたように、中小企業を中心に「輸入インフレ」に伴うコスト上昇の価格転嫁は道半ばだ。

こうした中小企業の苦闘は、最終消費者を対象にしたケースよりも、大手企業などの下請け企業として値上げ浸透の難しさに直面するケースが一般的だとみられる。政府は中小企業庁や公正取引委員会を中心に、「取引適正化」や「賃上げ原資の確保」の名のもとにさまざまな価格交渉の促進策を進めている。

企業の賃上げ原資を確保するためにも、価格転嫁が必要であることは論をまたない。中小下請け企業に限った話ではなく、大企業もコスト上昇分を価格に転嫁できないようなら収益が圧迫され、従業員の賃金を引き上げようとする経営判断にはつながりにくい。

賃上げ・値上げはニワトリと卵

何度も指摘したように、海外発のインフレは企業収益や家計の所得にデフレ効果をもたらす。企業か消費者の間で、あるいは企業どうしで負担を押しつけ合う「ゼロサムゲーム」に近い。値上げが浸透するにつれて企業は一息つくけれども、それによって「消費者インフレ」が高まってしまうと、代わりに消費者は苦しくなる。

企業全体の賃上げ余力を高めるためには、消費者はまだまだ苦しまなくてはならないという「トレードオフ」の関係が読み取れる。賃上げの果実をわたしたちが得るためには、「賃上げ」の前にもう少し「値上げ」を受け入れ、我慢しなくてはならないというわけだ。

黒田氏の「値上げ許容度」発言の騒動でもわかったように、本来は所得が増えないと、消費者が値上げを受け入れる力は高まらない。だが、収入が増えなくとも値上げを受け入れないことには、企業の賃上げ力が確保できない。ここでも「卵が先かニワトリが先か」の議論になるが、いずれにせよ消費者に痛みを強いることになる。


もちろん、大企業には、これまでためた蓄えもあるので賃上げに動く余裕のあるケースもあるだろう。海外に展開する企業は円安によって空前の利益を上げるところも多い。日銀の期待どおり、それらが賃上げの原資になって「円安のトリクルダウン」が進むことも考えられる。値上げの浸透いかんにかかわらず、賃上げが進展する可能性はある。

それでも経済全体でみれば、輸入インフレの転嫁分は「ゼロサム」の要素が強い。日本商工会議所のアンケート調査では、中小企業の間では業績は上がらないけれども人手の確保のために無理をして賃上げに応じる「防衛的な賃上げ」が多くなっている。その場合、企業には原材料や燃料のコスト高に加え、賃上げ分の人件費のコストものしかかる。持続的な賃上げの流れを生むとは思いにくい。

「ゼロサム」の世界から、「プラスサム」の象徴であるかのような歴史的な賃金上昇の時代に一気に転じるシナリオは本当に起こりうるのだろうか。2023年の春季労使交渉では、事前に賃上

図6-2　約30年ぶりの大幅賃上げも予想されるが…

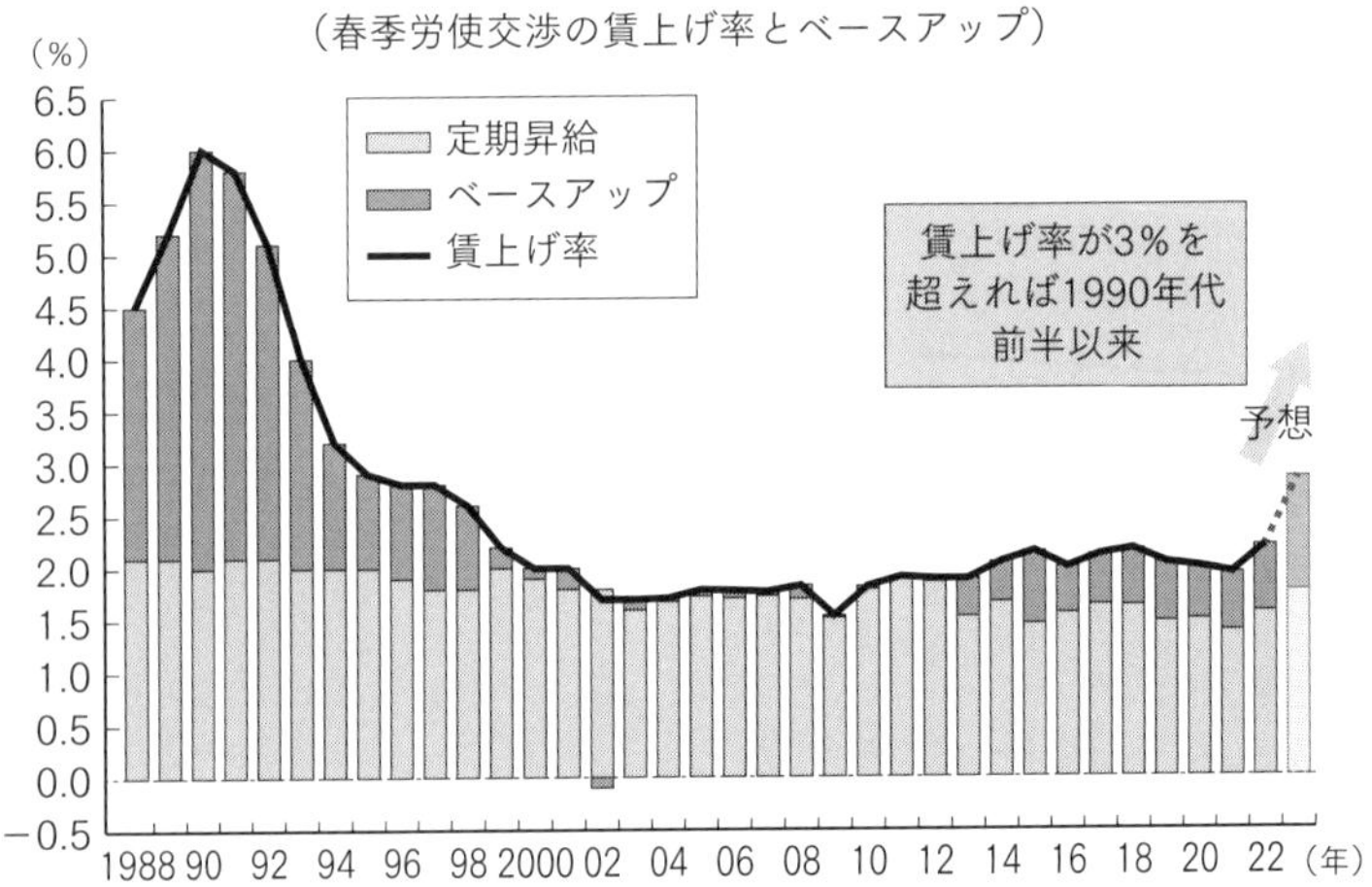

（注）厚生労働省、中央労働委員会、連合、日本経済研究センターなどのデータから算出。ベアは中央労働委の統計に2013年以降は連合の公表値を接続するなど一部データは連続していない。定期昇給は賃上げ率とベアの差とした。2023年はESPフォーキャスト調査のエコノミスト予測の平均

げ率の3％超え、ベアの1％超えを予想する声も多かったが、実現すれば、ともに1990年代前半以来の久しぶりの大幅な賃金増となる（図6－2）。

現実問題としては当分、2022年12月時点で4％に達した消費者インフレを上回るほどの賃金上昇は、とくにベアだけでは難しいと考えざるを得ないだろう。持続的な2％インフレの実現に見合う3％のベアですら、厳しいとみられる。となると3％の所定内賃金の上昇もまだ遠い。

2024年以降の賃上げはどうなるか

問題は2024年以降に賃金上昇の流れが途切れずに続くかどうかだ。カギとなる今後の物価動向は、価格転嫁の取り

組みが当面は止まらないにしても、大元の「輸入インフレ」が収まれば、そのうち一巡する。消費者物価の上昇圧力は弱まっていく可能性が高い。

日銀の2023年1月の展望リポートによると、2023年度のインフレ率（生鮮食品を除く消費者物価指数）は1・6％と2022年度の3・0％から大きく減速する。政府の電気・ガスの負担軽減策で物価上昇が抑えられる影響を大きくみている可能性が高いが、その押し下げ寄与が消えるとみられる2024年度も1・8％にしか高まらない。エネルギーも除いた指数では、2023年度が1・8％、2024年度が1・6％と素直に減速する姿となった。先にもみたように、日銀は物価が上振れする可能性を強く意識している。物価の基本シナリオは金融政策の正常化の思惑を呼び込まないよう、やや弱気な予測にした可能性も考えられる。ただし民間のエコノミストの間にも、インフレ減速の流れ自体に違和感を唱える声はあまり聞かれなかった。

インフレ率が伸び悩んでくれば、「インフレ超えの賃上げ」、つまり実質賃金の上昇が短期的には期待しやすくなるかもしれない。だが、そもそも物価上昇分の反映を大きな原動力にした賃上げの機運だったのだから、実質賃金の上昇をテコに消費が急激に盛り上がらない限り、インフレの伸び悩みにつれて賃上げの機運そのものもしぼみかねない。米欧に比べて堅調さが指摘される日本経済も、結局のところ「周回遅れの経済再開」の側面が強く、自律的な経済成長の力が内在しているわけではないからだ。

円安が一巡してくれれば、円安が利益増につながる大企業の賃上げ姿勢も後退する可能性がある。「円安のトリクルダウン効果」の一巡だ。大企業が賃上げに積極的な姿勢をみせたのは、物価高で国民に不満が高まるなか、スケープゴートにならないためという経営判断も多少は含まれていたように思う。円相場が上昇に向かい、インフレ率もピークアウトするようなら、「虎の子」の内部留保（正確には現預金などの流動資産）を取り崩して賃上げに振り向けるインセンティブは弱まるのではないか。

黒田氏のいう「バブル崩壊以降、長きにわたる低インフレ・低成長の流れを転換できるかという重要な岐路」は必ずしも視界良好とはいえないように思える。

3 生産性は上昇しなくてよい？ 「逆転の発想」がカギ

賃金が自然に上がっていくために

「海外インフレ」という日本経済の重荷になる要素を潤滑油に利用し、30年もの間、動かずにさびついてしまった賃金上昇の歯車を回すことなど本当に可能なのか。前節の後半にはあえて懐疑的な見方を書き連ねたが、「デフレ心理」がしみついてしまった筆者の半ば本音でもある。

こうした後ろ向きの考えに猛然と反論する人がいる。第2章でも「ご登場」いただいた東京大学の渡辺努教授である。筆者なりにかみ砕けば、今回の物価上昇を奇貨として、物価上昇の理由がなんであれうまく生かせば、過去30年で強固になった「ゼロインフレ」「ゼロ賃上げ」の岩盤を打ち砕けると主張している。人件費の増加を価格に転嫁するクセさえつけば、名目賃金は勝手に上がっていくし、緩やかな「賃金と物価の好循環」を再起動できるというわけだ。

「賃金上昇のために必ずしも生産性を高める必要はない」。驚きの主張だった。2022年9月、みずほリサーチ&テクノロジーズがオンライン方式で開いた「MHRT未来創造会議」に登壇した渡辺氏の主張を聞き、たまたま会場を訪れていた筆者は目からウロコが落ちた、というよりも正直なところ、キツネにつままれたような感じになった。

人々を苦しめる海外発のインフレが、どうやったら人々の生活向上につながる本格的な賃上げへと「転化」するのだろうか。賃上げを実現するには、一にも二にも生産性の向上ではないか。筆者の疑問は募った。

通説はこうだろう。賃金が上がらないのは日本の競争力が弱いからであり、生産性を高めない限りは、企業収益という限られたパイを労使が奪い合う消耗戦で終わってしまう。だから構造改革が大事だし、将来の成長につながるような産業育成が欠かせない。労働市場を柔軟にして、成長産業に人が移動しやすい状況もつくらないといけない。人的資本の育成、つまり人への投資を促すインセンティブも重要だ。

あらゆるところで見聞きした話だし、筆者もアベノミクスの評価や日本経済の課題を記事で書くときに、数え切れないほどそうした趣旨のことを訴えてきた。これらすべて、賃金上昇には不要だというのか。

賃上げ、実質が困難でも名目は簡単？

結論からいうと、上記のような改革の努力は、渡辺氏も「非常に大事」だと思っている。それでも息の長い取り組みが必要になるし、成功するかどうかもわからない。事実、バブル崩壊以降、ずっと叫ばれ続けたのに実現しないメニューが並ぶ。重要なのは、それをもって賃金上昇を諦めてはいけないし、諦める必要もないということだ。生産性の向上とは「別の次元の話」として進めるべきなのが賃上げであり、むしろ生産性を高めることよりも「簡単に」実現できるはずだという。

まず渡辺氏の会議での発言を振り返ろう。大前提として「名目賃金と実質賃金は違うということを理解する」必要があるという。「実質賃金は生産性で決まる」ものであり、「物価と対応するという意味での賃金は名目賃金」であると指摘した。

ここまでは理解しやすいだろう。実質賃金の決め手はやはり生産性をいかに伸ばすかにかかってくる。黒田氏の「賃金上昇3％目標」のくだりでも触れたように、企業に痛みを強いず、経済全体にゆがみをもたらさないかたちで賃金を無理なく上げていくのには生産性の向上は欠かせない。物価とは離れた「実質経済」の話だ。そのうえで、実質賃金は「名目賃金を上げるための必要条件にも十分条件にもなっていないというのが大事なポイント」なのだという。

渡辺氏は「なにも生産性は何もしなくてもよいとか、実質賃金がどうでもよいと言っているわけではない」としつつも、「生産性が上がれば実質賃金が上がって、実質賃金が上がれば名目賃金が上がる。こうしたルートは根本的に間違っているということをまず理解することが大事」だと主張した。

実質賃金は名目賃金から物価上昇率を差し引いた値だ。実質賃金が上がれば、物価上昇率が一定なら名目賃金は同じだけ上がるはず。数式上、この考えは間違っていないだろうが、概念的には両者の関係はそう単純ではない。

第2章では、低インフレが長引いた要因として「長期にわたる経験への依存」「規範（ノルム）」「合理的無関心」の3つの仮説を挙げた日銀スタッフの論文を取り上げた。この論文では、賃金・物価と生産性の関係も分析しており、非正規雇用者の賃金コストが上昇するなか、日本の企業はこれまで深刻な人手不足も相まって労働生産性を高める努力を続け、「賃金コストの上昇を吸収し、販売価格への転嫁を抑制している」と指摘した。企業が生産性の伸びよりも低い水準に実質賃金の伸びを抑えたと分析し、このことが日本の物価を下押しする方向に作用したとみる。

単純な解釈としては、実質賃金の伸びを生産性の伸びよりも低く抑えれば、生産性の向上によって生まれた「パイ」が賃上げ後も企業の手元に残るので、賃上げ分を価格に転嫁する必要がないばかりか、むしろ価格競争に打って出ることが可能になる、という構図が考えられる。

論文の趣旨はもっと高度なものだ。まず具体的な生産性向上の取り組みの例として小売業や宿泊・飲食などの労働集約的な産業を挙げ、ソフトウエア投資などＩＴ（情報技術）を生かした省力化投資が広がったと指摘した。

米調査会社コンファレンスボードの分析などによると、２０１０年以降、日本の労働生産性の伸び率は先進国トップクラスを維持している。論文ではその理由として、もともと労働生産性の絶対水準が低いところにＩＴ技術の活用余地が広がったという仮説を立てている。

技術進歩でＩＴ関係の資本が割安になり、労働者の賃金を押し下げるメカニズムが日本で強く働いたというわけだ。ロボットや人工知能（ＡＩ）の台頭が人間の労働と入れ替わり、賃金を押し下げるイメージが浮かぶ。

名目賃金を増やそうとするとき、こうした生産性を巡る小難しい話はいったん脇に置いてもよいのだという。渡辺氏によると、名目賃金の世界では「要は人件費の上昇というのを価格に転嫁してもいいんだと企業が思うかどうかが最大のポイント」なのだ。

実質賃金や生産性の問題と深く絡む「日本は技術が弱いからとか、ＧＡＦＡ（グーグル、アップルなどのビッグテック企業）みたいな企業がないからとか、そういうこととは違う次元」の話と捉え、最低限、名目上の賃金を上げて販売価格に転嫁するという慣習をつくる、あるいは取り戻すという取り組みに集中すればよいというわけだ。

「普通の経済であれば、人件費増加は価格に転嫁される。その普通を日本が取り戻せばいいだけ」なのであり、「考えようによっては生産性を上げるとか、実質賃金を上げるとかいうことよりもやさしい」ことだと唱える。

賃金と物価、好循環か悪循環か

実際、海外では生産性の動きとは関係なく賃金が伸び続けている国がある。イタリアは日本よりも実質賃金は低い伸びにとどまるが、名目賃金は毎年それなりに伸びている。ベルギー、オランダなども似た傾向にあるという。

欧州では歴史的に産業別や職種別の労働組合組織が一般的であり、ある種の「横並び」の動きを可能にし、物価上昇が起きた場合には賃上げが起こりやすいと一般に論じられてきた。さまざまな例外や新しい動きはあるようだが、日本との比較では、相対的に物価上昇を賃金に反映させやすい社会だといえるだろう。

日本でも今、物価上昇が現実に起きている。これを理由にして、労働者が賃金上昇を要求するクセをつける。企業はそれを「普通のこと」として受け止め、販売価格に転嫁する。そうなると人々は再び物価が上がった分だけ賃上げを要求する。それを企業がまた受け入れ、販売価格に転嫁する――。これが「賃金の物価の緩やかな好循環」だ。物価上昇分の反映が焦点となった春季の労使交渉は、この流れを再起動させる絶好のチャンスだと渡辺氏には映る。

では、きっかけが企業や消費者を苦しめる「海外発のインフレ」であっても構わないのか。その点は、何よりも人々のインフレ予想が上向きつつある点が重要なのだという。ある程度の物価上昇を前提に経済活動をする空気にさえなれば、結果はあとからついてくる。

「白い猫でも黒い猫でも、ネズミを捕る猫が良い猫だ」。筆者は、中国の改革開放路線を象徴する鄧小平氏の言葉を思い出す。この場合、「海外インフレであれ国内発インフレであれ、人々の予想や企業の行動を変えるのが良いインフレだ」といった具合だろうか。

先ほど欧州の例を挙げたが、米国の場合、これもごくステレオタイプ的にいえば、雇用や賃金が（外部の）労働市場のメカニズムのなかでダイナミックに動くので、物価上昇時には賃金上昇も起きやすい社会だといえる。その代わり景気の波のなかで失業者も大きく上下動しやすいとされてきた。実際、米欧では物価上昇に応じた賃金上昇が起きている。

第4章、第5章で取り上げたように、米連邦準備理事会（FRB）や英イングランド銀行（BOE）、欧州中央銀行（ECB）は2022年、何かにせき立てられるかのように利上げを急いだ。恐怖の正体は「賃金と物価の悪循環」の再来だろう。賃上げの動きと企業の価格転嫁がいたちごっこのように繰り返され、人々のインフレ予想も解き放ってしまった1970年代。そんな「悪魔」を現代に目覚めさせるような事態をどうしても防ぐための金融引き締めだったはずだ。

翻って日本。今、どうしても必要なのは「賃金と物価の緩やかな好循環」である。米英欧がなによりも忌み嫌い、絶対に避けなければならないと決意するものを、日本は喉から手が出るほどに欲していることになる。

求めるのはあくまで「緩やかな循環」であり、悪循環といえるような状況に陥る心配は小さいのかもしれない。それにしても、米英欧との彼我の差はあまりに大きい。米英欧でもコロナ禍前は「日本化」が意識されたが、やはり物価を巡る環境ひとつとっても、米英欧と日本との差はなお大きいということなのだろうか。

日本も石油危機の昔、狂乱物価の苦しみを経て賃金と物価の悪循環という「悪魔」を政労使総出で封じ込めた。成功体験が深く染みつくほど、その後の軌道修正は難しくなる。日本の場合、「悪魔払い」があまりにうまくいきすぎ、その後の「失われた30年」を招いてしまったともいえなくもない。

経団連は2023年の春季労使交渉の経営側指針で「デフレマインドを払拭し、賃金と物価が適切に上昇する好循環」をつくる必要性をうたった。「ゼロインフレ・ノルム」や「賃上げゼロ社会」のぬかるみから脱するには、「悪魔」を上手に飼いならす知恵と勇気が必要だということなのだろう。

4 「交易条件の改善」こそ実質賃金上昇の第2の道

実質賃金を動かす3つの要因

この章の最後に、短く実質賃金の話に触れておきたい。交易条件の悪化が実質賃金の押し下げ要因として作用してきたとされる点である（図6－3）。ここ10年ほど指摘されることが多く、2022年度の年次経済財政報告（経済財政白書）にも取り上げられている。

交易条件については第2章を中心に突っ込んで議論してきた。賃金、とりわけ実質賃金を考えるうえでも、交易条件は重要なファクターとなってくるのである。

実質賃金の動きは主に「労働生産性」と「労働分配率」、そして「交易条件」という3つの要因に分解できる。働く人たちが国内でどのくらい効率よくもうけ（国内総生産＝GDP）を生み出したのかを示す「労働生産性」と、そのもうけが働く人たちにどのくらい回ったのかを表す「労働分配率」によって決定付けられるのは、直感的にもわかりやすいだろう。

ここに「交易条件」が加わるのはややのみ込みにくいかもしれない。厳密にはGDPデフレー

図6-3　交易条件の悪化が実質賃金の押し下げ要因に

（1994年を基準とした累積変動率と要因分解）

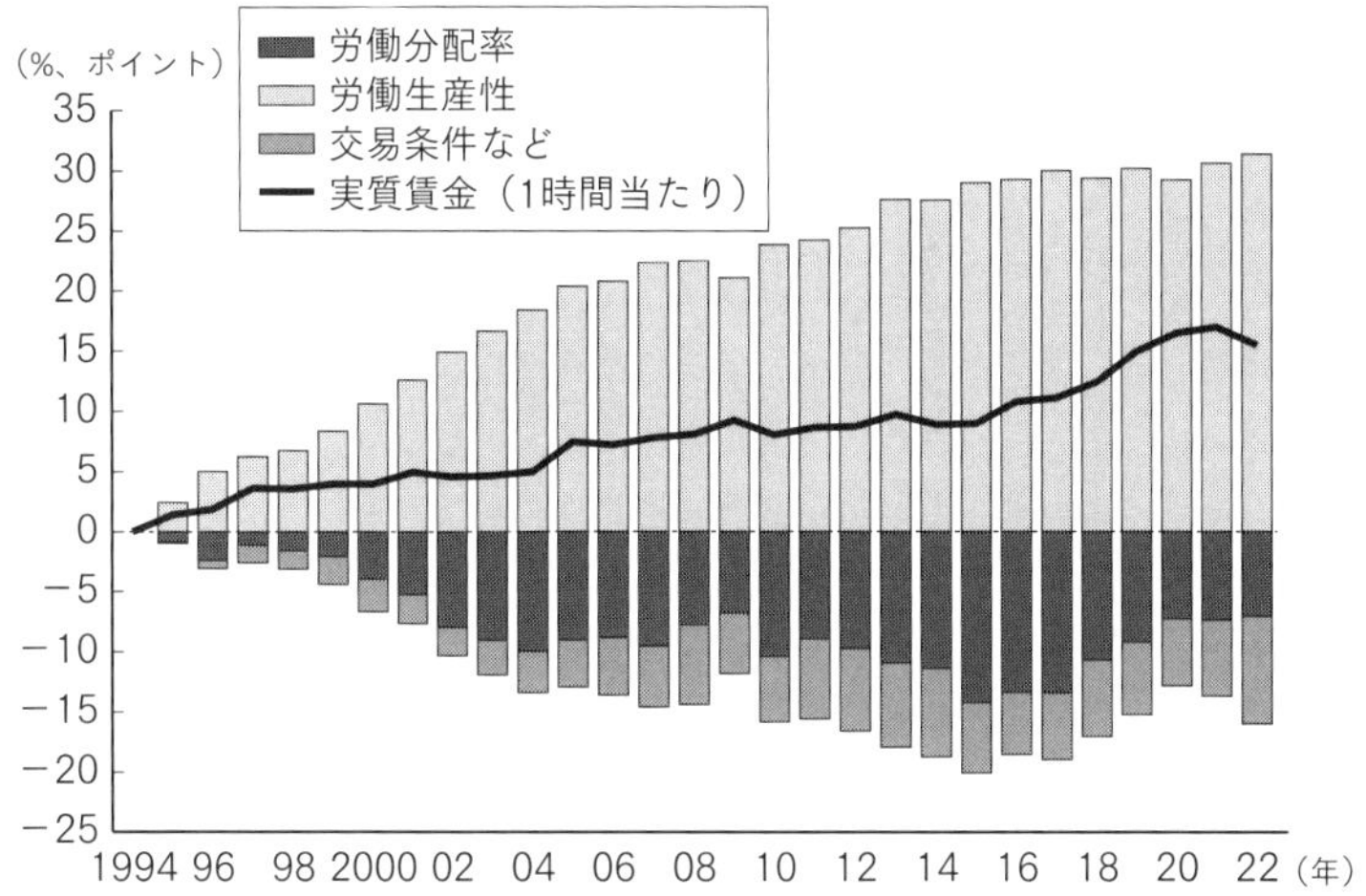

（注）内閣府「2022年度年次経済財政報告」をもとに内閣府、厚生労働省、総務省のデータなどから作成、2022年は1～9月

ターを消費者物価指数（グラフの場合は家計最終消費デフレーター）で割った値を疑似的な交易条件と捉え、「交易条件など」という項目を立てている。交易条件が悪化した際、この2つの指標が逆向きに動くことは第2章で確認した。これが交易条件に近い動きを示す。

その先の細かな計算式のことを全部すっ飛ばして感覚的に考えると、こうなる。実質賃金はわたしたちの収入で何単位のモノやサービスを買えるかを示す値。交易条件が悪化して輸入品（輸入した原材料を使ったモノの価格も含む）の値段が高くなると、その分、買えるモノの数が減ってしまう。だから交易条件が悪化すると賃金の実質的な価値が目減りし、実質賃金に下押し圧力として働く、といった具合だ。資源高・エネルギー高のあおりで電気・ガス料金がかさみ、ほかのモノやサービスを買う量を減らさざるを得ない、という家計の実感に照らすとわかりやすい。

日本の1人当たり時給換算の実質賃金は1994年から2022年までの累計で15%ほど上昇した。国際比較でみた名目賃金と異なり、実質賃金はここ30年近くでそれなりに上昇したようにもみえる。累積的な物価低迷が実質値を押し上げているほか、非正規のパートタイマーが増えた影響で労働時間が減った分、時給に換算すると値が上向きやすい点も理由に挙げられる。内訳をみると、「生産性」の向上が3割強の押し上げ効果を示したが、「労働分配率」の低下と「交易条件など」の悪化が生産性向上の効果の半分以上を打ち消した。

労働分配率と交易条件が下押し圧力に

実質賃金を引き上げる試みは生産性の向上にあるとしてきた。長くつらい構造改革が必要であり、効果は一朝一夕には表れない。だからこそ名目賃金の上昇は別の角度から取り組めばよい、とするのが「渡辺理論」だが、目を引くのは、日本が低インフレ・低成長に陥った1990年代半ば以降も生産性の向上は少しずつだが、効果を積み上げ、実質賃金を上向かせる方向に作用してきた点である。こうした動きは心強いものでもあると同時に、ここからさらに効果を積み上げていくのは難しいかもしれない、という点に改めて気づかされる。

労働分配率が実質賃金を下押しする圧力として効きやすい点は気がかりではある。「労働者に報いず、内部留保をせっせとため込む企業」というステレオタイプのイメージにもつながりやすい。注意しないといけないのは、景気拡大局面では企業の収益が労働者への分配に先行して拡大するため、分配率が低下しやすくなる点だ。実際、実質賃金を分解したグラフでも、リーマン危機前やアベノミクス下の景気拡大局面では賃金を下押しする方向の力が強まっている。

労働分配率が景気循環に沿って動くのはどうしても避けられない。重要なのは、働く人への分配を強めることが、いかに経済を刺激し、収益のパイを大きくする好循環をもたらすか、という点を企業経営者が実感できるかどうかであろう。

最後に交易条件である。交易条件の悪化が実質賃金を押し下げる構図は、賃金上昇にとっても、第2章で詳しくみた交易条件の悪化が看過できない問題であることを示す。とくに輸入インフレが日本を本格的に襲った2022年は実質賃金の押し下げの効果も大きくなっている。「どのように交易条件を改善するか」、あるいはそれが難しくても「少なくともどうやって交易条件の悪化に耐えうる力を蓄えるか」といった観点を軸に、政策を整理し直す必要があるように思える。その点は最終章でも改めて考えてみたい。

第7章

世界インフレ時代、「終わり」か「始まり」か

停戦は一向に見えてこない（ウクライナ・キーウ、共同通信社提供）

1／新たな「ニューノーマル」？　浮かぶ5つの構造要因

「供給の弾力性の低下」

２０２２年秋以降、米欧でインフレのピークアウト傾向が強まった。40年前に匹敵するような高インフレが定着するリスクは低下したようにも思える。ただし、新型コロナウイルス禍前のしつこい低インフレを形づくってきたさまざまな要素が変化しているのもまた、確かなようだ。この章ではコロナ禍による直接の影響のほか、コロナ禍前から水面下で進んでいた要因を点検し、インフレの先行きについていくつかのシナリオを描いてみたい。

「パンデミックと（ウクライナ）戦争の経験は、過去数十年との比較でより不安定なインフレを特徴とする環境への移行を告げるものになるかもしれない」。２０２２年11月下旬、米連邦準備理事会（ＦＲＢ）が公表したブレイナード副議長（当時）の講演内容が市場で話題となった。

ブレイナード氏が繰り返したのは「供給の弾力性の低下」だ。需要が急激に高まっても供給がすぐに増えない状況を意味し、「一時的」だったはずのインフレを長期にわたるものに一変させた。もともとコロナ禍での行動制限措置でモノの供給が急減したところに巨額の財政出動による所得支援でモノへの需要が爆発した。その結果、壮絶な需給のアンバランスが生まれた。

これは一時的な現象で終わらなかった。海上輸送や港湾施設のボトルネックに加え、半導体などの他の製品では代替できない中間財で深刻な生産制約がいつまでたっても収まらなかったからだ。コロナ禍で働くのをやめた人たちの多くが職場に戻らず、深刻な労働力の供給制約までが加わった。

ブレイナード氏は、新型コロナの変異型が異なるタイミング、異なる場所で波状的に世界を襲ったため、さまざまな要因が折り重なるかたちで供給ショックを長引かせたと総括する。2022年2月のロシアによるウクライナ侵攻は、エネルギーや資源の供給ショックを強めた。

鮮明になったのは、地理的にも工程的にも複雑に入り組んだ「グローバルサプライチェーン（供給網）の脆弱さ」だ。とりわけ供給対応に支障を来したのが「サプライチェーンが地理的に分断され、繰り返し起こる新型コロナのロックダウンが海外からの供給の信頼性を損なうことになった業種」だったという。「パンデミックや戦争などがもたらす供給の混乱は、ストレスがかかる瞬間に供給の弾力性が急低下する危険性を浮き彫りにした」

こうした脆弱性は構造問題になりかねない。「気候変動がもたらす過酷な事象がより頻繁かつ深刻になる可能性」や、化石燃料の投資不足を背景にした「エネルギーの移行における摩擦」が供給を不安定にするリスクがあるからだ。先進国の高齢化による「労働供給動態の長期的な変化の始まり」も人手不足の定着を通じたインフレ圧力につながりうるとする。サプライチェーンの分野での「グローバル化の逆回転（デ・グローバリゼーション）」のリスクにも言及した。

こうした危機意識は広く共有されている。各国・地域の中銀でつくる国際的な組織である国際決済銀行（ＢＩＳ）のカルステンス総支配人も「我々は新たなインフレ時代の先端にいる可能性がある」などと警鐘を鳴らしている。

ブラックロックやピムコといった世界の資産運用大手が２０２２年に示した経済・市場見通しも、グローバル化の逆回転を中心に構造変化を強調した。とりわけ２００９年ごろに「低金利・低成長・低インフレ」を基調とする「ニューノーマル（新常態）」を提唱したピムコは一転、コロナ禍後の世界について「我々がかつてニューノーマルと特徴付けた低水準だが安定した成長と、頑固なまでに中銀の目標値を下回るインフレの世界からは、確実に脱したと考えている」と宣言した。

では「ニューノーマル」の次、ややこしいが、いわば「新たなニューノーマル」というべき世界とはどんなものなのか。以下ではインフレ圧力の継続性を巡る５つの構造要因について考察していこう。

①グローバル化の逆回転などによるサプライチェーンの分断・再構築

最も大きな影響を与える可能性があるのが、すでに進み始めているグローバル化の逆回転の影響だ。さまざまな経路を通じ、サプライチェーン再構築の話と深く結びついてくる。

米ブラックロックは2023年の世界見通しで「我々は残酷なまでのトレードオフをはらむ供給体制によって形づくられている世界にいる」(投資研究所)と指摘した。大きな要因が、地政学的な対立構造を背景にしたグローバル化の逆回転に伴うサプライチェーンの分断だ。そこでは経済の効率性よりも経済安全保障が優先される。各国内、もしくはそれぞれの経済圏内で資源や部品をいわば「自給自足」するよう組み替えようとするサプライチェーンの再構築は当然、コスト高に直結する。

ブラックロックのトム・ドニロン投資研究所会長は「我々は地政学的分断の新世界秩序のなかにあり、ポスト冷戦時代とは完全に決別している」と述べ、第2次世界大戦後で最も不安定な環境になったとの認識を示す。中国やロシアなど強権的な国家が台頭し、米欧などとの分断を深めていく。その流れは以前から米中対立といったかたちで強まっており、ロシアのウクライナ侵攻によって表面化した。

生産の海外移転や海外委託を意味し、グローバル化を象徴した「オフショアリング」は、自国回帰を示す「リショアリング」、近隣国に再配置する「ニアショアリング」、友好国と再構築する「フレンドショアリング」へと移行する。効率性を極限まで追求して在庫を最低限に抑える「ジャスト・イン・タイム」の考え方は、もしものために在庫を多めに抱える「ジャスト・イン・ケース」へと変化する。

こうした作業は数年単位で一巡し、やがてはコスト増に伴うインフレ圧力も和らぐかもしれない。だが、地政学上の緊張関係は刻々と変化していく可能性が高く、新しい紛争に直面するリスクは拭えない。そうなると、世界は常に新たな供給制約に直面し、インフレ圧力に再び向き合うことになる。おそらくサプライチェーンの再構築は完成時期のみえない取り組みになる。

②気候変動対応の進展と資源争奪

脱炭素化に向けた急速なエネルギー体系の移行が資源高を呼び込む、いわゆる「グリーンフレーション」はコロナ禍前から指摘され続けたことだが、コロナ禍やロシアのウクライナ侵攻を受け、より切実なものとなった。

再生可能エネルギーの普及には時間がかかる。当分、化石燃料の投資不足による供給停滞の影響が勝ることが考えられる。ここに地政学上の紛争頻発のリスクが加わると、資源・エネルギー危機が折に触れて繰り返される未来像がみえてくる。

①に挙げた西側主要国の「脱中国」「脱ロシア」に向けたサプライチェーン分断と再構築の取り組みも、非効率な資源・エネルギーの争奪に拍車をかける。強権国家の台頭は紛争の頻発を招き、紛争の頻発は資源高・エネルギー高を呼び込む。資源・エネルギーの奪い合いもまた、世界

に紛争を起きやすくする。

ピムコは2022年にまとめた長期見通しで、ウクライナ危機はエネルギー市場にとって「気候変動や安全保障の懸念に対処することに加え、将来のエネルギー需要を満たすためにも大規模な投資サイクルに着手する必要があることを明らかにした」と指摘し、国際商品市況について「エネルギー市場の資本を刺激し、十分な投資を生むため、少なくとも長期的な視野では持続的な高価格が求められる」と予測した。

グリーンフレーションがもたらすインフレ圧力も、化石燃料の投資抑制による供給制約だけではない。脱炭素への巨額投資が、産業金属などさまざまな資源の争奪戦につながり、広範な「コモフレーション（商品価格高騰）」につながりうる。

ブレイナード氏が「気候変動がもたらす過酷な事象の頻発」に言及したように、異常気象や自然災害が世界各地で起きやすくなっている現実も疑いようがない。食料の供給減が価格上昇につながる「アグフレーション（農産物の高騰）」をはじめ、さまざまな供給制約が資源やエネルギーの安定調達に向けた障害として立ちはだかる可能性が高い。

③賃金インフレの継続リスク

ＦＲＢをはじめ欧米の中銀が「賃金と物価の悪循環」に陥らないよう金融引き締めを急いできたことは何度も確認してきた。2022年秋以降に強まったインフレ率のピークアウトの兆しは一見、そうした懸念が遠のいていることの証左にも思える。

だが、賃金インフレの火種はくすぶり続けるとの警戒感は根強い。BISのカルステンス氏は2022年4月の講演で「賃金上昇を決定するうえでの過去のインフレの役割は1990年代半ばから着実に低下し、パンデミック以前の数年間は事実上、ゼロであった」としたうえで、「この1年で賃金の伸びがインフレに対してより敏感になり、統計的な有意性が回復したことを示すいくつかの兆候がみられる」と語った。

第6章では物価上昇が賃金上昇につながりやすい米欧と日本の違いに触れたが、その米欧でさえ、長きにわたる低インフレ下で賃金と物価の相互の関係性が薄くなっていたのだという。コロナ禍を経て賃金と物価の関係が復活しつつあるのだとすれば、それ自体が賃金を押し上げ、インフレ圧力につながる。

そうしたメカニズムは、「賃上げゼロ社会」を打ち破ろうともがいている段階の日本よりも作用しやすいはずである。中銀は警戒を怠ることができない。

④高齢化の進展・労働観の変化

英経済学者チャールズ・グッドハート氏は共著『人口大逆転』で、中国を中心に働き盛りの人たちの数（生産年齢人口）が減少に向かうことでモノ・サービスを生まずにもっぱら消費をする人たちが増え、結果的にインフレ圧力を高めると主張した。この書籍はさまざまな論争を呼んだが、すでにコロナ禍でそうした端緒がみえ始めている、との指摘も出ている。

米国ではコロナ禍で職場から離れた人たちがなかなか戻ってこず、賃金に上昇圧力が加わった。ブラックロックは「米国では65歳以上の人口の割合が高まり続け、ほとんどの人が労働力として引退する時期を迎えている」としたうえで、「米国の労働力の供給が、労働力の需要に追いつかない主な理由の1つ」だとする。

BISのカルステンス氏は、ここ数十年の世界的な構造的なディスインフレの要因として「旧ソ連圏、中国やその他の新興国から約16億人の働き手たちが世界の市場に労働力として参入し、世界の総供給を押し上げた」と指摘し、こうした現象が「これほど大規模に繰り返されることは、この先ずっとないかもしれない」との認識を示した。

一方、米国で働き手が労働市場に戻らないのは、高齢化とは別にコロナ禍を機に人々の「労働観」が変わったためだとする議論もある。家族とのふれあいを大事にして在宅での短時間の勤務を続ける選択をしたり、まだ十分に働ける年齢だが早めのリタイアを決めたりする人たちが増えた可能性だ。こうした労働観の変化は一時的なものか構造的なものかの判定が難しく、構造的な変化があるのだとすれば影響は長期にわたって表れる可能性が高い。

⑤生産性向上の停滞

これまで挙げたそれぞれの要因が絡み合い、世界全体で生産性の伸びが停滞するとの懸念も広がる。モノやサービスを効率的に生み出すことを諦めざるを得ない要因が多いなか、さまざまなコストが高まり、それが物価の上昇圧力につながりうる。

ピムコは今後、「国防、医療、エネルギー・食料の安全保障、より強靭《きょうじん》なサプライチェーン、気候変動リスクの軽減や適応など、多くの分野での支出増」が官民で確実だとみる。これらは総需要の押し上げを通じて経済成長を支える可能性があるとしつつも、必ずしも経済合理性に合致しているとは限らないため「長期的な生産性の向上には寄与しないかもしれない」という。世界が分断化されるなかで「規制や保護主義の強化を伴う可能性が高く、長期的な成長を圧迫する可能性がある」ともみている。

2 シナリオⒶ　インフレ復活　サマーズ氏の「大転向」

「金看板」長期停滞説の放棄

ここまでインフレの定着につながりうる代表的な5つの要因をみてきた。それぞれどの程度の時間軸で、そしてどのくらいの強さで表れるのかによって、実際の経済成長やインフレの推移は大きく変わりうる。各国の政策当局がそれらの要素にどう対処するのか、といった要素も当然、先行きを大きく左右する。今後を正確に予想することは筆者の手にあまる問題だが、上記のような要因を整理することで、いくつかのシナリオに集約することはできる。

まずは「インフレ復活」のシナリオである。「パンデミックはすべてを変えた。長期停滞を考えることはもはや妥当ではなくなった」。米元財務長官のローレンス・サマーズ氏は2023年1月7日、米経済学会の年次総会での討論会にオンライン形式で登場し、こうぶち上げた。長期停滞はコロナ禍前の「低金利・低成長・低インフレ」の経済の代名詞だ。上述のとおり、インフレ要因が目立つなか、そうした環境には戻らないという見方は多い。サマーズ氏の発言が目を引いたのは、コロナ禍前、誰もが「サマーズ氏といえば長期停滞説」と思うほどこだわった自説の放棄を宣言したからである。

長期停滞説とは第2次世界大戦直前の1938年、経済学者アルビン・ハンセンが大恐慌の後遺症が長引いている状況を憂えて唱えたもので、戦後の米経済の急成長で忘れ去られていた。2013年、この言葉を復活させたのがサマーズ氏だ。

金融危機後の米景気の回復が鈍い現実を当時になぞらえ、構造的な投資需要の不足を背景に、経済にとってちょうどよい政策金利である中立金利がマイナス水準まで落ち込んだ可能性があると説いた。金融緩和のみに頼った状況を改め、積極的な財政出動を活用した需要の底上げを提言した。

それ以来、サマーズ氏の長期停滞説はさまざまな経済論争の種にもなりつつ、「ニューノーマル」とともに「低金利・低成長・低インフレ」を象徴する言葉となった。

コロナ禍直前まで長期停滞説を繰り返してきたサマーズ氏は一転、あまりにも巨額な財政出動が本格的なインフレ圧力を喚起するとの立場に「転向」した。それでも2022年時点では世界がこの先、長期停滞に近い状態に戻る確率を6割ほどと語っていたが、今回、「金看板」である長期停滞説を捨て去ることを明確にしたのである。

コロナ禍後は、戦後の状況に酷似？

サマーズ氏は、ハンセンの元祖・長期停滞説が戦後に否定された状況と現在の類似点を指摘する。戦後はハンセンの懸念が外れ「経済が活気づいた」。高速道路網をはじめとする大規模な国家プロジェクトが展開され、米産業の機械化が進み、ベビーブームが住宅投資を刺激したからだ。こうした状況と「パンデミックの間に起きた刺激策」が似ているのだという。

投資需要が盛り上がり、貯蓄が目減りする。コロナ禍前からの大転換のポイントはここにある。サマーズ氏は今後、国家安全保障や高齢化対応、ポピュリズムの高まりを背景にした格差是正策を背景に政府支出がさらに膨張し、「財政赤字が歴史的な規模で拡大する時期に向かっている」と予想する。民間でも、サプライチェーンの分断・再構築や脱炭素対策の投資が増えるとみる。

貯蓄も減少傾向に向かう可能性がある。フィンテックの発展で消費者金融の新サービスが「爆発的に増える」ほか、消費性向の高い低所得層への再分配の強化や、高齢化の進展に伴う家計資産の取り崩しが影響するとみるからだ。

経済全体でみて投資と貯蓄が折り合う金利の均衡水準が上方にシフトするので、中立金利は上昇する。2%超のインフレ率も定着する。サマーズ氏は明言しないが、総需要の拡大も踏まえると、経済成長率の底上げを意識している可能性は高そうだ。ただし、経済学会の前後に米ブルームバーグテレビに出演した同氏は、「低金利に戻るという考え方がある種の正統派として市場に根付いている」として「債券市場の大混乱」を予想した。成長回復を市場が好感するような姿は描いていない。

政府の借金漬けで金利水準が全般に高まり、市場の混乱を伴いつつも経済が拡大均衡へと向かう。こうなると心配なのが、財政の持続性である。討論会では、その点に対するサマーズ氏の具体的な言及はなかった。もし金利水準を上回る成長率を得られなければ、政府債務は雪だるま式に膨らんでいくことになる。

これまでみてきたように、サプライチェーンの分断・再構築などに伴う投資や支出の需要拡大は生産性の向上を伴わないケースが多いとみられる。インフレ圧力が成長を阻害し、前向きな投資需要の芽を摘んでしまうリスクは消えない。必ずしも「バラ色の未来」とはいえないようだ。

3　シナリオⒷ　乏しい政策余地　消えぬスタグフレーションの影

サマーズ氏のように急激な経済構造の転換を予想する声は、少なくとも金融市場の関係者の間ではそう多くないように思える。ブラックロックは「不況が到来しても、わたしたちはインフレと共存していくことになると思われる」と指摘する。基本的には「インフレ率は今後低下するが、中銀の目標である2％を上回る状態が続く」。そのうえで「今回、中銀はインフレを低下させるために不況を引き起こそうとしている。不況を避けようとしているのではない」（アレックス・ブレイジャー投資研究所副責任者）との見方を示す。もはや中銀はインフレが完全に鎮火されないうちは景気や市場の救世主を演じる余裕などはないというわけだ。

ピムコは世界経済について「今後2年間は景気後退のリスクが高まる」とみる。近年の不況時は今ほど「インフレが懸念されておらず、政府債務や中銀の資産規模も肥大化していなかった」。このため「次の不況が到来した場合、財政や金融の政策対応は過去数回の不況に比べてより控えめになり、対応する時期も遅くなる」と予想している。

サマーズ氏の長期停滞説が脚光を浴びたことでわかるように、2008年のリーマン・ショックに端を発した金融危機後の景気回復は極めて緩やかだった。世界の財政政策の担当者たちはその経験を生かし、コロナ禍では「より早く、より強く」をモットーに景気の下支えに動いた。しかし、今回は経済が極めて厳しい供給制約にさらされているところに各国の当局が需要刺激策を集中投下してしまったがために、インフレ圧力を呼び覚ます結果となった。これが今回の新たな教訓となるかもしれない。

インフレが完全に鎮火されないなかで次の不況がやってくると、当局としては財政支援策を打ちにくい。ピムコは「今日の高インフレは、とくに米国において政策当局者に（強力な財政支援という）ツールを再び採用することをためらわせることになる」とみる。

やや高めのインフレと弱い経済の組み合わせは、経済停滞とインフレが併存する「スタグフレーション」の軽症だと診断できそうだ。この前提にたてば、世界が高インフレ鎮圧の代償に軽い景気後退に陥る程度ですむのなら御の字ということになるだろう。その先の世界経済は、少しだけ高めのインフレを伴いながら成長も高まらない「新しい長期停滞」と呼ぶべき経済状況が生まれるかもしれない。果たしてサマーズ氏の「脱長期停滞」のシナリオとどちらが望ましいのだろうか。

4／シナリオⓒ　低インフレへの回帰　頑固な低成長

元の低インフレの世界に戻っていくというシナリオも考えられる。サマーズ氏が否定した、長期停滞への逆戻りである。

「コア指標」を3つに分割

インフレ率を目標の2％に戻す確かな道筋は描けているのか。米国を例にとろう。パウエルFRB議長は2022年末にかけての講演や記者会見で、今後の物価動向について、食品・エネルギーを除く「コア指標」を3つに分割して評価するようになった。

大前提として、FRBはエネルギー・食品の価格高騰はピークを過ぎたとみており、インフレ鎮圧に向けた焦点をコアの個人消費支出（PCE）物価指数や消費者物価指数だと位置付ける。そのうえでコア指標を3つに分けて、カギを握る要素を詳述している。

まず自動車や家電などのモノの値段を示す財価格は、供給制約が和らぐもとで上昇の勢いが弱まりつつあると評価する。気になるのは上昇の勢いがなお弱まらないサービス価格だ。そのうちかなりの割合を占める家賃などの「住居費」は、先行する民間のデータではっきりと伸びが減速しつつあり、物価指標上も少し遅れて2023年中にはピークアウトを迎える公算が大きいと踏んでいる。

最後は住居費以外のサービス価格が残る。「医療」「輸送」「教育・通信」「娯楽」などからなり、物価指数を構成する品目のなかでも賃金の上昇の影響を受けやすい分野だといえる。住居費以外のサービス価格の上昇が止まるには、やはり賃金がカギを握ることになる。

通常なら金融引き締めで景気に下押し圧力を加えれば、失業者が増え、労働者優位の状況が終わる。賃金上昇の勢いも弱まっていく。FRBや強気派の市場関係者が期待をかけるのが、大幅な失業増を伴わずにインフレを鎮火できる可能性だ。ただ単に求人が急減すれば、必ずしも失業者の大幅な増加を伴わずとも雇用のミスマッチは改善し、賃金上昇も落ち着くことになる。

米国では厚待遇を目指して職をかえる労働者の活発な移動が、賃金の押し上げ圧力になった。景気が減速して企業の求人が減りさえすれば、当然、条件の良い転職先も減ることになる。今の職場に居続けようとする人が増え、賃金指標の伸び率を抑える方向に働くはずだ。給付金などの公的支援の支えが切れたうえに2022年の株安が資産を傷め、リタイアを決め込んでいた人たちが労働市場に戻ってくる可能性もある。そうなれば、賃金上昇の勢いを和らげる方向に作用する。失業が大きく増えるほどの景気後退になる前に、賃金上昇率が3%台と、2%インフレに見合う水準に軟着陸する可能性は残されているということになる。

ただし過去の米国経済の歴史をひもとくと、求人が大きく減る場面では、ほぼ必ず失業の急増を伴ってきた。ＦＲＢは「今回の労働市場は過去に例のない状態だから、過去に例のないかたちで改善されうる」とみるが、「出たとこ勝負」の感は否めない。

ＦＲＢとしては賃金インフレに歯止めがかからない場合、利上げの停止や利下げへの転換といったシナリオを打ち捨てざるを得なくなる。高めの物価上昇が持続する軽いスタグフレーションに移行し、なかなか元の低インフレに戻らない可能性が出てくる。

最も避けたいシナリオは１９７０～１９８０年代のような本格的なスタグフレーションに陥る展開だろう。厳しい景気後退の果てにようやくインフレが鎮まり、元どおりか、あるいは以前よりも弱々しい「低金利・低成長・低インフレ」の世界に戻っていく。インフレという大火災のあとの「焼け野原」のパターンである。

低金利が続く可能性も？

サマーズ氏とは裏腹に、いわゆる長期停滞が続くと主張する大物エコノミストもいる。国際通貨基金（ＩＭＦ）の元チーフエコノミスト、オリビエ・ブランシャール氏である。２０２３年１月、その名も「低金利下の財政政策」（邦題は『21世紀の財政政策』）と題した著作を発表した。「確証をもってはいえないが、民間需要の低迷と安全資産への高い需要は、今後もしばらく続くと思われる」と指摘し、コロナ禍後も低金利の状況が続くとの見方を示した。そのうえで望ましい政策のあり方として「財政政策を活用して中立金利が少なくとも実効下限の制約を合理的な余地を持って上回り、金融政策が生産を維持するための十分な余地を確保する」ことだと主張する。

ブランシャール氏が正しければ、コロナ禍の喧噪《けんそう》が過ぎ去ったあと、世界は「低金利・低成長・低インフレ」という長年の宿題に再び向き合うことになる。その際、財政は景気を支える積極的な役割を担い続けることになる。

サマーズ氏とブランシャール氏のどちらが正しいのかはこの先の歴史が証明するだろう。確実なのは、どちらに軍配が上がるのかによって、世界経済がたどる道筋は決定的に異なってくることだ。

5／長期停滞の「本尊」、日本を待ついくつもの岐路

差し当たり今後の世界について3つのシナリオを挙げた。強いて予想すれば、当面はⒷのシナリオを軸に、スタグフレーションのリスクを背負いつつも、当面は中銀によるコロナ禍での「対

インフレ戦争」の決着次第で成長率やインフレ率の落ち着きどころが定まることになりそうだ。

その先、長期的なインフレを左右するグローバル化の逆回転といった構造要因がどのように経済や物価に影響を与えるのかは、現段階では予断を持つことはできない。最終的にⒶのインフレ復活とⒸの低インフレへの回帰のどちらの道に歩むのか。米中対立を含めて世界のパワーバランスが大きく揺らぎ、それが経済に構造的な変化をもたらし始めている以上、完全に元の世界に戻ることは難しいようにも思える。「新しい世界秩序を探るなかで、顕在化するかどうかは別にして、わたしたちはさまざまなインフレ圧力と向き合い続ける」。こんな姿がみえてくる。

最後に日本の今後について簡単に触れたい。物価動向に限っていえば、価格転嫁の動きは欧米から遅れて2023年の半ばから後半にかけてピークを迎えるとの見方が多い。政府のガス・電力の負担軽減策が物価高騰を和らげる方向に働くものの、しばらくは2%を超えるインフレ率を体験し続けることになりそうだ。その後、世界で急性的なインフレ圧力が収束していくことを前提とすれば、いったんは「海外インフレ」の圧力が弱まり、「消費者インフレ」も落ち着いてくる可能性が高い。

一方で当面、経済再開がインフレに及ぼす力も、世界の主要国から「周回遅れ」で強まっていくことになる。経済全体のモノやサービスの需要と供給のバランスをみる需給ギャップは需要不足の状態がほぼ解消されつつある。家計に眠る「強制貯蓄」も消費に寄与するかもしれない。中国からの訪問客の受け入れ次第の面はあるが、コロナ禍前の景気を潤わせたインバウンド消費の復活も、経済全体の需給を引き締める方向に働きそうだ。「海外インフレ」が萎えたあとも国内要因を中心にインフレ圧力が残り続ける可能性はある。

もちろん根強い「デフレ心理」「ゼロインフレ心理」を打破するのは簡単ではないだろう。それでも2022年12月に日銀の黒田東彦総裁（当時）が指摘したように、日本経済が歴史的な分岐点に差し掛かったことは間違いない。

長期的な要因に関していえば、①のサプライチェーンの再構築や②の気候変動対応の進展については日本も無縁ではいられない。

とくに米国を軸とする西側社会での「フレンドショアリング」や国内回帰を意味する「リショアリング」の影響は出てくるとみられる。次第に「企業間インフレ」の分野でコスト上昇の影響がじわじわと広まることもありうるが、インフレへの影響を考えるよりも、まずはこうした構造的な変化を生かした経済のあり方を模索することのほうが得策だと思える。⑤の生産性停滞の要素も含め、今後の日本経済の大きな課題といえる。こうした点は最終章でも触れる。

④の高齢化の進展については複雑だ。世界で進む高齢化は、すでに高齢化先進国の日本にとっては経験済みの話である。日本ではインフレ圧力にはつながらず、むしろ人口減少は「デフレの要因」ともいわれ、大きな議論になった。少なくとも人口減少は成長の足かせとして作用し、低

インフレ定着になんらかの影響を及ぼしたことは確かだろう。

先にみたグッドハート氏らの『人口大逆転』の主張では、日本の人口減が高インフレに直結しなかったのは中国など新興国からの労働供給が急増し、豊富な労働力が世界に低インフレをもたらした時期と重なったためだとする。この見方が正しければ、この先、日本にも遅れて人口大逆転のインフレ圧力が及び始めることになる。この見立てには異論も多いが、人口減とインフレの関係に変化が訪れないか、注意は必要だろう。

第8章

「ピンチをチャンスに」6つの提言

日本にコロナ禍前のような外国人の賑わいは戻るか（共同通信社提供）

提言①／日本のものづくり、「円高恐怖症」脱却を

新型コロナウイルス禍をきっかけに日本を襲った海外発のインフレの大波を巡り、インフレゆえにデフレを呼ぶ「異常」な経済構造から説き起こしてきた。世界が激動するなか、日本は海外発のインフレという「ピンチ」を賃金上昇メカニズムの復活をはじめとする「チャンス」にどう変えていくのか。最終章では具体的な政策を考えてみたい。

さまざまな方策がすでに官民で実行途上にあるなか、筆者には魔法のようにすべてを解決する策を提案する力はない。本書全体のまとめを兼ね、改めて強調したいことを、望ましい政策展開の方向性に沿って確認する機会としたい。

第2章を中心に本書前半のキーワードは「交易条件の悪化」や「交易損失の拡大」だった。第4章では、円の真の実力である「実質実効レート」の半世紀ぶりの水準への低下が、交易条件の悪化と絡み合いながら進んだことにも触れた。日本経済の復活に向けては、賃金上昇と同時に交易条件の改善を掲げ、具体策を1つひとつ実行することが重要になるはずだ。この10年の国家目

標は「デフレ克服」よりも「交易条件の向上」のほうが適していたかもしれない。

交易条件の改善に向けた本筋は化石燃料の輸入をいかに減らすかである。日本側の意志で資源・エネルギー輸入の「価格」を急に下げることは難しいし、輸入の「量」をすぐに減らせる特効薬もないので、まずは輸出から話を始めたい。輸出の「価格」と「量」を高める努力なら自らの意志でできることは多いはずだからだ。


2022年秋にかけての円安は円建ての輸入価格だけではなく、輸出価格を高める方向にも作用した。輸入価格の急騰の陰で目立たないが、輸出物価指数の伸びをよく確認すると、2022年9月に前年同月比20・1%と1980年2月以来という歴史的に高い伸びを示した。値下げでシェアをとろうとする「安値販売」から、採算重視の「利益確保」の戦略に転じたことがうかがえる。生産の海外移転がかなり進んだ現状でも国内になお残る輸出産業は、付加価値が高く価格競争をする必要がないという見方もできる。

それでも日本の輸出のあり方は長期的にみて大きな曲がり角に差し掛かっている。現行の高付加価値型の輸出戦略は20年ほどの年数をかけ、グローバルなサプライチェーンを海外現地法人や取引先企業との間で少しずつ構築するなかで立ち位置が定まったものだ。第7章などで取り上げたように、ウクライナ危機、米中対立を軸とした地政学リスクの高まりやコロナ禍が突きつけたサプライチェーンの脆弱性を踏まえ、経済安全保障上の要請から、サプライチェーンの分断と再構築が始まっている。

　仮にこの先、「リショアリング（国内回帰）」が日本で進むにしても、サプライチェーン全体を見直すなかで「ニアショアリング（近隣国への業務・生産移転）」や「フレンドショアリング（友好国への業務・生産移転）」が伴うだろう。輸出戦略を考えることは結局、日本国内で何をつくるのかを根本から問い直すことにほかならない。

　一般論ではデジタル投資を急ぐことが、失われた産業競争力、ひいては輸出競争力の回復につながるはずだ。近年のデジタル投資はその絶対的な水準が国際比較で見劣りしているとされる。経済協力開発機構（ＯＥＣＤ）によると、日米のデジタル投資（固定資本形成のＩＣＴ設備、購買力物価ベース）は１９９４年の時点で米国の１２００億ドルに対し日本が６００億ドル弱と、すでに2倍の開きがあった。その後の30年弱の間に米国が2倍強に増えたのに対し、日本は微増にとどまり、２０２１年時点では米国が２９００億ドル弱に対して日本が７００億ドル強と、日米差は4倍近くに広がった。

　しかも日本のデジタル投資の目的は、コスト削減や経営効率化といった縮小均衡型のイノベーション（均衡）に力が注がれ、新しい需要を生み出す拡大均衡型のイノベーション（革新）では十分な成果を生み出すには至らなかったとされる。縮小均衡型が中心になれば、ゆくゆくは輸出価格にも下押し圧力がかかり、交易条件を悪化させてしまう。

経済安全保障上の視点も含めて強調したいのは、第4章でみた「円高恐怖症」を克服することの重要性である。米国の対立の相手が中国に移った以上、1990年代までのように米政権から通貨高の圧力が日本にのしかかるリスクはかなり減ったと判断してよいのではないかと論じた。

第5章などでみたように、米インフレ率のピークアウトを受けてドル高は収束した。この先、円高・ドル安の方向に進む可能性も十分ある。行き過ぎた円高が到来した場面では日銀や財務省をはじめ、当局が必要な措置を講じるのは当然だ。それでも、かつてのように産業界の「円高恐怖症」を恐れ、経済政策の軸足を常に「円高阻止」に置く必要性は薄れているように思う。

第3、4章で日銀の異次元緩和を円安是正の「最終兵器」と呼んだのは、そのあまりの強力さとともに、実質実効レートでみた円の低迷ぶりを憂うべき状況のなか始動した、時機を逸した措置だったというニュアンスを込めた。

少なくとも円相場を決定付ける要素のうち国際政治の比重がかつてよりも低くなっているのだとすれば、企業の経営判断上、円高を過度に懸念して国内生産を選択肢にすら入れないというケースは減るかもしれない。政府も個々の企業も、新たなサプライチェーンをどう構築するか、そのなかで国内拠点がどんな役割を果たすべきかを冷静に考える余裕ができるはずだ。

たとえば、半導体産業。経済安全保障上の問題も追い風に、復活の兆しがほのみえる。半導体世界大手の台湾積体電路製造（ＴＳＭＣ）はソニーグループやデンソーと組んで熊本県で半導体工場の建設を進めており、2024年末までに量産を始める計画だ。TSMCの幹部は2023年1月、日本国内で2カ所目の半導体工場も検討していると表明した。

トヨタ自動車やソニーグループ、デンソー、キオクシアなどが日の丸半導体の復活を目指して出資したラピダスは、最先端半導体の国内生産に向けて2025年前半までに試作ラインを構築する。2023年2月には北海道千歳市に工場を建設すると発表した。

西村康稔経済産業相は2023年1月の記者会見で「半導体は現在国内企業による投資案件も増えているし、円安の環境が若干変化してきているなかでも、海外からの投資案件を数多く持ちかけられている」としたうえで、「国内外からの投資をしっかりと可能な限り促進していきたい」と語った。

経産省によると、日本の半導体市場の世界シェアは1988年には5割を誇ったが、1990年代以降、ほぼ一貫して地盤沈下が進み、2019年には1割となった。2020年時点の日本企業の半導体売上高は計約4・5兆円。デジタル市場の急拡大と国の支援策を絡め、2030年には13兆円に伸ばせるとそろばんをはじく。これに国内に進出する外資系企業の数兆円の売上高も加わる。

もちろん世界中の国々が自国内・地域内に半導体のサプライチェーンを構築しようと競うなか、日本の半導体が思惑どおりに復権できるかはわからない。半導体関連産業での日本の最大の強みは製造装置や素材産業だ。たとえば米国が半導体サプライチェーンの自国回帰を強引に進めれば、そうした分野の企業すら米国に移転せざるを得なくなるリスクをはらむ。

米国が日本に円高圧力を加えるつもりもなく、安全保障の観点から同盟国として日本経済の復活を願うとしても、自国の経済政策が自国優先であることには変わりがないだろう。

世界的なサプライチェーンの大改編がもたらしうるのは、国内回帰という甘い果実だけではない。経済安全保障上の必要な策を講じつつも中国との経済的なつながりをどう保つかも含め、米国追従一辺倒ではない日本なりの「新グローバル戦略」を練ることが日本の製造業復活の第一歩になるのではないか。

提言②／輸出の主力「インバウンド」の価値高めよ

日本を代表する「輸出品」はこの先、ひょっとしたら自動車や電子部品ではなく、「インバウンド」になるかもしれない。海外からお客さんが旅行に来て落とすお金は「インバウンド消費」と呼ばれ、国際収支上、サービス収支の受け取り項目に含まれ、サービス輸出となる。反対に日本人が海外で旅行して消費したお金はサービス収支の「輸入」として扱われる。海外旅行で使ったお金の受け取りと支払いを差し引いたものが旅行収支だ。

第2次安倍晋三政権が東南アジア向けにビザ発給の要件緩和に動いたほか、国際航空便の発着枠を増やすなどしてインバウンドの拡大を進めた。こうした成果から訪日客が急増し、アベノミクスを代表する成功例となった。2018年の訪日客は初めて3000万人を突破した。

コロナ禍前の2019年には海外からの旅行受け入れに伴って受け取った収入（旅行サービスの輸出額）が5兆円に達し、貿易収支の品目別輸出額との単純比較では2位の「半導体等電子部品」の4兆円を上回り、1位の「自動車（約12兆円）」に次ぐ輸出実績を誇った。旅行収支はずっと支払い超過（赤字）だったが、2015年に黒字に転じ、2019年には黒字幅が2・7兆円に膨らんだ。

コロナ禍ではインバウンド消費が壊滅状態となり、第3章でみたように円安が経済にもたらすプラス効果を打ち消したが、岸田文雄政権がインバウンドの再開に動いた2022年秋以降、急回復に転じた。「ゼロコロナ政策」を突如放棄した中国からの受け入れがどうなるかが焦点となるが、「2030年に6000万人に倍増」に向けて回復に拍車がかかれば、化石燃料の輸入価格高騰で膨らんだ貿易赤字の縮小にも寄与するとみられる。

統計上の都合から、日銀の輸出入物価指数からはじく交易条件も、実質国内総所得（GDI）でみる交易利得・損失も、インバウンド消費の「単価向上」をうまく拾えない可能性が高い。そうだとしても小売店や観光地の経済を押し上げる効果は大きいのだから、広い意味での交易条件の改善策として進める価値はありそうだ。

実際、高付加価値化は追求の余地があるようだ。日本政府観光局によると、訪日旅行1回あたりの消費額が100万円以上の人を「高付加価値旅行者」と定義したところ、人数は全旅行者の1％にすぎないが、旅行消費額は全体の12％にのぼるという。どのくらい日本が選ばれているかを海外旅行消費額に占める日本の順位でみたところ、米国に住む高付加価値旅行者の日本の順位が13位、英国では36位にとどまるなど、日本は富裕層の獲得が十分でないことがわかった。

しかも、そういう人たちが日本に来たとしても、地方で使うお金は少ないのだという。地方では付加価値の高い体験を提供できる体制が整っていないことがうかがわれる。観光庁では上質な宿泊施設の開発や体験型の観光コンテンツづくりなどを目指し、モデル観光地の公募をするなどてこ入れに動き出した。

「安いニッポン」ばかりを売りにして観光客を集めるのでは芸がない。受け入れ側が各地域本来の魅力を見直す作業を通じて、国内外からの誘客に力を入れていけば、若い人たちを中心に住民自身による地域づくりのきっかけにもなるかもしれない。

提言③／失われた「賃上げメカニズム」の歯車を回せ

交易条件の改善と並ぶ重要なポイントは、長くついえていた賃上げのメカニズムをどう復活させるか、ということだった。

まずは2023年の春季労使交渉では、物価上昇という賃上げの大義名分が立つうちにはっきりとした実績をつくることがカギになる。3月にまとまった第1回の回答集計では、定期昇給を含む賃上げ率が平均3・8％、焦点のベースアップ（ベア）の引き上げ幅は2・3％に達した。連合が掲げる5％賃上げ、3％ベアの目標は下回るが、それでもこのままいけばそれぞれ1990年代前半以来の上昇率となる。4％台のインフレ率が現実になり、政労使ともに足並みをそろえている状況に照らせば、中小企業の賃上げにも期待がもてる内容となった。

2023年以降はインフレ圧力が少しずつ弱まる。その過程でインフレ率が春季労使交渉での賃上げ率を下回り、事後的に「インフレ超えの賃上げ」達成がうたわれる瞬間が訪れるかもしれない（定期昇給が含まれるため本質的な意味は薄いが）。交渉の最終集計がまとまる夏場までにそうした瞬間が到来すれば、象徴的な意味は軽くない。

問題はその後だ。2024年の労使交渉に向け、実際のインフレ率がどうあれ、組合側としては、ともかく日銀の2%のインフレ目標を前提に2%の賃金上昇を求め、交渉に備えることだろう。問題はここでいう「2%の賃上げ」が何を指すのか、だ。第6章でみた粗い計算も踏まえると、2%の賃金上昇の対象を基本給（所定内賃金）に据えるのであれば、労使交渉では定期昇給を含めた賃上げ率を最低でも4%程度で着地させる必要がある。ベアも2%近辺という計算にはなるが、もちろん実現は簡単ではない。ベアの実績がインフレ率の高かった2023年に近い水準を保てるようなら、まずは賃上げのクセがそれなりについてきたと判断できるだろう。

そのうえで2025年以降、2%のベアが定着したあかつきには、日銀の「影の目標」である3%の賃金上昇を目指し、「賃金と物価の緩やかな好循環」の総仕上げに入る。2%の物価上昇を前提とすれば、それを実現できて初めて生産性の向上分に見合う1%の実質賃金の上昇が確保できる。ここまで3~5年というイメージだろうか。

さらにその先、一段の実質賃金の積み上げに向け、生産性の向上と交易条件の改善に向けて官民で取り組むステージが待つ。その努力の間にも、名目の賃上げの歯車は回り続ける。

生産性の向上が賃金上昇の正攻法であることは論をまたない。ただし前提条件としてあまりに生産性の向上がクローズアップされてしまったことが、簡単には生産性を高められないがゆえに、賃上げの議論自体を前に進めにくい雰囲気にしてしまった感は否めない。たとえ奇策であっても、今回の物価高を最大限利用してみる価値はあるとみている。

振り返れば、ここ20年ほどの賃上げ論はいわば企業の善意に訴えるような主張が多かった。2000年のゼロ金利解除にかけて日銀が唱えた、いわゆる「ダム論」は、企業収益の水位が高まればやがて賃上げや設備投資などのかたちで下流に放水される、という考えだった。

アベノミクスが推し進めた円安をテコにした景気拡大も、まずは企業収益が高まれば、そのうちに葉っぱから水滴がしたたり落ちるように家計に賃金上昇などの恩恵が行き渡るという「トリクルダウン」とみなされた。官製春闘も、最終的には企業の善意や決意に訴えかけるものであった。たびたび巻き起こった企業がため込む「内部留保」の還元論にも、企業会計として考えると混乱をはらみつつも、似た側面がみられた。

2022年、当時の日銀の黒田東彦総裁が円安のジレンマに直面したなかで唱えた「円安で収益の改善した企業が設備投資を増やしたり賃金を引き上げたりすることが重要」という考えも「円安のトリクルダウン」といえた。

企業が必要に迫られない以上、こうした議論によって賃上げメカニズムの歯車が本格的に動くことは結局、なかったのである。今回、物価上昇という差し迫った状況を端緒に賃上げ論が高まったことで、「企業が必要に迫られて賃金を上げる」という最初のステップはクリアすることになる。これまでの賃上げ機運と大きく一線を画すのは確かだ。

さらに、女性や高齢者の労働市場への供給が弱まる現代日本の「ルイスの転換点」が近づいてくれば、労働市場の一段の引き締まりが意識され、非正規社員の本格的な時給の上昇や、正社員へのシフトが起きてくる可能性がある。優秀な新卒社員を確保する難しさを考えてみても、企業にとって必要に迫られた賃金上昇や待遇改善を持続させる条件は以前よりも整ってきているようにみえる。

賃上げのクセがついてくれば、正社員と非正規社員という二重構造の実質的な解消（「同一労働同一賃金」の実現）や非正規社員も取り込んだ労働組合運動の普及、リスキリング（学び直し）に代表される人的資本の育成など、さまざまな構造問題の改善や進展にも弾みがつく可能性にもつながる。

提言④／エネルギー、原発・「炭素価格」で王道を

次に交易条件の改善に向けた「本丸」である輸入について考えたい。第2章や第4章を中心に取り上げたように、交易条件の悪化は、東日本大震災による原子力発電所の停止で火力発電への

依存が高まり、化石燃料の輸入が増えたところに、資源高・エネルギー高、そして円安の影響が集中したためだ。２０２２年通年の貿易収支は20兆円近い赤字と過去最大の支払超過を記録した。

根本的な解決は、化石燃料の輸入の「量」の削減だが、残念ながら短期的にめざましく減らせる策は見当たらない。電力不足の不安がつきまとうなか、将来の電力供給のあり方をじっくり描くどころか、明日の電力不足を日々、心配しなければならない状態にある。

まず対応策として思いつくのが、原発の再稼働を含む活用の促進であろう。岸田政権は２０２２年12月に原発の活用方針をまとめ、停止中の原発は「安全最優先で再稼働を進める」とうたい、「運転期間に関する新たな仕組みを整備する」として運転延長を認めることにした。さらに震災以降、原発新設は「想定しない」としてきた従来見解を覆し、「新たな安全メカニズムを組み込んだ次世代革新炉の開発・建設に取り組む」と明言した。

筆者はこれらの方針の善しあしを判断できる専門的な知識を持たないが、交易条件の改善という論点に限れば、「短期、中期、長期」のそれぞれにある程度明確な方針を示したこと自体は正しい方向性であるように感じる。

一方で原子力政策の大きな転換にもなりうる政策判断に対し、国民的な議論が置き去りになっているとの批判があるのもうなずける。東日本大震災から12年もの歳月がすぎたなか、国民や周辺住民が抱える原発の安全性を巡る不安を解消しきれていないことが、すべての足かせになっているように思う。

使用済み核燃料の再処理工場にはメドが立っていない。核廃棄物の最終処分場の問題も重くのしかかる。新設推進のアクセルと安全性を確保する規制のブレーキのバランスをどうとるのか、行政側の立て付けの問題も多い。原子力政策全体を急いで立て直さないと、原発をエネルギー政策のなかでどう位置付けるかも定まらない。

原子力の活用問題が喫緊の課題であることは間違いないが、「とにかく1日でも早く再稼働にこぎ着けること」に焦るよりも、「1日も早く政策全体を立て直すこと」に力を注いだほうが、長い目でみれば安定したエネルギー供給源としての原発の力を生かすことになるのかもしれない。「急がば回れ」で政策全体の再設計を進めるのは一案だろう。


エネルギー戦略の大転換は長期戦で進めるしかない。政府は2030年度に温暖化ガスの排出を2013年度比で46%減らし、2050年に温暖化ガスの排出と吸収を均衡させる「カーボンニュートラル」を実現する方針を掲げており、具体策が問われている。

足元では脱炭素に伴う化石燃料の投資抑制がエネルギー価格の高騰を招く「グリーンフレーション」が交易条件の悪化につながる。中長期でみれば、再生可能エネルギーの活用拡大をテコに化石燃料の使用を減らすことで、資源価格の変動に交易条件が左右されにくい体質に変えることができる。脱炭素の取り組みは温暖化ガスの「吸収」など、必ずしも交易条件に直結しない要素も多いが、環境技術の発展に伴う輸出力の強化も含め、長期的な効果は幅広く出てくるだろう。

政府は2023年2月、上述の原発の活用方針も含めて脱炭素社会に向けたエネルギーの大転換をうたったGX（グリーントランスフォーメーション）の基本方針を閣議決定した。脱炭素社会の実現に向け、今後10年間で150兆円超の官民の投資を見込む。投資をいかに早期に効果的に引き出すかが、脱炭素社会への移行の成否を決する。

カギを握るのは、炭素の排出に「値段」を付けて排出者の負担とする「カーボンプライシング（炭素価格）」である。政府は150兆円投資の呼び水として「GX経済移行債」と銘打つ国債を今後10年、総額20兆円の規模で発行する。一般会計とは別枠とし、財源にはカーボンプライシングの本格活用による歳入を見込む。

一般にカーボンプライシングは「排出量取引」と「炭素税」を通じた仕組みを指すが、日本の場合、当分の間は希望する企業が自主的に取引する緩やかな排出量取引と、炭素税の仕組みをとらずに低い負担から始めて柔軟に調整できる石油業界などへの「賦課金」の組み合わせとする。「成長志向型カーボンプライシング」をうたい、排出側企業の負担が重くなりすぎないようにしつつ、段階的に負担を高めることで、負担が軽いうちに投資を急がせようとしている。GX経済移行債で官の支援という「アメ」を配りつつ、その償還財源に使うカーボンプライシングの仕組みを将来の「ムチ」として用意し、排出削減を急がせる。公費の投入と回収の枠組みとしては巧妙にも思える。

だが最終的な制度の姿はなおあいまいだ。専門家の間から聞こえるのは、カーボンプライシングが単なる「移行債の財源」の位置付けにとどまり、排出にコストをかけることで脱炭素を急がせる本来の機能を発揮できずに空回りするリスクがあるといった指摘だ。

世界銀行の報告書によると、2022年4月現在で世界には68のカーボンプライシング制度が運用されているほか、さらに3つが導入決定済みで、開始待ちとなっている（内訳は炭素税が37、排出量取引が34）。これらの制度は世界全体で生まれる温暖化ガス排出量の約23%をカバーしていると分析する。

日本も既存の地球温暖化税が上記の炭素税にカウントされ、排出量取引には東京都と埼玉県の試みも入っているが、国全体としての本格的な取り組みはこれから。実質的にはすでにかなりの後発組といえる。

最大の問題だと目されるのは、炭素価格の値付けが「安すぎる」ままになりかねない点だ。「安すぎる炭素」は排出削減の意欲を刺激しないばかりか、結局は日本企業の立場を不利にするリスクもある。

国際的な議論では温暖化ガスの排出が地球に与える損失を意味する「社会的費用」の推計値が

高まっており、今後、さや寄せするかたちで炭素の国際価格の上昇につながる可能性が高い。炭素価格の低い国の製品に事実上の高関税を課す「国境調整措置」が各国に広がれば、炭素価格が低いままだと日本の輸出産業が大打撃を被りかねない。

制度設計があいまいな分、「開店休業」のリスクを抱える半面、「走りながら考える」戦略をとるなら事態は変わりうる。当初は企業の自主性に委ねつつ、次第に強制力を持たせる手法は先行する欧州連合（ＥＵ）などでも採用された手法だとされる。後発組のメリットをフルに享受し、他国で生じた問題を踏まえて対処しつつ成功例を貪欲に取り入れ、世界最高水準のカーボンプライシングに向けて制度設計を詰める道は残されているのではないか。明確な将来設計こそが、現時点での企業の排出削減に向けた本気度を左右する。カーボンプライシングを「お飾り」にしておく余裕はないはずである。

提言⑤／データ処理の「地産地消」で所得流出防げ

輸入に関する最後の話はやや変化球になる。データ処理の「地産地消」の必要性である。最近の国際収支のサービス収支をみると「コンピューターサービス」の支払い超過（赤字）が急激に拡大していることが気になる。それだけコンピューターサービスの「輸入」が膨らんでいるわけだ。この項目を含む「通信・コンピューター・情報サービス」の収支の赤字額は約10年前の2011年に2500億円あまりだったのが、2021年は1・7兆円近くに急増し、2022年も1・6兆円弱と高水準の支払い超過だった。

日銀の資料によると、コンピューターサービスに該当するのは「ソフトウエアの委託開発やコンピューターによる情報処理、ウェブページの設計・制作、ハードウエアのコンサルティング・維持修理」などとあり、幅広いサービスが当てはまる。

経産省はなかでも、企業のデータ処理でクラウドサービスの利用が急速に広がるなか、海外勢に市場を牛耳られ、海外への支払いが急増していると踏む。

データ処理の世界では1990年ごろまでの大型汎用機を用いたメインフレームが主流だった時代、日本企業は高いシェアを誇った。それがパソコンを活用したオープンシステムを経て、現在はクラウドサービスが主流となっている。

クラウドサービスは現在、アマゾン・ドット・コム系のアマゾン・ウェブ・サービス（AWS）やマイクロソフト、グーグルの米テクノロジー大手3社が圧倒的なシェアを持ち、中国アリババ系のアリババクラウドも急速に伸びている。日本でもクラウドサービスの利用が急速に拡大しており、それに合わせ、海外のクラウドサービス企業に対する支払いがどんどん膨らんでいるとみられるわけだ。

2001年時点では世界のメインフレーム市場で日本勢が4割近いシェアを誇った。それが2020年時点、世界のクラウド市場では米国勢が6割と圧倒し、欧州が2割で続く。日本はわずか3％弱と、中国の6％弱にも満たない。情報インフラが大きく姿を変えるなか、日本勢の凋落《ちょうらく》はここにも刻まれている。

調査会社のIDCジャパンが2022年に出した予測によると、2026年の日本国内のパブリッククラウドサービスの市場規模は4・3兆円近くと2021年時点の約2・6倍に拡大する見通し。経産省がコンピューターサービス収支の赤字額が今後の国内パブリッククラウド市場の成長率に見合って拡大していく前提で計算したところ、2030年には赤字の規模が8兆円に拡大する結果になった。

この金額は、2021年時点でみた石油・粗油の年間輸入額（6・9兆円）を上回り、2022年時点では1年間で2倍近くに急増した液化天然ガス（LNG）の8・4兆円強とほぼ同じ規模になっている。

「データは21世紀の石油」といわれる。もし本物の石油や天然ガスと同じように、コンピューターサービスの取引でも巨額の赤字の計上が続くとしたら、「資源」の海外頼みに伴う国外への所得流出を懸念しなければならないのは、石油や天然ガスだけではなくなる。

脱炭素が成功して天然資源の輸入が減ったとしても、データ処理で巨額の赤字を抱えていたら、貿易収支や経常収支の改善効果はそがれてしまう。必ずしも「価格」の問題ではないので交易条件の悪化や交易損失の拡大に直結する話かどうかは微妙だが、放置できる問題ではない。

問題は所得流出だけにとどまらない。データ処理を海外勢に握られるのは安全保障上、問題があるとの懸念が政府内や国会議員の間には根強い。政府の行政のシステムをクラウド化する「ガバメントクラウド」。政府と地方自治体が共通のシステム基盤として利用し、業務の効率化を狙うデジタル庁の目玉事業だが、２０２２年10月、同年度の公募でサービス提供主体としてマイクロソフトとオラクルの米国の２社を選定した。２０２１年度にはＡＷＳとグーグルを選定しており、委託先はすべて米系企業の４社となった。ＮＴＴデータやＮＥＣなどは必要な基準や性能を満たせなかったようで、国内企業からの応募はなかった。

今後、国産クラウドの育成・成長を促進しなければならないのは確かだ。テック大手の多くは業績悪化に直面し、クラウド分野の投資を減らしている。解雇された人材の獲得も含め、オールジャパンの巻き返しを期待したい。

さらに事業主体が米系であれ日本企業であれ、クラウドの急激な拡大などを背景に情報の処理量は急激に増えており、データセンターの設置も大きな課題となっている。経産省はデータセンターの集積が進めば、アジアのハブ（中継基地）としての機能も担えると見込む。思い通りにいくかどうかの確かな判断材料はないが、仮に実現すれば、コンピューターサービスの「輸出」も増えることになり、サービス収支の改善が見込める。国家戦略として取り組まない手はないだろう。

提言⑥／金融政策を簡素に「植田新総裁」の使命

提言の最後は日銀の金融政策についてである。政府は2月、経済学者で元日銀審議委員の植田和男氏を次の日銀総裁に指名する人事を国会に提示した。本命とされた雨宮正佳副総裁（当時）ではなく、当初は意外な人選との反応が広がった。だが植田氏は日本を代表する経済学者であり、日銀審議委員としても抜群の実績を誇る。理論と実務の双方に精通し、15年前の総裁人事では総裁や副総裁の候補としてその名が取り沙汰されていた。大混乱のなか終えた黒田緩和を受け継ぎ、事態を収拾する大役には、まさに適任だといえる。

植田氏が就任直後から求められるのは、金融緩和を粘り強く続ける姿勢をみせつつも、長期金利を抑え込むイールドカーブコントロール（ＹＣＣ）がもたらすさまざまな副作用の軽減を試みるという極めて難しい手綱さばきである。

本書では海外発のインフレ下、円安や政策修正を巡る混乱を詳しく論じてきた。問題はやはり、ＹＣＣにあったのではないか。黒田氏の「緩和一徹」の姿勢と相まって金融市場の変動を大きくした。黒田日銀が末期に展開したＹＣＣ死守のための市場との攻防戦は、果たしてどれだけ国民の生活に資するものだったのだろうか。

もともとＹＣＣそのものが「２年で２％の物価上昇」という短期決戦に失敗し、打開策としてのマイナス金利政策も裏目に出た末に、なんとか金融緩和の長期継続を可能にするためにひねり出した枠組みであった。

当時はマイナス金利政策の弊害で長期金利すらマイナス水準に落ち込み、長期の金利水準を少し押し上げる狙いすらあった。日銀と市場の金利観がそろうなか、大量に国債を買わなくても長期金利を一定に保てる成算もあった。だが一度日銀と市場の目線がずれ、債券相場が動き出してしまった以上、すでに際限ない国債購入が必要となっている。もはや、どれだけ国債を買ったら目標が維持できるかすらおぼつかなくなっている。

では植田氏はどうアプローチするのか。過去の実績にヒントがある。植田氏は１９９８年から２００５年までの審議委員時代、先行きの政策運営のあり方を約束する「時間軸政策」と呼ぶ措置の導入を主導した。速水日銀は１９９９年２月にゼロ金利政策を導入したあと、政策効果をより確かなものにしようとゼロ金利を「デフレ懸念の払拭が展望できる情勢になるまで続ける」と表明した。これが時間軸政策である。

植田氏は2023年2月、総裁候補者としての国会での所信聴取で「時間軸政策はその後、欧米の中央銀行でも『フォワードガイダンス（先行き指針）』などとして採用されるなど、世界の金融政策の標準にもなっていった」と語り、「生みの親」としての強い自負をのぞかせている。

第4章でみたように、速水日銀は2000年8月、政府が再考を求めるなか、ゼロ金利政策の解除を強行する。植田氏はこのとき、執行部の方針に逆らってゼロ金利の解除に反対票を投じた。日銀と政治との対立は決定的となり、日銀の信認の喪失は深い傷となった。皮肉にも、その分だけ植田氏の評価は高まった。

植田氏は総裁就任前、フォワードガイダンスについて一般論として「早くやめることでの『約束破り』に伴う中央銀行の信認低下」と「続けることに伴う副作用の増大」をてんびんにかけて検討することが大切だとの認識を示してきた。そう考えると、植田日銀が「約束破り」のリスクを背負う「早すぎる緩和正常化」に動く可能性は低い。その半面、金融緩和を続ける場合、「副作用」をどう軽減するかが大きな焦点となる。

国会聴取でも、YCCには「さまざまな副作用を生じさせている面は否定できない」としたうえで、修正の可能性について「将来についてはさまざまな可能性が考えられる」と指摘し「時間をかけて議論を重ね、望ましい姿を決めていきたい」と語っている。
「私の使命は魔法のような特別な金融緩和政策を考えて実行することではない」とした植田氏。出口が近づくケースでは「適切なタイミングで、現在実行している金融緩和の手法を正常化していく判断が求められる」一方、出口が遠いままのケースでは「副作用などの無理が少ないかたちを考えて、緩和の継続を図ることになる」。「こうした判断を経済の動きに応じて誤らずにやることが、私に課せられる最大の使命だ」と明言した。

黒田日銀の後期の金融緩和は、政策の延命自体が目的になったこともあり、複雑になりすぎ、国民の生活とかけ離れたものになった。YCCは予告なしの政策変更が求められることが多いため、その意味でも国民や市場とのコミュニケーションを阻害した。植田氏は金融緩和の枠組みは保ちつつ、もっと国民にわかりやすい枠組みに修正し、国民や市場との対話に力を入れることになるだろう。

2023年1月に拡充した長期・低利の資金供給策は金利安定の威力を持ちうるが、YCCの延命に使うのはやめるべきだ。あくまで激変緩和策として活用しつつ、長期金利の変動幅をもっと広げてYCCを有名無実化し、事実上、政策の骨格を「短期のマイナス金利」と「長期金利の無秩序な変動を防ぐための必要に応じた国債購入」という2本柱に切り替える手が考えられる。

もちろん賃上げの成否を占う重大局面のなか金融緩和の維持は当分、必要だろうし、世界経済が下振れする際や円高進行で企業収益に下振れリスクが強まった際には追加緩和が求められる可能性もある。長期・低利の資金供給という拡充したツールと機動的な国債購入を柱に、1〜5年物金利を低位に安定させるといった緩和強化の余地はあるはずだ。

賃金上昇の機運が継続するなどして経済が上向き、めでたく金融政策の正常化が近づく過程では、市場との対話を通じて長期金利の均衡水準を探ることに集中すれば、出口戦略はずっとシンプルになるのではないか。

重い宿題はまだある。日銀が国債の5割を買い占め、政府の財政とほとんど一体となってしまった問題に関しては、財政規律のあり方や日銀の財務リスクといった幅広い論点を財務省と日銀だけではなく、政府全体や国会で広く議論すべきだろう。

ここまで財政と一体化した状況をどのような時間軸でどんなかたちで解きほぐしていくのか。結果的に緩んでしまった財政規律をどのように立て直すのか。将来の金利上昇の際に悪化が予想される日銀の財務体質を巡る議論にどう備えるのか。財務省の国債管理政策を含めた大がかりな検討の舞台が必要になる。

この10年、デフレでない経済状況をつくりながらも、安定的な2%のインフレ目標の達成は道半ばで終わった黒田日銀。ともすると「デフレ的」とも呼ばれた過去の日銀がこだわった理論と決別し、ゼロ金利解除の失敗などの過去のトラウマをいったんは打ち消した功績は大きい。半面、結局のところ円安効果に頼った異次元緩和は「2年で2%の物価上昇」という無謀な目標の達成に失敗し、その方針修正の過程で巨額の国債購入による財政との一体化や、金融政策の硬直性や複雑さといった多くの課題を残した。

重い課題を背負って船出する「植田日銀」はまず、金融政策の枠組みをシンプルにしたうえで、政策の効果と限界を率直に示す必要がある。そのうえで持続的な2%の物価上昇がなぜ必要なのか、そして緩やかな賃金上昇が途切れず続く経済や社会を目指すうえで金融政策がどう役に立つのかを国民にわかりやすく説明し、日銀の政策運営に対する理解を得るよう努めるべきだろう。結局はそれが市場や政府を味方につけることにもつながるはずだ。簡単な作業ではないが、植田氏であれば不可能ではないだろう。

エピローグ

久しぶりに日本を襲った物価上昇や円安の背景を書き、世界のインフレの先行きも占う。あまりに真っ正面であり、大きすぎるテーマだったかもしれない。本書を書き終えての偽らざる感想である。どこまで核心に迫ることができたのかは正直わからないが、限られた時間のなかで精一杯の力は尽くしたつもりだ。

まさに走りながら書き続けた。米連邦準備理事会（ＦＲＢ）が信じがたいほどの猛烈なペースで利上げに突っ走るなか、物価高の波はやがて日本を襲い、円安が底が抜けたように進み、財務省の円買い介入まで飛び出した。そうかと思うと、米国の物価指標がピークアウトの色彩を強め、円は急速に反転上昇に向かう。そろそろ静かになったかなと思っていると、日銀が突然、政策修正を決め、市場を大きく揺さぶる――。

「32年ぶり」「24年ぶり」「41年ぶり」。おそろしく久しぶりであることを示す修飾句を使う機会が多すぎて、途中から驚かなくなってしまった。黒田日銀の最後の日々がこれほど激しい動きを伴うことになることも、少し前までは想像もしていなかった。

物価も金利も賃金も、ずっと動かないことが当たり前だった日本が変わろうとしている。このまま潮が引くように元の世界に戻っていくとは思えない。「動き始めた」日本が活力を取り戻していくのか、蓄積したマグマがあふれるようにさらなる激動の時代に入っていくのか、筆者には予想もつかないが、市場も財政も実体経済も金融政策も、これまでよりもずっと注意深くみていかなくてはいけない時間帯に入ったのは確かだろう。

本書の執筆に取りかかった2022年秋からおおよそのメドがついた年末にかけては記者人生のなかでも、数えるほどしかない激しい動きを示した世の中だったし、物価高が絡むのは初めての経験だった。

予想外の事態が続くにつれ、日々の仕事が忙しくなると、その分だけ本書にも盛り込みたいと思うことが増える。当然ながら反比例するように、本書の執筆に割ける時間は少なくなる。何度も追い詰められた気持ちになったが、時間の許す限り新しい情報を取り込みながら、自分の考えを更新していく作業を繰り返した。もっともっと書きたい、という残る思いは、これからの記者活動に生かしていきたい。

筆者は2020年4月に新しくできた専門エディターの一員となり、「金融政策・市場エディター」という肩書で3年間、いろいろな記事を書いてきた。やや大げさにいえば、この本は専門エディターとしての集大成といえるのかもしれない。2023年4月からは編集委員兼論説委員という立場になることが決まった。業務は少し変わるが、これからも記者でいられることは変わらない。世界、日本のインフレはどうなるのか。円相場はどう動き、そして植田日銀はどこに向かうのか。本書の「続き」は、ひとまずは日々の記事を通じて表現していくことになる。

さて、長い間のさまざまな取材や情報収集を通じて、数え切れない方々の知見をわたしなりに消化して形となったのが本書である。お忙しいなか取材にご協力いただき、筆者のとんちんかんな質問にも粘り強くお答えいただいた東京大学の渡辺努教授をはじめ、多くの方々の有形無形の助けのうえに成り立っている。この場を借りて御礼を申し上げたい。

インフレ・円安をテーマにした書籍の話が浮かんだ際、筆者を推薦してくださったのは上司だった藤田和明・金融・市場ユニット長（当時、2023年4月から上級論説委員兼編集委員）である。長年の夢だったが諦めかけていた単著を執筆する機会を与えてくださったことに感謝している。

編集を担当してくださった日経BPの細谷和彦氏には迷惑のかけどおしだった。「読者が自分のこととして思えるように」「自分がどう考えるのかをしっかり伝える」。普段の新聞記事ではあまり意識しないアドバイスをもらい、何度も自分に問い返してみながら書いた。執筆がずるずる遅れても、我慢強く待っていただいた。メールのやり取りで時々「消息不明」になったこと、節目節目で「そば屋の出前状態」になったことをおわびしたい。

私的なことで恐縮だが、両親にも感謝したい。とくに父親とは若いころあまり会話を交わすこともなかったが、新聞に記事を書き、BSテレ東のニュース番組に出演すると、LINEで感想を送ってくれるようになった。ひょっとしたら若いころよりも頻繁にやり取りをしているかもしれない。この本の感想をもらう楽しみも、書き続ける力になった。

せっかくなので、いつも楽しい家庭の雰囲気をつくってくれる妻と息子にもありがとうといいたい。息子のような若い世代が感じたコロナ禍の閉塞感は、大人の想像を絶するものだったかもしれない。若い世代が自由に飛び回れる世界であってほしいし、明るい未来を感じられる日本であってほしい。本書には、そんな気持ちも少し込めた。

2023年3月

大塚　節雄

主な参考文献

●唐鎌大輔『「強い円」はどこへ行ったのか』（日経プレミアシリーズ）
●黒田東彦『通貨外交　財務官の１３００日』（東洋経済新報社）、『通貨の興亡　円、ドル、ユーロ、人民元の行方』（中央公論新社）、『財政金融政策の成功と失敗　激動する日本経済』（日本評論社）
●玄田有史編『人手不足なのになぜ賃金が上がらないのか』（慶應義塾大学出版会）
●白川方明『中央銀行　セントラルバンカーの経験した39年』（東洋経済新報社）
●チャールズ・グッドハート、マノジ・プラダン、澁谷浩訳『人口大逆転　高齢化、インフレの再来、不平等の縮小』（日本経済新聞出版）
●内閣府経済社会総合研究所企画・監修、小峰隆夫編『バブル／デフレ期の日本経済と経済政策（歴史編）第１巻　日本経済の記録　第２次石油危機への対応からバブル崩壊まで（１９７０年代～１９９６年）』（佐伯印刷）、松島茂、竹中治堅編『第３巻　日本経済の記録　時代証言集（オーラル・ヒストリー）』（佐伯印刷）
●西野智彦『ドキュメント　日銀漂流　試練と苦悩の四半世紀』（岩波書店）
●日本銀行百年史編纂委員会編『日本銀行百年史』（日本銀行）
●ポール・Ａ・ボルカー、クリスティン・ハーパー、村井浩紀訳『ボルカー回顧録　健全な金融、良き政府を求めて』（日本経済新聞出版）
●門間一夫『日本経済の見えない真実　低成長・低金利の「出口」はあるか』（日経ＢＰ）
●レナード・サントウ、緒方四十郎監訳、漆嶋稔訳『ＦＲＢ議長　バーンズからバーナンキまで』（日本経済新聞出版）
●渡辺努『物価とは何か』（講談社選書メチエ）、『世界インフレの謎』（講談社現代新書）

〈著者紹介〉
大塚　節雄（おおつか・せつお）
日本経済新聞社　編集委員兼論説委員

1971年生まれ。1994年早稲田大学政治経済学部政治学科卒、日本経済新聞社入社。編集局証券部、長野支局などを経て2001年経済部。主に日銀の金融政策や金融市場の取材を担当した。その後、日本経済研究センターで景気予測業務に従事し、札幌支社編集部では夕張市の財政破綻も取材した。2013年以降、経済部次長兼編集委員、米ワシントンのブルッキングス研究所の客員研究員などを経て2016年から米州編集総局編集部（ニューヨーク）。主に米国の金融市場や金融業界について取材・報道した。2019年国際部次長・副部長を経て2020年4月に新設の「専門エディター」（金融政策・市場担当）としてグローバル市場や内外の金融政策の動向について取材・報道。2023年4月から現職。日本証券アナリスト協会認定アナリスト（CMA）。

インフレ・ニッポン
終わりなき物価高時代の到来

2023年4月21日　1版1刷

著　者　　大塚　節雄

発行者　　國分　正哉
発　行　　株式会社日経BP
日本経済新聞出版
発　売　　株式会社日経BPマーケティング
〒105-8308 東京都港区虎ノ門4-3-12

装丁　　斉藤よしのぶ
印刷／製本　　三松堂
本文DTP　　マーリンクレイン
ISBN978-4-296-11706-2

Printed in Japan